Estudos jurídicos em homenagem ao
Ministro SEPÚLVEDA PERTENCE

CIP-BRASIL. CATALOGAÇÃO-NA-FONTE
SINDICATO NACIONAL DOS EDITORES DE LIVROS, RJ

E85

Estudos jurídicos em homenagem ao Ministro Sepúlveda Pertence / idealizado pelo IBAP. - 1.ed. - São Paulo : Letras Jurídicas : IBAP, 2009.
216p.

Inclui bibliografia
ISBN 978-85-89917-47-6

1. Pertence, José Paulo Sepúlveda, 1937-. 2. Brasil. Supremo Tribunal Federal. 3. Direito e política - Brasil. I. Instituto Brasileiro de Advocacia Pública.

09-1443.

CDU: 347.991(81)

INSTITUTO BRASILEIRO DE
ADVOCACIA PÚBLICA
IBAP

Organização
Guilherme Jose Purvin de Figueiredo
Dr. Marcos Ribeiro de Barros

Estudos jurídicos em homenagem ao Ministro SEPÚLVEDA PERTENCE

1ª edição – 2009 – São Paulo-SP

© Instituto Brasileiro de Advocacia Pública - IBAP
© Letras Jurídicas Editora & Representações Ltda. EPP

Arte da Capa
Cícero Pereira da Silva
Cláudio P. Freire

Montagem de Capa
Cícero J. Silva
Cláudio P. Freire

Diagramação
Dalet - Diagramação e serviços Ltda.-Me

Coordenação editorial desta obra
Guilherme José Purvin de Figueiredo e Marcos Ribeiro de Barros

Revisão
Guilherme José Pastana de Figueiredo

Supervisão Editorial
Cláudio P. Freire

1ª Edição – 2009 – São Paulo – SP

Reservados a propriedade literária desta publicação e todos os direitos para Língua Portuguesa pelo INSTITUTO BRASILEIRO DE ADVOCACIA PÚBLICA - IBAP e LETRAS JURÍDICAS Editora e Representações Ltda. - EPP

Tradução e reprodução proibidas, total ou parcialmente, conforme a Lei nº 9.610, de 19 de fevereiro de 1998.

LETRAS JURÍDICAS
Editora e Representações Ltda. EPP
Rua Senador Feijó, 72 - 3º Andar - Sala 32
CEP 01006-000 - Centro - São Paulo - SP
Tel./Fax. (11) 3107-6501 - Celular (11) 9352-5354
Site: www.letrasjuridicas.com.br
E-mail: vendas@letrasjuridicas.com.br

Impressão no Brasil

Esta obra coletiva é uma publicação do IBAP – Instituto Brasileiro de Advocacia Pública em parceria com Editora Letras Jurídicas.

Redação: Rua Cristóvão Colombo, 43 - 10º Andar
CEP 01006-020 - São Paulo/SP
Tel.: (11) 3104-2819 - *E-mail:* revista-ibap@uol.com.br

Conselho Editorial:

ADRIANA MAURANO (SP) – Procuradora do Município de São Paulo e Diretora do Instituto Brasileiro de Advocacia Pública. Mestre em Direito pela Universidade Presbiteriana Mackenzie.

ANA CLÁUDIA BENTO GRAF (PR) – Procuradora do Estado do Paraná, chefe da Procuradoria de Proteção Ambiental. Mestre em Direito pela UFPR. Professora dos cursos de Direito Ambiental da Escola Superior do IBAP. Associada fundadora da APRODAB e membro do Conselho Fiscal do Instituto Brasileiro de Advocacia Pública. Representante da Procuradoria Geral do Estado do Paraná junto à Comissão Estadual de Mudanças Climáticas Globais.

ANDRÉ ORDACGY (RJ) – Defensor Público da União no Estado do Rio de Janeiro. Coordenador Regional do Instituto Brasileiro de Advocacia Pública para a Região Sudeste.

ARI MARCELO SOLON (SP) – Professor associado da Universidade de São Paulo, Professor titular da Universidade Presbiteriana Mackenzie, Advogado junto à Magalhães, Ferraz e Nery Advocacia.

ARLINDO DAIBERT NETO (RJ) – Procurador do Município do Rio de Janeiro. Co-autor do livro Quarteirização – Redefinindo a Terceirização. Mestre em Direito Ambiental pela Pace University School of Law. Membro da Comissão de Direito Ambiental da IUCN – International Union for the Conservation of Nature. Membro Associado da European Environmental Law Association. Associado do Instituto Brasileiro de Advocacia Pública.

DERLY BARRETO E SILVA FILHO (SP) –Mestre em Direito do Estado pela PUC/SP (1998), é Professor de Direito Constitucional nos Cursos de Especialização em Direito Constitucional da COGEAE/PUC-SP e em Direito Público da Escola Superior da PGE/SP, da qual também é membro do Conselho Curador. Procurador do Estado de São Paulo desde 1993. Atua na Assessoria Técnico-Legislativa, órgão complementar da Procuradoria Geral do Estado. Associado Fundador do Instituto Brasileiro de Advocacia Pública.

DIOGO DE FIGUEIREDO MOREIRA NETO (RJ) – Graduado pela Faculdade Nacional de Direito pela Universidade Federal do Rio de Janeiro, com especialização em Direito Político pela Universidade Maior de San Andrés, em Criminologia pela Universidade de Buenos Aires, em Direito Penal Militar pela Universidade Federal do Rio de Janeiro, em Direito Nuclear pela Universidade do Estado do Rio de Janeiro, em Aperfeiçoamento para a Magistratura pela Ordem dos Advogados do Brasil. Doutor em Direito pela Universidade Federal do Rio de Janeiro. Foi Procurador Geral do Estado do Rio de Janeiro. Professor titular da Universidade Cândido Mendes e da Pontifícia Universidade Católica do Rio de Janeiro. Autor, dentre outros, do livro Direito Administrativo (Forense).

ELIDA SÉGUIN (RJ) – Ex-Presidente e atual Diretora Geral da Escola Superior do Instituto Brasileiro de Advocacia Pública. Defensora Pública do Estado do Rio de Janeiro. Doutora em Direito Público. Professora adjunta da UFRJ (aposentada). Professora convidada da Fundação Getúlio Vargas (FGV), da Escola Nacional de Saúde Pública (ENSP) e da Escola de Magistratura do Estado do Rio de Janeiro (EMERJ). Ex-Presidente da Sociedade Brasileira de Vitimologia. Membro da Associação dos Professores de Direito Ambiental do Brasil.

ELIZABETH DE ALMEIDA MEIRELLES (SP) – Doutora em Direito pela Universidade de São Paulo. Professora titular da Universidade Presbiteriana Mackenzie e professora titular da Universidade de São Paulo.

FERNANDO C. WALCACER (RJ) – Procurador do Estado do Rio de Janeiro aposentado. Ex-Procurador Geral do Município de Niterói. Professor de Direito Ambiental da Pontifícia Universidade Católica do Rio de Janeiro. Diretor do Instituto Brasileiro de Advocacia Pública e da Associação dos Professores de Direito Ambiental do Brasil.

GUILHERME JOSÉ PURVIN DE FIGUEIREDO – Dcoutor em Direito pela Universidade de São Paulo. Professor Adjunto Doutor de Direito Ambiental da Universidade São Francisco. Autor, dentre outros, dos livros *O Estado no Direito do Trabalho* (LTR, 1996), *Direito Ambiental e a Saúde dos Trabalhadores* (2ª ed. LTR, 2007), *A propriedade no Direito Ambiental* (3ª ed., RT, 2008) e *Curso de Direito Ambiental* (3ª ed., Arte & Letra, 2009). Procurador do Estado/SP. Procurador do Estado/SP. Sócio fundador e Presidente do Instituto Brasileiro de Advocacia Pública – IBAP. Sócio fundador e coordenador geral da APRODAB. Coordenador da Revista de Direito e Política e da Revista de Direitos Difusos.

INÊS AMARAL BÜSCHEL (SP) – Promotora de Justiça aposentada. Sócia fundadora e ex-presidente do Movimento do Ministério Público Democrático. Sócia honorária n.1 do Instituto Brasileiro de Advocacia Pública. Coordenadora e professora dos cursos de capacitação de Promotoras Legais Populares.

JEAN JACQUES ERENBERG (SP) – Procurador do Estado de São Paulo. Mestre em Direito pela PUC/SP. Diretor Secretário-Geral do Instituto Brasileiro de Advocacia Pública.

JOSÉ RENATO NALINI (SP) – Doutor em Direito pela USP. Presidente da Academia Paulista de Letras (APL), desembargador do Tribunal de Justiça do estado de São Paulo (TJ-SP), professor titular do programa de pós-graduação *stricto sensu* (mestrado) da UNIP, professor titular da Fundação Armando Álvares Penteado (FAAP) e da Sociedade Padre Anchieta de Ensino S/C Ltda, além de ministrar aulas de Ética na Escola Paulista da Magistratura.

LINDAMIR MONTEIRO DA SILVA (SP) – Procuradora do Estado de São Paulo. Pós-graduada (especialização) pela Universidade Presbiteriana Mackenzie. Diretora Nacional do Instituto Brasileiro de Advocacia Pública.

MARCELO ABELHA RODRIGUES (ES) – Doutor e mestre em direito pela PUC-SP). Professor adjunto III do Departamento de Direito, atuando nos cursos de graduação e pós-graduação (Mestrado em Direito Processual) da Universidade Federal do Espírito Santo.

MÁRCIA DIEGUEZ LEUZINGER (PR) – Mestre (1999) e doutora (2007) em Direito pela Universidade de Brasília. Procuradora do Estado/PR. Professora de Direito Ambiental e de Direito

Administrativo do Centro Universitário de Brasília, professora da especialização em Direito Ambiental e Desenvolvimento Sustentável da UnB / CDS e professora de Direito Ambiental da Escola Superior de Advocacia da OAB/DF. Coordenadora Regional do Instituto Brasileiro de Advocacia Pública para a Região Centro-Oeste. Autora da obra *Meio ambiente, propriedade e repartição constitucional de competências* (IBAP: Adcoas).

MARCOS RIBEIRO DE BARROS (DF) – Associado fundador e atual Coordenador Distrital e Conselheiro Consultivo do Instituto Brasileiro de Advocacia Pública. Procurador do Estado de São Paulo em Brasília.

MARIANA GARCIA TORRES (BsAs) – Diretora do ERAS (Ente Regulador de Agua y Saneamiento) da Argentina. Advogada Especialista em Direito Administrativo. Professora de Direito Ambiental e Administrativo em Buenos Aires. Associada do IBAP.

ODETE MEDAUAR (SP) – Professora titular de Direito Administrativo da Faculdade de Direito na Universidade de São Paulo. Foi professora visitante da Universidade de Paris e vice-diretora da FADUSP. Autora, dentre outros, das obras *Direito Administrativo moderno* (11ª ed. RT). Membro do Instituto Brasileiro de Advocacia Pública e da Associação dos Professores de Direito Ambiental do Brasil. Coordenadora da Revista de Direito e Política.

PAULO AFFONSO LEME MACHADO (SP) – Graduado em Direito pela PUC/Campinas. Especialização em Direito Municipal pela USP, especialização em Direito do Trabalho pela Universidade de Madrid, mestrado em Direito Ambiental pela Universidade Robert Schuman, Doutor *honoris causa* pela UNESP. Doutor em Direito pela PUC/SP. Professor titular da UNIMEP. Autor dos livros *Direito Ambiental brasileiro* (17ª ed. Malheiros) e *Direito à informação e meio ambiente* (Malheiros). Coordenador da *Revista de Direitos Difusos*. Prêmio Dom Bosco de Direito Ambiental, outorgado pela OAB/DF ao Autor mais citado em concurso de monografias. Membro da Real Academia de Legislação e de Jurisprudencia (Espanha).

ROGÉRIO EMÍLIO DE ANDRADE (SP) – Advogado da União, foi Procurador-Regional da União, Subprocurador-Regional da União e Procurador Geral da ANAC. Vice-Presidente do IBAP – Instituto Brasileiro de Advocacia Pública. Doutorando em Filosofia e Teoria Geral do Direito na Universidade de São Paulo, mestre em Direito Político e Econômico pela Universidade Presbiteriana Mackenzie de São Paulo. Autor dos livros *O preço na ordem ético-jurídica: análise da intervenção pública na formação de preços no mercado* (Edicamp, 2003), *Regulação pública da economia no Brasil*, coordenador (Edicamp, 2003), *Direito e política nos marcos da interdisciplinaridade*, co-organizador (Edicamp, 2003), e *Parcerias público-privadas* (MP Editora, 2006).

UMBERTO CELLI JR. (SP) – Graduado pela Faculdade de Direito da USP, obteve o grau de mestre em Direito Internacional pela Universidade de Nottingham. Doutor pela FADUSP 1994). Atualmente é professor doutor na Faculdade de Direito da USP. Tem experiência a área de Direito, com ênfase em Direito Internacional. Autor, dentre outros, das obras *Comércio de serviços na OMC* (Juruá, 2005) e *Regras de concorrência no Direito Internacional moderno* (Livraria do Advogado, 1999).

ZELMO DENARI (SP) – Procurador do Estado de São Paulo aposentado. Especialista em Direito Tributário pela Universidade de Roma. Foi um dos autores do Projeto do Código Brasileiro de Defesa do Consumidor. Foi presidente da Associação dos Procuradores do Estado de São Paulo – APESP. Autor, dentre outras obras, de *Curso de Direito Tributário* (ed. Atlas) e do romance *Outono sobre Paraty*.

AUTORES:

ARLINDO DAIBERT NETO – Diretor do Centro de Estudos da Escola de Polítiicas de Estados (EPE-Rio) – Procuradoria Geral do Município do Rio de Janeiro. Associado Regular do IBAP.

ARTHUR DA MOTTA TRIGUEIROS NETO – Procurador do Estado de São Paulo. Professor de Direito Penal e Processo Penal (Anhangüera Educacional – Campinas-SP). Professor de Direito Penal e Processo Penal em cursos preparatórios para o Exame de Ordem e concursos públicos.

BRUNO ESPIÑEIRA LEMOS – Procurador do Estado da Bahia. Mestre em Direito – UFBa. Prof. Direito Constitucional.

DERLY BARRETO E SILVA FILHO – Procurador do Estado de São Paulo. Mestre em Direito do Estado pela Pontifícia Universidade Católica de São Paulo. Professor do Curso de Especialização em Direito Constitucional da PUC-SP. Diretor do Instituto Brasileiro de Advocacia Pública. Sócio Fundador do IBAP.

FABRIZIO DE LIMA PIERONI – Procurador do Estado de São Paulo. Sócio Regular do IBAP n. 1046.

LUCIANO ALVES ROSSATO – Procurador do Estado de São Paulo, ex-integrante da Procuradoria de Assistência Judiciária (PAJ) junto às Varas Especiais da Infância e da Juventude da Capital. Sócio Regular do IBAP n. 1027.

MÁRCIO HENRIQUE MENDES DA SILVA – Procurador do estado de São Paulo, mestre em direito público e especialista em direito processual civil.

WALTER LUIS VILHENA – Advogado.

MIRNA CIANCI – Procuradora do Estado de São Paulo. Sócia Regular do IBAP.

PEDRO DURÃO – Procurador do Estado/SE, Especialista, Mestre (UFPE) e Doutorando em Direito Administrativo (UBA – Argentina). Sócio Regular do IBAP.

RICARDO ANTÔNIO LUCAS CAMARGO – Doutor em Direito pela Universidade Federal de Minas Gerais – Membro do Instituto Brasileiro de Advocacia Pública – IBAP/RS e da Fundação Brasileira de Direito Econômico.

RITA QUARTIERI – Procuradora do Estado de São Paulo. Mestranda em Direito Processual Civil pela PUC/SP. Membro da Academia Brasileira de Direito Processual Civil. Sócia Regular do IBAP.

Apresentação

Guilherme José Purvin de Figueiredo (*)
Marcos Ribeiro de Barros (**)

Esta coletânea de artigos jurídicos foi idealizada pelo **Instituto Brasileiro de Advocacia Pùblica** como uma forma de registrar o reconhecimento à contribuição que o Ministro Sepúlveda Pertence trouxe ao direito brasileiro por ocasião de sua passagem pelo Supremo Tribunal Federal.

Não obstante tenha advindo dos quadros do Ministério Público, o fato é que, a partir do julgamento da Ação Direta de Inconstitucionalidade n. 2581-3, o nome do jurista Sepúlveda Pertence passou a vincular-se de forma indelével à modelagem democrática de outra função pública essencial à Justiça: a dos Advogados Públicos.

Cuidou referida ADI de apreciação da constitucionalidade do art. 100, parágrafo único, da Constituição do Estado de São Paulo, que, a par de estabelecer que *a direção superior da Procuradoria Geral do Estado compete ao Procurador Geral do Estado, responsável pela orientação jurídica e a administração da instituição, ao Conselho da Procuradoria Geral do Estado e à Corregedoria-Geral do Estado,* em seu parágrafo único oferece uma importantíssima garantia institucional à PGE-SP, ao dispor que *o Procurador Geral do Estado será nomeado pelo Governador, em comissão, **entre os Procuradores que integram a carreira.***

O ajuizamento desta ADI pelo Estado de São Paulo constituiu um dos mais nefastos e desastrados episódios da história recente da Advocacia Pública brasileira. Em 27 de fevereiro de 2002, o IBAP requereu seu ingresso na ação, na condição de *amicus curiae*, pugnando pela constitucionalidade

---

(*) Procurador do Estado de São Paulo. Associado regular nº 1 e atual Presidente do Instituto Brasileiro de Advocacia Pública. Doutor em Direito pela USP. Professor Ajunto Doutor da Faculdade de Direito da Universidade São Francisco – Campus de São Paulo.

(**) Procurador do Estado de São Paulo. Associado regular nº 4 e atual Coordenador Distrital do IBAP-DF e Conselheiro Consultivo do Instituto Brasileiro de Advocacia Pública.

do parágrafo único do art. 101 da Constituição Paulista. A peça foi elaborada pelo associado Celso Augusto Coccaro Filho (hoje Procurador Geral do Município de São Paulo), que contou com a colaboração de diversos outros diretores[1]. O requerimento do IBAP, acompanhado por diretores em exercício em Brasília, foi deferido em 13 de março do mesmo ano.

Nos debates realizados nos meses de janeiro e fevereiro de 2002 pelo IBAP, chegou-se ao entendimento de que, em primeiro lugar, há jurisprudência do Supremo acerca do art. 25 da Constituição Federal ("Os Estados organizam-se e regem-se pelas Constituições e leis que adotarem, observados os princípios desta Constituição") no sentido de que o dever de observância dos princípios federais, no entanto, não proibe o Estado de implementar adaptações, desde, claro, que não ofendam aqueles princípios.

Nessa linha, o disposto no art. 131, § 1º da CF, relativo à livre nomeação, pelo Presidente da República, do AGU, não representa paradigma obrigatório para os Estados, que têm dispositivo específico – o art. 132 da CF – preceituando que os Procuradores dos Estados e do Distrito Federal são organizados em carreira. O Procurador-Geral, assim, deve necessariamente ser membro dela. A opção política do constituinte federal, em permitir livremente o provimento do cargo de Advogado-Geral da União, não vincula, no caso, a opção política do constituinte derivado, que, repita-se, está vinculado aos termos de dispositivo específico às Procuradorias dos Estados – o art. 132.

Não haveria, assim, vício de iniciativa na inserção, pela Assembléia Constituinte Estadual, de dispositivo na Carta Paulista tratando da forma de nomeação do PGE. A PGE foi alçada pela Constituição local à categoria de instituição essencial à Administração Pública Estadual e, como tal, faz parte da estrutura orgânica de um dos poderes, o Executivo. Os dispositivos estruturais relativos à PGE, como aqueles que dizem respeito às suas competências e ao seu comando, têm tipicamente status constitucional. O Procurador-Geral do Estado, chefe de instituição tratada pela Carta local como essencial à Administração, vinculado diretamente ao Governador, é agente político, como o é o Procurador-Geral de Justiça e como o são os Secretários de Estado (em São Paulo há legislação reconhecendo o status de Secretário de Estado de que é titular o Procurador-Geral do Estado).

---

[1] Consigne-se, em especial, a participação nos debates dos associados Alzemeri Martins Ribeiro de Britto, Bárbara Camardelli, Guilherme José Purvin de Figueiredo, José Nuzzi Neto, Márcia Dieguez Leuzinger, Marcos Ribeiro de Barros, Oscimar Torres, Pedro Ubiratan Escorel de Azevedo e Sérgio Antonio Ferrari Filho.

Em consequência, a forma de provimento do seu cargo, como não poderia deixar de ser, é matéria constitucional, que não desborda do campo de iniciativa legislativa do Constituinte derivado estadual. Nenhuma afronta há, assim, ao disposto no art. 61, § 1º, II, c da CF, dirigido aos servidores públicos em geral e não aos mencionados agentes políticos.

Após mais de cinco anos de angústia dos Procuradores de Estado de todo o país, finalmente, em 16 de agosto de 2007, acompanhando os votos dos Srs. Ministros Marco Aurélio, Celso de Mello, Cezar Peluso, Carlos Velloso e Carlos Britto, graças ao voto de desempate de nosso homenageado[2], o Supremo Tribunal Federal adotou o entendimento de que ***mostra-se harmônico com a Constituição Federal preceito da Carta Estadual prevendo a escolha do Procurador-Geral do Estado entre os integrantes da carreira.***

Os juristas convidados a participar da elaboração desta obra advêm quase que integralmente dos quadros da Advocacia Pública: dez Procuradores do Estado (sete de São Paulo, um da Bahia, um do Sergipe e um do Rio Grande do Sul), um Procurador do Município do Rio de Janeiro e um advogado liberal. Todos os autores são associados do Instituto Brasileiro de Advocacia Pública e destacam-se não apenas em razão de sua atuação forense na defesa do interesse público, mas também no magistério superior e em razão de sua produção doutrinária.

Acreditamos que, com esta merecida homenagem ao ilustre Ministro Sepúlveda Pertence, jurista cuja contribuição à doutrina perpassa os mais variados campos do Direito, o Instituto Brasileiro de Advocacia Pública perpetua nos anais da história da Advocacia Pública brasileira sua participação na produção científica de uma doutrina compromissada com um modelo democrático e institucional de Advocacia de Estado.

---

[2] Julgavam procedente a ação para declarar a inconstitucionalidade da expressão "entre os Procuradores que integram a carreira", contida no parágrafo único do artigo 100 da Constituição do Estado de São Paulo, os Senhores Ministros Maurício Corrêa, Relator, Joaquim Barbosa, Gilmar Mendes, Ellen Gracie e Nelson Jobim.

JOSÉ PAULO SEPÚLVEDA PERTENCE é Ministro aposentado do Supremo Tribunal Federal e do Tribunal Superior Eleitoral. Bacharelado pela Faculdade de Direito da Universidade Federal de Minas Gerais em 1960, conquistou a medalha Rio Branco, destinada ao melhor estudante da turma de graduação. Durante o curso secundário e o bacharelado, dedicou-se intensamente ao movimento estudantil, ocupando postos de representação e de direção em diversas entidades, dentre eles o de 1º Vice-Presidente da União Nacional dos Estudantes (UNE), no biênio 1959-1960.

Cursou mestrado, na Universidade de Brasília, tendo cumprido os créditos e aprovado o plano de dissertação de mestrado, não a tendo, contudo, apresentado, em função da sua demissão.

Foi instrutor e professor auxiliar, na Universidade de Brasília, da abertura dos cursos, em abril de 1962, até outubro de 1965, quando dispensado. No ano de 1985, por força da anistia, foi reintegrado como professor adjunto e, atualmente, está licenciado do cargo.

De 1962 a 1965, participou como auxiliar docente da Universidade de Brasília, nos seguintes cursos: Introdução à Ciência do Direito, dirigidos pelos professores Hermes Lima e A.L. Machado Neto; Direito Constitucional, coordenados pelos professores Vitor Nunes Lela e Waldir Pires; e Direito Penal, sob direção do professor Roberto Lyra Filho. Em 1965, quando dispensado, ministrava o primeiro curso de Teoria Geral do Direito Público, por cuja coordenação era responsável.

Em 1973, lecionou Teoria Geral do Processo, no Curso de Direito da Associação de Ensino Unificado do Distrito Federal (AEUDF).

Após a prática como solicitador, no foro de Belo Horizonte (1959-1960), iniciou a advocacia, em Brasília, em 1961 (com interrupção de 1963 a 1967).

Ocupou o cargo de assistente jurídico da Prefeitura do Distrito Federal, em 1961.

Em 1963, foi aprovado e classificado em primeiro lugar no concurso público para membro do Ministério Público do Distrito Federal, tendo exercido a função de promotor até outubro de 1969, quando foi aposentado pela Junta Militar, com base no AI-5. Anistiado, foi promovido, na inatividade, a Procurador de Justiça do Distrito Federal.

De 1965 a 1967, desempenhou o cargo de secretário jurídico do Supremo Tribunal Federal, no gabinete do Ministro Evandro Lins e Silva.

Em 1969, foi classificado, em primeiro lugar, nas provas escritas para procurador adjunto do Tribunal de Contas do Distrito Federal, mas desistiu em razão da sua aposentadoria, fundada no AI-5.

Em 1969, fundou com o Ministro Victor Nunes Leal, que então fora aposentado no Supremo Tribunal Federal, e os advogados Cláudio Lacombe, José Guilherme Villela e Pedro Gordilho, a Sociedade de Advogados Nunes Leal, em Brasília.

De 1969 a 1985, dedicou-se integralmente à advocacia, em Brasília, Minas Gerais, São Paulo e Rio de Janeiro.

Foi conselheiro da OAB, Seção do Distrito Federal, de 1969 a 1975; membro do Conselho Federal da OAB, como delegado do Distrito Federal, de 1967 a 1985; e vice-presidente da OAB (Conselho Federal), de 1977 a 1981.

Em 15 de março de 1985, foi nomeado ao cargo de Procurador Geral da República, função que exerceu cumulativamente com as de Procurador-Geral Eleitoral e de Membro do Conselho de Defesa dos Direitos da Pessoa Humana.

Integrou a Comissão Provisória de Estudos Constitucionais (Comissão Afonso Arinos), tendo sido relator dos textos referentes ao Poder Judiciário e ao Ministério Público. Integrou também a Comissão de Sistematização Final. Na Assembléia Nacional Constituinte, como convidado, prestou depoimento na Subcomissão de Garantias da Constituição.

Em 1989, foi nomeado Ministro do Supremo Tribunal Federal, na vaga decorrente da aposentadoria do ministro Oscar Corrêa, vindo a tomar posse do cargo em 17 de maio daquele ano.

Pelo Supremo Tribunal Federal, foi indicado para as funções de Juiz Substituto (8 de maio de 1990 a 20 de maio de 1991) e Juiz Efetivo do Tribunal Superior Eleitoral (21 de maio de 1991 a 3 de junho de 1992), tendo exercido a Vice-Presidência daquele tribunal de 4 de junho de 1992 a 14 de junho de 1992. Posteriormente, em 15 de junho de 1993, assumiu a presidência do Tribunal Superior Eleitoral, cargo que ocupou até 15 de novembro de 1994.

Em 9 de novembro de 1994, foi eleito Vice-Presidente do Supremo Tribunal Federal. Ascendeu à Presidência, mediante eleição, em 19 de abril de 1995, e foi empossado no cargo em 17 de maio seguinte, nele permanecendo até 20 de maio de 1997.

Escolhido pelo Supremo Tribunal Federal, retornou ao Tribunal Superior Eleitoral, como Juiz Substituto, em 16 de dezembro de 1999, tendo sido eleito Juiz Efetivo, em sessão de 7 de março de 2001. Assumiu novamente a Vice-Presidência daquela Corte Eleitoral, em 11 de junho de 2001.

Compôs a banca examinadora, como representante da OAB, dos concursos de provas e títulos para: juiz federal dos territórios (1974-1975); juiz substituto do Distrito Federal (1978); procurador da República (1978-1979); juiz federal, em 1982; juiz federal, em 1983-1984. Presidiu, como procurador-geral, a comissão examinadora dos concursos para procurador da República, em 1986 e 1988. Em 20.2.2003, toma posse na Presidência do Tribunal Superior Eleitoral.

Representou o Brasil no "Convegno Internazionale sobre L Avvocatura nel principali ordinamenti contemporanei", patrocinado pela "Avvocatura Generale dello Stato da República Italiana", em Roma, em maio de 1987, onde apresentou comunicação sobre "Il Sistema Brasileiro Del Controllo della Constituzionalità delle Leggi: uma Simbiosi Istituzionale da Preservare".

Desde 1995, tem dedicado dezenas de palestras aos temas da reforma do Poder Judiciário – particularmente a defesa da proposta da "súmula vinculante" – e aos problemas da convivência dos sistemas concentrado e difuso de controle da constitucionalidade de normas no Brasil.

Tem os seguintes trabalhos jurídicos publicados:
- Da competência na Teoria do Ordenamento Jurídico (Mimeo, UNE, 1965);
- Contribuição à Teoria do Distrito Federal (Doutrina e Jurisprudência, Rev. Do TJDF, nº 2/17, Rev. Forense, 224-365);
- Liberdade de Direito e Asilo (Anais da VII Conferência Nacional da OAB);
- A OAB e a Anistia (parecer da OAB, 1979, em Anistia, Senado Federal, 1980, 2º vol.);
- Victor Nunes Leal (homenagem póstuma no STF, Revista de Direito Público, 77-21);
- A Crise Institucional Brasileira (painel com os professores JJ. Calmon dos Passos e Celso Antônio Bandeira Mello) OAB/RJ, 1984;
- Principio da maioria absoluta (art. 75, CF); Eleições de governadores e prefeitos, parecer (Cadernos de Direito Constitucional e Eleitoral, v. 1/115);
- Inegibilidade – Crime contra a administração pública – Prescrição retroativa (Cadernos de Direito Constitucional e Eleitoral, v. 1/115);
- Propaganda Eleitoral – Isonomia, parecer (Cadernos de Direito Constitucional e Eleitoral, v. 3/48);

– Eleitoral – Possibilidade de os meios de comunicação divulgarem, a qualquer tempo, pesquisas eleitorais. Constituição de 1988. parecer, 26 de outubro de 1988;
– Pareceres do procurador-geral da República (1985-1987), Ministério da Justiça – DIN, Brasília, 1988, 601p.

Possui as seguintes condecorações:
• Ordem Rio Branco (Grã-Cruz)
• Ordem do Mérito das Forças Armadas (Grande Oficial);
• Ordem do Mérito Aeronáutico (Grande Oficial)
• Medalha da Inconfidência (Grã-Cruz)
• Ordem do Mérito de Brasília (Grã-Cruz);
• Ordem do Mérito Judiciário do Trabalho (Grã-Cruz)

Em 2007, o Ministro Sepúlveda Pertence se aposentou e, atualmente, integra o Escritório de Advocacia Sergio Bermudes, como consultor.

Inscrito na Ordem dos Advogados do Brasil, Seção do Distrito Federal, sob o nº 578.

Idiomas: português, inglês.

SUMÁRIO

🌿 O Papel Constitucional do Município na Custódia do Ambiente no Brasil
Arlindo Daibert Neto 21

🌿 O Porte de Arma Desmuniciada e o Princípio da Ofensividade
Arthur da Motta Trigueiros Neto 49

🌿 Direitos Humanos: Políticas Públicas e Inclusão Social
Bruno Espiñeira Lemos 63

🌿 Advocacia Pública e Políticas Públicas Tributárias
Derly Barreto e Silva Filho 77

🌿 A Função Constitucional e a Autonomia da Advocacia Pública
Fabrizio de Lima Pieroni 89

🌿 O Princípio da Excepcionalidade e as Medidas Sócio-Educativas Restritivas de Liberdade
Luciano Alves Rossato 101

🌿 Repercussão Geral no Recurso Extraordinário: *práxis* e *ethos*
Márcio Henrique Mendes da Silva
Walter Luis Vilhena 117

🌿 O Acesso à Justiça no Novo Processo Civil Brasileiro
Mirna Cianci 133

🌿 Convênios e Contratos Administrativos: Análise Jurídico-Econômica dos Instrumentos Pactuais
Pedro Durão 155

🌿 Sepúlveda Pertence e a Reserva de Mercado no Setor de Informática
Ricardo Antônio Lucas Camargo 183

✋ **As Principais Modificações no Regime da Penhora trazidas pela Lei 11.382/2006 (Execução de Títulos Extrajudiciais)**
Rita Quartieri 197

✋ **Normas para encaminhamento de colaborações** 213

O Papel Constitucional do Município na Custódia¹ do Ambiente no Brasil

Arlindo Daibert Neto (*)

1. Introdução – 2. Aspectos gerais a respeito do papel do governo local na proteção do ambiente: o princípio da subsidiariedade. – 3. Esclarecimento metodológico – 4. Federação no Brasil: premissas constitucionais atinentes aos Municípios. – 5. Das competências materiais constitucionais dos Municípios em sede ambiental. – 6. Das competências legislativas constitucionais dos Municípios em sede ambiental. – 7. Conclusão – 7. Bibliografia

1. Introdução

A Natureza desconhece as fronteiras criadas pelo Homem. Aves migratórias ignoram solenemente os limites entre países, se alimentando e se reproduzindo nos locais em que ao longo de sua evolução identificaram como os que mais lhes convinham, estejam eles situados dentro de democracias ou ditaduras, monarquias ou repúblicas. O carbono produzido pelos automóveis nos EUA, na Alemanha, na Índia, na China, ou no Brasil, se agregará indiferentemente àquele carbono que já se encontrava antes

---

¹ Nutro especial carinho pela visão de que somos todos, atores públicos ou privados, responsáveis pela simples custódia (conforme o Dicionário Houaiss: a função "de guardar alguém ou algo") do ambiente. A palavra "custódia" é a que prefiro para traduzir a expressão *stewardship*, tão utilizada nos meios internacionais para indicar esse sentido de nosso papel comum de detentores provisórios – e não de donos absolutos – de um acervo imaterial de valor inestimável, que pertencerá às futuras gerações, da mesma forma que a elas tocará a tarefa de suportar os efeitos ambientais de nossas ações e omissões presentes, mesmo quando nenhum de nós que atualmente caminha sobre o globo terrestre estiver aqui para explicar-lhes o porquê. Por fim, creio que essa palavra é a que melhor exprime a idéia de ética da terra (*land ethics*), como a pensava Aldo Leopold (v. seu livro *A Sand County Almanac*).

(*) Diretor do Centro de Estudos da Escola de Políticas de Estados (EPE-Rio) – Procuradoria Geral do Município do Rio de Janeiro. Associado Regular do IBAP nº 957.

na atmosfera e o efeito cumulativo dessa união se revelará sob forma de um aquecimento que se fará sentir em todo o globo. O cloro-flúor-carbono (CFC) porventura empregado numa manufatura no Canadá provocará a diminuição da camada de ozônio e efeitos para toda a biosfera do planeta. A carga de poluente orgânico persistente (POP) gerada na América do Sul, na África, na Europa, na Oceania ou na Ásia, uma vez despejada em qualquer curso d'água, chegará inexoravelmente à cadeia alimentar dos oceanos, daí contaminando paulatinamente e de maneira indiscriminada toda a fauna e flora que com ela tiver contato, num processo continuado de longuíssima duração no tempo e no espaço, por gerações.

Mesmo quando certos fenômenos ambientais hoje observados parecem circunscritos em seus efeitos a um ponto geográfico restrito, temos a clara compreensão de que eles também nos afetam, onde quer que estejamos. Isso ocorre, algumas vezes, porque nossos valores humanos atuais nos movem, como quando assistimos impotentes à fome que grassa em partes do globo – fruto da desertificação e outras causas de fundo ambiental, além daquelas de natureza política e econômica – ou quando sofremos com a perda de um bem objeto da estima coletiva mundial (o desaparecimento das neves do Monte Kilimanjaro, entre a Tanzânia e o Quênia; o branqueamento da Barreira de Corais, na Austrália; o assoreamento do Rio Amarelo, na China; a redução de estoques pesqueiros de espécies tradicionais como o bacalhau, nos mares do norte; só para citarmos alguns poucos exemplos). Mas, em outras ocasiões, esse nosso interesse ubíquo é resultado de fatores situados num campo ético diametralmente oposto, onde somos compelidos pura e simplesmente por potencial interesse egoístico, como quando uma espécie endêmica é extinta em alguma parte do globo, sem ao menos ter sido cientificamente avaliado seu valor medicinal para a cura de enfermidades que ainda sequer conhecemos, mas que o aumento da resistência dos micro-organismos que afetam negativamente nossa saúde e o enfraquecimento de nossa resposta imunológica a eles – também conseqüências das alterações danosas do ambiente que nos cerca em nosso corpo – têm nos ensinado existir como ameaça potencial permanente à nossa sobrevivência.

Muito bem: as divisões territoriais a que chamamos países, blocos econômicos ou comunidades; assim como as estruturas políticas que criamos em esferas supranacional, nacional, regional ou local; nem são relevantes para as reações do ambiente, nem inibem nosso legítimo interesse quanto ao que dentro ou fora delas com ele se faça. Porém, tais divisões e estruturas existem, para o bem ou para o mal – e nossa tarefa é aprender a lidar com elas a fim de que, em lugar de se transformarem num entrave a uma proteção eficiente do meio, sirvam de instrumento de gestão compartilhada de uma questão que nos une a todos em torno do que nos toca de mais valioso: a vida e sua perpetuação sobre a Terra.

2. Aspectos gerais a respeito do papel do governo local na proteção do ambiente: o princípio da subsidiariedade

Ainda que, no contexto de distintos atores antes descrito, nossa preocupação fundamental aqui vá girar em torno da casuística brasileira envolvendo os Municípios e seu papel na defesa do ambiente brasileiro, vejamos, ainda que de passagem, como a participação dos entes locais é ordinariamente pensada num plano mais amplo, em relação à custódia do meio.

No nível do Direito Internacional do Ambiente – como, de resto, em todas as áreas do Direito Internacional – o maior desafio ainda é menos o de como estabelecer normas teoricamente capazes de permitir a proteção de que os recursos naturais carecem em todo o planeta, do que o de assegurar que essas mesmas normas sejam concreta, uniforme e efetivamente aplicadas por todas as nações em seus respectivos territórios. Isso, ao menos, sem que seja preciso que a comunidade internacional tenha que intervir para impô-las, num cenário cuja mera consideração em qualquer caso geraria conseqüências no mínimo delicadas, diante de uma conjuntura política mundial em que a convivência de múltiplas forças e de tão diversos interesses políticos-econômicos nem sempre convergentes é sustentada de maneira frágil.

Portanto, sem saber como ou talvez sem querer ultrapassar a barreira das soberanias envolvidas no cenário internacional para dar coercitivamente conseqüência aos objetivos de tratados e convenções sobre o ambiente, o Direito Internacional teve que encontrar instrumentos capazes de coordenar a atuação das diferentes estruturas jurídicas supranacionais e soberanias nacionais que coabitam em determinado campo de exercício de poder no globo.

Foi daí – e da consciência coletiva de que se deve pensar globalmente, mas agir localmente – que, no campo do Direito Internacional, se adotou o *princípio da subsidiariedade*, emprestado da doutrina original do federalismo. Esse conceito, aplicável à área de nosso interesse e voltado também para o campo dos conflitos positivos de atuação no âmbito das autonomias internas dos países, nada mais traduziria do que um princípio organizacional que favorece a tomada de decisões no nível mais básico de uma estrutura política[2], que em tese se supõe mais apto a efetivamente encaminhar a solução de um dado problema[3], já que situado no plano "*mais próximo possível dos cidadãos*"[4]. Numa realidade em que distintas esferas governamentais competem por poder político, a subsidiariedade significa uma preferência pela atuação daquela situada no plano mais periférico; uma presunção relativa em favor da descentralização[5], a impor um ônus de que a centralização só ocorra quando possa ser inteiramente justificada[6] como melhor alternativa para que se alcance a realização dos objetivos de proteção pretendidos[7], em face da dimensão dos impactos de um problema ou da magnitude da ação necessária para enfrentá-lo[8].

No dizer de KISS-SHELTON:

> "...*[M]uitas políticas e instrumentos ambientais agora respondem a problemas emergentes recorrendo à aplicação do princípio da subsidiariedade ou à implementação descentralizada de normas ambientais. O princípio da subsidiariedade, que é um princípio organizador geral de governança, expressa um valor libertário a favor do realizar decisões e implementá-las no nível efetivo mais básico de governo ou de outra organização. Nessa abordagem diferenciada dirigida à regulação estatal, a subsidiariedade estabelece uma presunção ilidível a favor do controle local. Ela está baseada na concepção de que um processo descentralizado de tomada de decisões aprimorará a autonomia pessoal e a participação pública, bem como facilitará escolhas baseadas nas particularidades das condições locais, especialmente onde a população local venha a suportar os custos mais elevados em termos ambientais e de desenvolvimento.*
> *No plano internacional, isso reflete noções tradicionais de soberania do estado, enquanto no plano local e nacional introduz atores não-estatais e titulares de interesse no funcionamento da proteção ambiental.*
> *Problemas que transcendam a comunidade e/ou não possam ser efetivamente resolvidos localmente continuarão a necessitar de soluções no nível*

---

[2] BOTHE
[3] HUNTER
[4] Cf. considerandas do Tratado de Maastrich (1992).
[5] KISS-SHELTON
[6] BOTHE
[7] MARTÍN
[8] Cf. Tratado de Roma (1957), Art. 3º – B, de acordo com a redação que lhe deu o Tratado de Maastrich (1992), Título II, Art. G(B)(5).

nacional, regional e global. Em alguns casos, obstáculos políticos à ação local devem ser superados por meio de regulação em nível nacional. De maneira similar, o direito internacional pode ser necessário para vencer a relutância política nacional em adotar políticas ambientais firmes, o que é especialmente provável quando o dano ambiental possa ser exportado a um custo relativamente baixo. Esse é um fundamento dos acordos internacionais sobre cursos hídricos, que controlam a emissão de estados a montante; e de convenções sobre o ambiente marinho regulando a poluição do oceano gerada por fontes baseadas em terra. Recursos compartilhados, ecossistemas transfronteiriços que formam uma unidade física e bens comuns internacionais obviamente requerem regulação internacional por parte dos estados interessados."[9]

Em decorrência, a premissa de que se deve partir é a de que a atuação das esferas mais centralizadas (federal e regional) de governo deverá ter sempre um papel subsidiário em face das questões comuns, desempenhando, em caráter complementar eventual, as tarefas que não tenham como ser efetivamente enfrentadas apenas pelo gestor local. Vai daí que, para qualquer encaminhamento que se pretenda dar a um tema relacionado ao ambiente, o governo local deverá ser o indicado a atuar preferencialmente e, mesmo quando não lhe caiba fazê-lo com exclusividade, estar envolvido na matéria e à frente da condução dos temas que afetem diretamente a seus próprios interesses[10].

O princípio da subsidiariedade, portanto, não informará qual a melhor decisão a ser adotada[11], nem afetará por si a distribuição de competências regulamentadas[12]; mas indicará onde[13] o processo decisório deverá ser preferencialmente levado a efeito, a um custo menor e com maior grau de participação dos cidadãos diretamente interessados, o que não deve significar o comprometimento das vantagens e da eficácia que uma ação comum coordenada pode trazer para o bem protegido[14]. Trata-se de um instrumento para

---

[9] KISS-SHELTON (tradução livre), pp. 800-801.
[10] Destaque-se, aliás, a parte final do Enunciado n. I (AI I), do III Congresso de Procuradores das Capitais Brasileiras (2006), do seguinte teor: "...de acordo com o princípio da subsidiariedade, o município deve ser considerado o ente mais habilitado a lidar com os impactos locais de qualquer empreendimento, ainda quando esses efeitos repercutam para além das fronteiras da cidade".
[11] HUNTER
[12] MARTÍN
[13] HUNTER
[14] MARTÍN

a efetiva implementação do que estabelecem as normas jurídicas aplicáveis, que busca evitar a superposição de funções entre os diversos poderes públicos envolvidos, a duplicação de esforços, o desperdício de recursos e o surgimento de lacunas de execução da lei.[15][16]

É importante ainda indicar que o princípio da subsidiariedade fala de perto ao desenvolvimento sustentável[17], funcionando como elemento capaz de reduzir desequilíbrios surgidos das relações entre poder central e poderes periféricos, principalmente numa realidade em que decisões impostas por aquele, sem a participação destes, tendem a resultar como difíceis de aceitar e, logo, de implementar[18].

Daí porque seja de custosa assimilação uma linha de pensamento muitas vezes advogada por nossa doutrina, na contramão do Direito Internacional e Comparado – e da própria Constituição Brasileira, como veremos a seguir -, no sentido de que a valorização do papel dos governos locais em sede de controle ambiental colocaria em risco a preservação do ambiente de nosso país, devido à falta de infra-estrutura e de recursos nos Municípios, ou mesmo por conta da alegação de que estariam as autoridades locais mais sujeitas a pressões espúrias. Diga-se, no mínimo, que não se conhece um único ente federal, estadual ou mesmo municipal a que se possa citar como possuidor de uma infra-estrutura adequada para o controle ambiental, muito menos como exemplo de alocação suficiente de recursos para essa tarefa. Quanto ao peso de pressões espúrias, demonstra a prática, por exemplo, que a mudança da capital da República do Rio de Janeiro para Brasília, em 1961, que retirou o núcleo decisório nacional de um centro metropolitano onde era fortíssima a pressão popular, não resultou nem no coincidente afastamento das pressões espúrias – que, por longo tempo após essa mudança, foram as únicas exercidas sobre o governo federal em sua nova sede -, nem exatamente num aprimoramento das qualidades éticas e morais dos agentes do poder público nacional.

Ao contrário dessa linha de pensamento que se vem de criticar, defende-se aqui que apenas mediante a combinação articulada do planejamento macro, no plano federal, com uma gestão regional cooperativa e uma execução capilarizada no plano local, que prestigie as responsabilidades

---

[15] Id.
[16] Ou o "déficit de execução", como escreve KRELL (2005).
[17] V. referências feitas à idéia-força do princípio na Agenda 21 como, por exemplo, em 12.28, 12.37 e 18.12(o).
[18] BOTHE

e reforce as habilidades dos entes municipais, será possível cogitar-se de um sistema apto a enfrentar o gigantesco desafio ambiental no Brasil. Somente um passo estratégico determinado rumo à construção de vasta capacidade pública em nosso país possibilitará a estruturação do sistema de defesa de que nosso ambiente carece. Não será concentrando recursos, nem centralizando processos decisórios, nem criando ineficientes e caras superestruturas federais para o cuidado de temas paroquiais, ou menos ainda desacreditando os agentes públicos e as agências locais, que se fortalecerá essa capacidade de que tanto carecemos. Isso só será alcançado com vontade política que leve a uma cooperação efetiva (com transferência de tecnologia, troca de informações e investimentos na área de capacitação por parte da União em Estados e Municípios, bem como por parte dos segundos nos últimos); com esclarecimento da opinião pública, capaz de transformar a questão ambiental em tema tão popular quanto este deve ser; com a geração de um processo virtuoso que conduza a um estrito controle social de atividades e empreendimentos públicos e privados, inclusive por meio de amplo incentivo ao uso do arsenal de medidas judiciais ao alcance do grande espectro de legitimados a que a lei permite o acesso ao Judiciário para defesa do ambiente, num movimento centrado não apenas nas ações lesivas ao meio, mas também nas omissões que resultam em dano ao ambiente.

A descentralização é o caminho.

3. Esclarecimento metodológico

Antes de ingressarmos na análise do papel constitucional do Município na custódia do ambiente em nosso país, faz-se necessário um esclarecimento acerca da metodologia eleita para o presente trabalho.

No Brasil, temos uma Constituição Republicana que fez claramente uma opção pelo princípio da subsidiariedade (arts. 1º, 18 e 30, I). Mesmo assim, a opção política realizada pelo legislador constituinte vem encontrando severas resistências para se ver aplicada na prática.

Em virtude disso, a discussão em torno da competência constitucional para a atuação dos entes federativos em sede ambiental tem profunda relevância.

Aparentemente, deveria se tratar de puro truísmo a afirmação de que em nosso modelo republicano a federação é integrada também pelos municípios; ou de que estes são entes federativos autônomos; que não existe qualquer subordinação hierárquica deles em face da União ou do Estado-membro a que pertençam. Da mesma forma, pareceria acrescentado lembrar que todas as limitações à atuação do Município, no exercício de seu poder de império como ente federativo em atividades públicas que lhe são próprias (e não como integrante de relações jurídicas nas quais participe em qualquer outra condição), devem resultar exclusivamente dos princípios da Constituição Federal, da Constituição do respectivo Estado-membro e da lei orgânica que adote.[19]

No entanto, surpreende o fato de serem encontradas na doutrina do Direito Ambiental no Brasil, com indesejável freqüência, manifestações que sugerem alguma espécie de hierarquia entre os entes federativos. De acordo com esse entendimento, a União teria um papel de predomínio em qualquer situação, ao passo que abaixo dela se situariam os Estados e, por último, num "nível inferior", os Municípios, cujo "dever" seria o de sujeitarem-se, em qualquer hipótese, às "determinações superiores" emanadas dos dois primeiros.

Tudo indica que essa linha de pensamento reluta em aceitar o desenho constitucional em vigor, soberanamente concebido pelo poder constituinte originário do Brasil: de uma República que se declarou formada por meio da união indissolúvel de Estados, Distrito Federal e dos Municípios (art. 1º, CF); e que está organizada político-administrativamente como Federação, numa estrutura que, além daqueles entes, compreende a própria União por eles formada, num regime de autonomia geral cujos termos é a própria Constituição Federal se encarrega de estabelecer (art. 18, *caput*, da CF)[20].

Em decorrência dessa resistência em face do modelo constitucional adotado, aquela mesma parcela da doutrina jus-ambientalista brasileira, a que antes se referiu, chega a conclusões que não se assemelhariam como as mais corretas quanto às competências e o papel dos Municípios na defesa do meio em nosso país.

Portanto, em contraste com essa linha de pensamento doutrinário de que se discorda, quer-se aqui trazer uma contribuição para o debate, com enfoque concentrado em pronunciamentos do Supremo Tribunal Federal a respeito de questões do maior relevo para a compreensão do desenho federativo brasileiro e, por conseqüência, para o correto entendimento da distribuição constitucional de competências para a proteção ambiental entre as pessoas da Federação Brasileira.

Essa proposital superexposição do (que se acredita seja o) pensamento da Corte Suprema Brasileira, que aqui se realizará, tem ainda duas outras

---

[19] Art. 29, *caput*, da Constituição Federal.
[20] Cf. ADI MC 2024, Rel. Min. Sepúlveda Pertence, 1999.

confessadas, quiçá pretensiosas, mas sem dúvida provocadoras – no melhor sentido da expressão – intenções. A primeira delas, a de combater um mito que vai silenciosamente se acomodando na área do Direito Ambiental no Brasil, que parece sugerir que essa matéria não teria qualquer relação com os demais ramos do Direito, sobretudo com o Direito Constitucional consolidado ao longo de décadas em nosso país pela instituição a que a própria Carta Republicana elegeu como sua guardiã (art. 102, *caput*, da CF). A segunda, a de se contrapor ao que se reputa um vício do debate doutrinário-ambiental em nosso país, que costuma solenemente ignorar o que os tribunais dizem e decidem – para além de, quando muito, uma apressada leitura das ementas de alguns raros julgados focados apenas na própria temática ambiental -, com isso inexplicavelmente desprezando a importância de se monitorar e discutir minuciosamente o processo evolutivo jurisprudencial, sobretudo o do STF (onde alguns ministros ficam por décadas, a interpretar direitos e deveres vinculados à Constituição), que é, queira-se ou não, fator determinante para a consolidação, a modificação, o aperfeiçoamento, o desvirtuamento ou a simples aniquilação de valores, práticas, estratégias e políticas públicas.

Por fim, o método de abordagem eleito pelo presente escrito se explicaria, quando nada, pela máxima cunhada pelo ex-Ministro Paulo Brossard, segundo a qual é o STF que detém "a prerrogativa de errar por último" em matéria de exegese do texto da Carta Republicana.

4. Federação no Brasil: premissas constitucionais atinentes aos Municípios

Inicie-se por relembrar ser pacífico que os "... Municípios compõem a estrutura federativa brasileira (CF., artigos 1º e 18), sendo, por isso mesmo, entidades políticas dotadas de autonomia política, legislativa, administrativa e financeira (C.F., artigos 18, 29, 30, 31 e 34, VII, 'c')"[21].

Por sua vez, a "... autonomia política [municipal] caracteriza-se pela 'auto-organização' (os Municípios elaboram a sua lei orgânica, atendidos os princípios inscritos na Constituição Federal e na Constituição Estadual, CF, art. 29) e pelo 'autogoverno' (os municípios elegem o seu Prefeito, Vice-Prefeito e Vereadores, CF, art. 29 e incisos); a autonomia legislativa caracteriza-se pela faculdade que lhes é conferida de elaborarem as suas leis nas matérias de sua competência (CF, art. 30, I e III); a autonomia

---
[21] ADI 390, Rel. Min. Carlos Velloso, 1996.

administrativa caracteriza-se, por sua vez, pela auto-administração, já que os Municípios têm administração própria e organizam os seus próprios serviços tendo por base as suas leis (CF, art. 30, IV, V, VI, VII, VIII e IX); finalmente, a autonomia financeira, intimamente ligada à autonomia administrativa, está em os Municípios instituírem e arrecadarem os tributos de sua competência, aplicarem as suas rendas e fiscalizarem a execução do orçamento [...] (CF, arts. 30, III e 31)".[22]

Em decorrência, a autonomia municipal seria uma "insuprimível prerrogativa político-jurídica que a Carta Federal, ela própria, atribuiu aos Municípios"[23].

De maneira que a "... autonomia municipal, ... representa, como sabemos, no contexto de nossa organização político-jurídica, uma das pedras angulares sobre as quais se estrutura o edifício institucional da Federação brasileira"[24].

Por outro lado, segundo SILVA[25], em matéria de competências dos entes federativos:

"... a Constituição separa a competência material e a competência legislativa (formal). Temos, então: 1) a *competência material*: a) *exclusiva*: da União (art. 21), dos Estados, que se extrai de seus poderes remanescentes do art. 25, §1º, e dos Municípios (art. 30, III a VIII); b) *comum* da União, Estados, Distrito Federal e Municípios (art. 23); 2) a *competência legislativa* a) *privativa* ou *exclusiva*: da União (art. 22), dos Estados (art. 24, §§1º e 2º) e dos Municípios (art. 30, 1); *concorrente* entre União, Estados e Distrito Federal (art. 24), onde a legislação da União é de normas gerais e a dos Estados e Distrito Federal de normas suplementares; c) também está prevista a *legislação suplementar* dos Municípios (art. 30, II)".

A seu turno, o STF, "... ao reconhecer que existe, em favor da autonomia municipal, uma '*garantia institucional do mínimo intangível*' (PAULO BONAVIDES ...), [entende] que o art. 30, inciso I, da Carta Política não autoriza a utilização de recursos hermenêuticos cujo emprego [...] possa importar em grave vulneração à autonomia constitucional dos Municípios, especialmente se se considerar que a Constituição da República criou,

---

[22] *Id.*
[23] AI AgR 347717, rel. Min. Celso de Mello, 2005.
[24] *Id.*
[25] SILVA, p. 72.

em benefício das pessoas municipais, um espaço mínimo de liberdade decisória que não pode ser afetado, nem comprometido, em seu concreto exercício, por interpretações que culminem por lesar o mínimo essencial inerente ao conjunto (irredutível) das atribuições constitucionalmente deferidas aos Municípios."[26]

Trata-se a esfera de autonomia municipal de um valor que "[...] erige-se à condição de princípio estruturante da organização institucional do Estado brasileiro, qualificando-se como prerrogativa política, que, outorgada ao Município pela própria Constituição da República, somente por esta pode ser validamente limitada"[27].

Em suma, "[a] nova Constituição da República, promulgada em 1988, prestigiou os Municípios, reconhecendo-lhes irrecusável capacidade política como pessoas integrantes da própria estrutura do Estado Federal brasileiro, atribuindo-lhes esferas mais abrangentes reservadas ao exercício de sua liberdade decisória, notadamente no que concerne à disciplinação de temas de seu peculiar interesse, associados ao exercício de sua autonomia".[28]

De sorte que, ao desejarmos inquirir quais seriam, em realidade e na prática, as competências materiais e legislativas do Município em sede ambiental, derivadas dessa autonomia, a ninguém mais além da Constituição da República – e a seu guardião, o STF – devemos nos dirigir.

5. Das competências materiais constitucionais dos Municípios em sede ambiental

Cuidando-se inicialmente da competência material concorrente, em sede de proteção ambiental (art. 23, VI e VII), pergunta-se: teriam os Municípios competência e área própria de atuação?

O primeiro equívoco ordinariamente cometido na avaliação desse tema é avaliá-lo isolando-se o art. 23, VI e VII, da CF, como se essas disposições não formassem parte de um todo.

Contudo, se a interpretação do texto constitucional se der de maneira ainda mais abrangente, mesmo que se resista a conceber uma competência não apenas comum, mas em certa medida própria e definível às Municipalidades, por força apenas do art. 23, não se percebe como tal visão poderá prevalecer em face do art. 225.

---

[26] AI AgR 347717, rel. Min. Celso de Mello, 2005.
[27] *Id.*
[28] *Id.*

É que, se o *caput* do citado artigo 225 menciona o direito a um ambiente ecologicamente equilibrado como um direito de todos, é nele também que se encontra a regra de que o dever de defendê-lo e de preservá-lo é tanto da coletividade, como do Poder Público (conceito em que se inserem todos os entes federativos, inclusive os Municípios[29]).

O detalhe principal está no §1º, do mesmo art. 225, ora comentado. Atente-se para o fato de que nesse parágrafo se estabelece que é novamente ao Poder Público em geral – ou seja, sem que se discrimine se à União, aos estados-membros, ao Distrito Federal ou aos Municípios – que toca um dever adicional no sentido de assegurar o conteúdo do direito de todos ao ambiente equilibrado, estatuído no *caput*. Para tal fim, prescreve o citado §1º um elenco de obrigações, repita-se, para o Poder Público (inclusive Municípios) – obrigações que em verdade seriam instrumentos (isto é, poderes) para o exercício do dever de que é esse mesmo Poder Público incumbido. Seriam tais poderes os de: preservar e restaurar os processos ecológicos essenciais e prover o manejo ecológico das espécies e ecossistemas; preservar a diversidade e a integridade do patrimônio genético do País e fiscalizar as entidades dedicadas à pesquisa e manipulação de material genético; definir, em todas as unidades da Federação, espaços territoriais e seus componentes a serem especialmente protegidos, sendo a alteração e a supressão permitidas somente através de lei, vedada qualquer utilização que comprometa a integridade dos atributos que justifiquem sua proteção; exigir, na forma da lei, para instalação de obra ou atividade potencialmente causadora de significativa degradação do meio ambiente, estudo prévio de impacto ambiental, a que se dará publicidade; controlar a produção, a comercialização e o emprego de técnicas, métodos e substâncias que comportem risco para a vida, a qualidade de vida e o meio ambiente; promover a educação ambiental em todos os níveis de ensino e a conscientização pública para a preservação do meio ambiente; proteger a fauna e a flora, vedadas, na forma da lei, as práticas que coloquem em risco sua função ecológica, provoquem a extinção de espécies ou submetam os animais a crueldade.

Como resultado – e para ficarmos num exemplo mais conspícuo da controvérsia em torno das competências ambientais dos entes federativos –, não se consegue, diante dessa sistemática do art. 225, da C.F., vislumbrar

---

[29] "'[P]oder' no sentido de Estado ou pessoa pública política*[...] aqui o poder público; a expressão é produto da adição *poder* + *público*; União, Estados, Municípios, Territórios e Distrito Federal" – MS 24427, Rel. Min. Eros Grau, 2006.

dificuldade em se reconhecer a competência do Município para tratar das licenças ambientais das atividades cujos impactos se façam sentir em seu território. De outro modo, o que explicaria os poderes que, como integrante da categoria "Poder Público", ao Município também confere a Constituição Republicana, para que possa e deva exigir estudo prévio de impacto ambiental e controlar a produção, a comercialização e o emprego de técnicas, métodos e substâncias que comportem risco para a vida, a qualidade de vida e o meio ambiente?

Talvez por isso não tenha hesitado o STF em entender que "[é] lícito ao Poder Público – qualquer que seja a dimensão institucional em que se posicione na estrutura federativa (União, Estados-membros, Distrito Federal e Municípios) – autorizar, licenciar ou permitir a execução de obras e/ou a realização de serviços no âmbito dos espaços territoriais especialmente protegidos [...]"[30].

Aliás, já disse nossa Suprema Corte:

> "A Constituição, ao garantir aos Poderes Públicos o encargo de proteção desses bens [ambientais], atribuiu-o igualmente ao município, dotando-o da mesma potencialidade e virtualidade que a cada um toca, de competência para, na órbita de sua ação, coibir excessos que, se consumados, poriam em risco toda a estrutura de utilidades culturais e ambientais"[31].

Dando ainda outros claros sinais de que não tem qualquer problema na identificação da parcela de competência das Municipalidades em sede de proteção administrativa do ambiente, o STF ainda manifestou-se no sentido da constitucionalidade de lei estadual que disciplinava as funções de juiz de paz, mesmo quando dentre estas funções a norma regional incluía a de "zelar, na área territorial de sua jurisdição, pela observância das normas concernentes à defesa do meio ambiente e à vigilância sobre as matas, rios e fontes, tomando as providências necessárias ao seu cumprimento ...", dando interpretação conforme ao preceito para considerar que estaria "... em consonância com o art. 225 da Constituição do Brasil, desde que sua atuação [a do juiz de paz] não importe em restrição às competências municipal, estadual e da União"[32].

---

[30] ADI MC 3540, Rel. Min. Celso de Mello, 2006.
[31] RE 121140, Rel. Min. Mauricio Correa, 2002.
[32] ADI 2938, Rel. Min. Eros Grau, 2005.

Por outro lado, as competências concorrentes do art. 23 são "competências que substantivam incumbência e responsabilidade, assim, de natureza qualificadamente irrenunciável".[33]

Esclareceu a Corte Suprema que "a inclusão de determinada função administrativa no âmbito da competência comum não impõe que cada tarefa compreendida no seu domínio, por menos expressiva que seja, haja de ser objeto de ações simultâneas das três entidades federativas".[34]

Nessa discussão, cogitou, sim, o STF, da lei complementar prevista do parágrafo único, do art. 23, da CF, ressaltando a importância de normas que estabeleçam cooperação entre as entidades competentes, mas deixou claro que "[d]e qualquer modo, regular a cooperação não abrange o poder de demitirem-se a União ou os Estados dos encargos constitucionais"[35]. Ao que se acrescentaria: e nem tampouco implica em estabelecer regras que "[...] culminem por lesar o mínimo essencial inerente ao conjunto (irredutível) das atribuições constitucionalmente deferidas aos Municípios"[36] ou que firam a autonomia municipal "[...] prerrogativa política, que, outorgada ao Município pela própria Constituição da República, somente por esta pode ser validamente limitada"[37].

Por isso mesmo, acredita-se impensável, ao contrário do que advoga parte da doutrina, que uma lei complementar, editada com base no parágrafo único, do art. 23, da CF, pudesse vir a lume para criar, modificar, ampliar, reduzir ou de qualquer modo disciplinar as competências municipais, que possuem fonte exclusiva na Constituição da República.

Sobre o tópico, deve-se de início lembrar que, quando quis, a Constituição Federal disse claramente quando a lei complementar poderia delegar – e somente isso, ou seja, não retirar – competência de um ente público a outro (no caso, legiferante privativa da União, conforme parágrafo único, do art. 22). E o parágrafo único, do art. 23, não diz de delegação, muito menos dá poderes ao legislador federal para redistribuir as competências próprias da União ou mexer na dos demais entes federativos. Em verdade, o citado parágrafo único sequer menciona a palavra competência, antes asseverando apenas caber à lei complementar fixar normas de cooperação entre os entes a que a Constituição, no art. 23, conferiu competência comum.

---

[33] ADI 2544, Rel. Min. Sepúlveda Pertence, 2006.
[34] Id.
[35] Id.
[36] AI AgR 347717, rel. Min. Celso de Mello, 2005.
[37] Id.

E nem poderia ser diferente, já que "[a] abrangência da autonomia política municipal – que possui base eminentemente constitucional [só pode] por isso mesmo, sofrer as restrições emanadas da própria Constituição da República".[38]

Disso resulta que não se deve confundir federalismo cooperativo com subordinação de qualquer espécie. Assim, não importa a natureza complementar da norma jurídica prevista no art. 23, parágrafo único, da CF: somente norma constitucional pode por e dispor a respeito das competências dos entes federativos, assim mesmo respeitando o princípio da autonomia municipal, insculpido como valor da República na letra c, do inciso VII, do art. 34, da CF.

Citando Raul Machado Horta, o STF não perde de vista que "'[..] na verdade a competência comum opera a listagem de obrigações e deveres indecliáveis do Poder Público em relação às instituições '".[39]

Por outro lado, os problemas de conflito e de interpretação a respeito de qual dos entes federativos seja o titular de uma determinada competência importam em interpretação da Constituição da República, função que esse texto atribuiu exclusivamente ao Judiciário, em especial ao STF (art. 102, caput, da CF). Não é dado ao Legislador o papel de interpretar a Constituição, nem mesmo por meio de lei complementar. De resto, alterar a distribuição de competências estabelecida pela Constituição está longe de se constituir em qualquer método de interpretação desse texto, antes significando a sua alteração.

Nesse campo, o que diga respeito a conflitos positivos de competência entre entidades federais e regionais (dos Estados-membros e do Distrito Federal), a letra f, do inciso I, do art. 102, da CF, diz expressamente caber ao STF processá-los e julgá-los.

Aqui, é de se lamentar que o Pleno do STF não tenha dado ouvidos às palavras clarividentes do Ministro Sepúlveda Pertence, no julgamento da Pet. Ag. Rg. 1286[40], realizado quando a Constituição da República contava com quase dez anos de aplicação e já eram incontáveis os casos de conflitos entre órgãos de controle ambiental de distintos entes federativos.

Destinava-se aquele caso a precisamente levar a julgamento, pela Corte Suprema, conflito no exercício do poder de polícia ocorrido entre órgãos de fiscalização ambiental da União e do Estado de Santa Catarina.

---
[38] Id.
[39] ADI 2544, Rel. Min. Sepúlveda Pertence, 2006.
[40] Rel. Min. Ilmar Galvão, 1997.

Ligava-se a questão a embargo seguido de multa realizados pelo IBAMA em relação a obra promovida pelo Estado-membro, apesar de que este obtivera licença de seus próprios órgãos ambientais, além dos vinculados aos municípios interessados.

Alegando que o incidente não colocava em risco "a harmonia federativa", o Pleno não conheceu de um tema de tamanha relevância para a prática do Direito Ambiental Brasileiro, mesmo quando antes houvera apreciado, na forma do art. 102, I, *f*, da CF, simples querela entre órgão federal e estadual para declarar a dominialidade sobre terras devolutas[41].

Mas, como se disse de início, merecem destaque as clarividentes palavras do Min. Sepúlveda Pertence, em seu voto pelo conhecimento e julgamento da matéria:

> "No caso, [...] o que se tem é uma autarquia federal exercendo o relevante poder federal de polícia ambiental, em relação a uma obra pública da administração direta do Estado, também relevante, que é a construção de um centro penitenciário. De resto, gira a lide em torno de matéria de competência concorrente (Const., art. 24, VI). Creio que a demanda traz em seu bojo temas relevantes para o relacionamento entre o poder federal de polícia ambiental e a administração do Estado".

Teve a Suprema Corte em suas mãos a chance de se redimir daquela inação, quando chegou ao seu conhecimento conflito entre órgão ambiental do Estado de Minas Gerais e a Agência Nacional de Energia Elétrica – ANEEL[42], com o primeiro impondo limitações ambientais que inviabilizariam o aproveitamento do potencial energético de área incluída no planejamento estratégico da segunda.

Pese tenha sido favorável a decisão do STF, dessa feita, no sentido de reconhecer a sua competência para apreciar a questão e a relevância do tema no contexto federativo, a causa terminou perdendo o objeto, já que a limitação ambiental mineira que a ensejara veio afinal a ser eliminada, com a revogação da lei estadual que a instituíra. Uma pena que não tenha tido novamente a Suprema Corte a oportunidade de se manifestar, no mérito, "[...] acerca do aproveitamento dos potenciais hidráulicos e da realização de obras atingindo rios de curso interestadual e ainda a respeito da partição de competências, no âmbito federativo, sobre a proteção

---

[41] ACO 477, Rel. Min. Moreira Alves, 2002.
[42] ACO QO 593, Rel. Min. Néri da Silveira, 2001.

ambiental e os embaraços que Estados possam opor a obras atinentes à geração de energia elétrica"[43].

Espera-se que, de fato, o STF leve adiante esse seu pensamento, não apenas para conhecer dessas questões, na forma que lhe dirige a Constituição da República, mas principalmente com vistas à elaboração de súmula vinculante para toda a Administração, o que em muito contribuiria para ordenar a atuação dos distintos órgãos fiscalizadores ambientais no Brasil, com imensos benefícios para a segurança jurídica e a economia do país.

Vale ressaltar, porém, que os eventuais conflitos entre órgãos estaduais e municipais no exercício de seu poder de polícia ambiental não estão abrangidos pela norma do art. 102, I, *f*, da CF. Deverão, portanto, ser objeto de análise nas cortes estaduais de justiça, cabendo aos legisladores regionais dispor acerca da criação de eventual mecanismo processual que permita o conhecimento originário da matéria dos conflitos entre poder regional e local, diretamente pelo Pleno do respectivo Tribunal de Justiça, em prol da celeridade e, novamente, da segurança jurídica necessárias à atuação ordenada do Poder Público e à economicidade no emprego dos recursos que lhe são alocados.

Ademais, temos os possíveis conflitos entre órgãos dos Municípios e da União, em matéria de polícia ambiental. Estes, *de lege lata*, devem ser apreciados pela instância ordinária da Justiça Federal da região própria, na forma do art. 109, I, da CF. Isso, porém, não impede que, *de lege ferenda*, a questão possa ser levada de imediato ao conhecimento da segunda instância federal, em respeito aos mesmos princípios de celeridade e economicidade antes invocados.

De toda sorte, em qualquer das duas últimas hipóteses, acredita-se que a matéria essencial da controvérsia repousará sobre a interpretação da Constituição Federal, o que eventualmente deverá devolver ao STF o conhecimento da questão, em sede de recurso extraordinário (art. 102, III, *a* e *c*).

Seja como for, até que a matéria sobre o exercício do poder de polícia ambiental comum de que tratam o art. 23, VI e VII, e o art. 225, ambos da CF, seja finalmente dirimida pelo STF, parece razoável defender que a competência material do município seja interpretada à luz do art. 30, I, da mesma CF, e do princípio da subsidiariedade. Ou seja, no que circunscrevam seus impactos apenas ao território do Município, será de competência deste o controle de ações e atividades ambientais degradadoras ou

---

[43] *Id.*

potencialmente degradadoras do ambiente; no que acarrete impactos que transcendam as fronteiras do território municipal para alcançar mais de um município do mesmo Estado-membro, será de competência deste último o controle ambiental das mesmas ações e atividades no âmbito regional, sem que, no entanto, se afaste a atuação concomitante dos Municípios impactados, na condição de entidades mais habilitadas a cuidar dos efeitos que se façam sentir diretamente em seus respectivos territórios; por fim, quando se cuide de impactos atingindo municípios situados em distintos Estados-membros ou transcendendo as fronteiras do próprio território do país, será de competência da União o controle no plano nacional, sem prejuízo da atuação dos Estados-membros envolvidos e dos Municípios interessados, em relação aos problemas que lhes afetem diretamente nos âmbitos regionais e locais.

Nesse sentido, enunciado aprovado no III Congresso de Procuradores das Capitais Brasileiras (2006):

> "**Enunciado I (AI I)** – As competências dos entes federativos são estabelecidas exclusivamente pela Constituição Federal. Normas infraconstitucionais não podem dispor sobre, alocar, modificar ou de qualquer forma limitar competências constitucionalmente fixadas. Tampouco podem interpretar a Constituição Federal. A proteção ao ambiente é competência constitucional administrativa comum. Contudo, será sempre e exclusivamente exercida pelo município, quando a área de influência da atividade não ultrapassar os limites territoriais da cidade. De resto, de acordo com o princípio da subsidiariedade, o município deve ser considerado o ente mais habilitado a lidar com os impactos locais de qualquer empreendimento, ainda quando esses efeitos repercutam para além das fronteiras da cidade. Art. 30, I, da Constituição Federal".

Aqui, necessário se faz acrescentar uma palavra sobre o que se deve entender como território municipal. A esse respeito, já disse o STF que o §1º, do art. 20, há de ser interpretado como a indicar que o mar territorial, a plataforma continental e a zona econômica exclusiva são partes integrantes dos territórios dos Municípios junto a que se situem[44]. Na "... federação, não há área ou suas projeções que não estejam no território de um Estado ou do Distrito Federal e, simultaneamente, de um Município"[45].

---

[44] ADIMC 2080, Rel. Min. Sidney Sanches, 2002.
[45] Voto do Mun. Sepúlveda Pertence na ADIMC 2080, Rel. Min. Sidney Sanches, 2002.

Aliás, em que pese sejam encontradas no país "áreas ou partes territoriais integralmente do domínio da União [como no] Estado de Roraima e nos seus territórios indígenas, nos quais há Municípios inteiramente inseridos [...nem por isso deixam estes...] de ter um território"⁴⁶.

Adiantou a Corte Suprema, a propósito, que percebe "uma confusão [...] entre domínio público e território"⁴⁷, confusão essa que, ao que tudo indica, induz ao erro comum de se acreditar que as unidades de conservação ou as áreas que Constituição Federal descreve como de domínio de Estados-membros e da União estariam fora do território municipal em que se situem ou de qualquer maneira, por um tema ligado à propriedade desses entes públicos sobre elas, livres do controle ambiental do Município em que estão localizadas.

De outra parte, há quem cogite do art. 241, da CF, e dos consórcios e convênios de que ali se trata como passíveis de serem firmados entre entes federativos, com vistas a solucionar seus conflitos de competência em matéria de polícia ambiental.

Diz o citado art. 241, da CF, que aqueles instrumentos podem ser firmados para autorizar "[...] a gestão associada de serviços públicos, bem como a transferência total ou parcial de encargos, serviços, pessoal e bens essenciais à continuidade dos serviços transferidos".

Aqui, novamente, quer parecer que tal linha de pensamento labora em equívoco, ao confundir serviço público, em sentido amplo, de "organização pública que desempenha papel institucional com forte caráter estatal e público"⁴⁸, com serviço público em sentido estrito, na forma em que se vê o conceito referido pelo art. 175, bem com pelo art. 145, II, ambos da CF, neste último caso precisamente em contraste com o poder estatal de polícia, no momento em que ambos são apresentados como potenciais justificativas para a instituição de taxas, pese sua diversa natureza.

Vale aqui recordar que:

> "[d]istingue George Vedel a polícia administrativa do serviço público: o procedimento daquela é a prescrição, enquanto o deste é a prestação. Naquela, a Administração, regulamenta as atividades privadas, neste, encarrega-se de satisfazer uma necessidade (Droit Administratif, Paris, 1968, p. 667) [sic]".

---

⁴⁶ *Id., ibid.*
⁴⁷ *Id., ibid.*
⁴⁸ ADI 3026, Rel. Min. Gilmar Mendes, 2006.

Em outras palavras, o exercício de poder de polícia não é serviço público, em sentido estrito (art. 175, da CF) e por isso não está abrangido pelo art. 241, da CF.

Além disso, o raciocínio segundo o qual se admitiria a troca ou a delegação de poder de polícia ambiental entre uma entidade federativa e outra, parece querer reviver o art. 8º, § 1º, da constituição revogada. Por outro lado, perde de vista que é somente a Constituição que contém o arcabouço da organização política do Estado[49], "as [suas] normas constitucionais de organização, também referidas como normas de estrutura ou de competência"[50].

Vai daí que não se concebe como um instrumento de convênio ou de consórcio poderia dispor de competências para o exercício do poder de polícia ambiental de maneira distinta da que fez a Constituição da República, já que é esta, e não a vontade política dos entes federativos signatários do instrumento, a fonte do poder-dever em questão. Ou, ainda, na boa lembrança da Ministra Carmen Lúcia, do STF: "como dizia Caio Tácito, não tem competência quem quer, mas quem pode, nos termos que a Constituição estabelece. Competência/dever é irrenunciável".[51]

6. Das competências legislativas constitucionais dos Municípios em sede ambiental.

Entende nossa Suprema Corte que no "... sistema da CF/88, como nos anteriores, a competência legislativa geral pertence à União [..., a] residual ou implícita aos Estados 'que podem legislar sobre as matérias que não estão reservadas à União e que não digam respeito à administração própria dos Municípios, no que concerne ao seu peculiar interesse'".[52]

À União, portanto, estaria reservado o "[...] campo de abrangência de normas gerais sobre conservação da natureza e proteção do meio ambiente [...]".[53]

Admite-se que a "formulação do conceito de 'normas gerais' é tanto mais complexa quanto se tem presente o conceito de lei em sentido material

---

[49] FAGUNDES, Miguel Seabra, apud BARROSO.
[50] BARROSO, citando, ao final, BASTOS, Celso Ribeiro, e BRITO, Carlos Ayres de.
[51] Voto proferido na ADI 2544, Rel. Min. Sepúlveda Pertence, 2006.
[52] ADI MC 2396, Rel. Min. Ellen Gracie, 2001 Entendimento ratificado no julgamento do mérito da ADI, relatado pela mesma ministra e realizado em 2003. A citação feita no acórdão é ao voto condutor na Rep. 1153, de 1985, de autoria do Min. Moreira Alves.
[53] ADI MC 1086, Rel. Min. Ilmar Galvão, 2001.

– norma geral, abstrata"⁵⁴. Vai daí que "[...] essas 'normas gerais' devem apresentar generalidade maior do que apresentam, de regra, as leis"⁵⁵ para assumir um caráter de "diretriz, de princípio geral"⁵⁶. Em passagem seminal, pontifica o STF sobre a essência última do conceito:

"A norma geral federal, melhor dizer, nacional, seria a moldura do quadro a ser pintado pelos Estados e Municípios no âmbito de suas competências. Com propriedade, registra a professora Alice Gonzales Borges que as 'normas gerais', leis nacionais, 'são necessariamente de caráter mais genérico e abstrato do que as normas locais. Constituem normas de leis, direito sobre direito, determinam parâmetros, com maior nível de generalidade e abstração, estabelecidos para que sejam desenvolvidos pela ação normativa subseqüente das ordens federadas', pelo que 'não são normas gerais as que se ocupem de detalhamentos, pormenores, minúcias, de modo a que nada deixam à criação própria do legislador a quem se destinam, exaurindo o assunto de que tratam' [...] 'são normas gerais as que contenham um mínimo indispensável ao cumprimento dos preceitos fundamentais, abrindo espaço para que o legislador possa abordar aspectos diferentes, diversificados, sem desrespeito a seus comandos genéricos, básicos' [...]"⁵⁷"

Ou, noutro giro:

"Inexistindo lei federal sobre normas gerais, exercerão os Estados competência legislativa plena, a fim de preencher a lacuna, ou seja, a falta da lei federal. Assim o farão, entretanto, para atender a suas peculiaridades (§ 3°). Tais normas gerais estaduais com função colmatadora por isso mesmo só podem ser gerais quanto ao conteúdo, mas não quanto aos destinatários: só obrigam nos limites da autonomia estadual"⁵⁸.

Porém, "[s]obrevindo a lei federal de normas gerais, suspende esta a eficácia da lei estadual no que esta compreender princípios, normas gerais e no que contiver, também, particularidades incompatíveis com a norma

---

⁵⁴ ADI MC 927, Rel. Min. Carlos Velloso, 1993.
⁵⁵ *Id.*
⁵⁶ *Id.*
⁵⁷ *Id.*
⁵⁸ ADI 3098, Rel. Min. Carlos Velloso, 2005.

geral federal"[59]. É dizer, "[...] as normas estaduais porventura existentes e contrárias à legislação federal [superveniente] são consideradas ineficazes, assim como aquelas que dizem respeito a regras gerais"[60].

Entretanto, em sede de competência concorrente, essa "[...] competência da União para as normas gerais não exclui a suplementar dos Estados"[61]. E a competência suplementar dos Estados, por sua vez, lhes confere a "[...] atribuição de complementar as lacunas da normatização federal, consideradas as situações regionais específicas"[62]. Dela "[...] se espera que preencha [os] vazios [...] deixados pela legislação federal"[63]. Isso significa, "[c]onforme assevera Alexandre Moraes, [que] 'uma vez editadas as normas gerais pela União, as normas estaduais deverão ser particularizantes, no sentido da adaptação dos princípios, bases e diretrizes e peculiaridades regionais"[64]. É preciso estar atento para a circunstância de que:

> "[o]s princípios são de um determinado direito, no caso, do direito brasileiro. Não há senão os princípios do direito brasileiro; não há princípios jurídicos aplicáveis no território de um, mas não de outro ente federativo. A classificação dos princípios em *federais* e *estaduais* é descabida"[65].

Registre-se que não se insere no âmbito dessa competência suplementar dos Estados o poder para ampliar ou modificar "[...] definição estabelecida por texto federal, em matéria de competência concorrente"[66].

De outra parte, enquanto "[o] Estado-membro legisla tendo em vista as suas exigências e as suas peculiaridades locais [,] [s]obra [...] ao Município, não somente a legislação que diz respeito a interesse local, mas também aquela que suplementa leis federais e estaduais". [67]

Não resta dúvida de que aquela mesma "competência [suplementar] é atribuída também aos Municípios, art. 30, II [CF]"[68]. Em tais condições, a legislação municipal "simplesmente [...] suplementará em termos de

---

[59] *Id.*
[60] ADI 2656, Rel. Min. Maurício Corrêa, 2003.
[61] ADI MC 1980, Rel. Min. Sidney Sanches, 1999.
[62] ADI 2656, Rel. Min. Maurício Corrêa, 2003.
[63] ADI 2396, Rel. Min. Ellen Gracie, 2003.
[64] ADI 2656, Rel. Min. Maurício Corrêa, 2003.
[65] ADI 246, Rel. Min. Eros Grau, 2004.
[66] ADI 1245, Rel. Min. Eros Grau, 2005.
[67] ADI 2327, Rel. Min. Gilmar Mendes, 2003; AI AgR 205194, Rel. Min. Sindney Sanches, 2001.
[68] ADI 3098, Rel. Min. Carlos Velloso, 2005.

regulamentação"⁶⁹ as leis da União e do Estado-membro, para "preencher os vazios [daquelas...] normas gerais, a fim de afeiçoá-la às peculiaridades locais"⁷⁰.

Contudo, "...não há como pretender-se que a competência suplementar dos municípios prevista no inciso II, do artigo 30, com base na expressão vaga ali constante 'no que couber', se possa exercitar para suplementação [de] legislação de competência privativa da União"⁷¹ ⁷².

Ademais, legislação municipal suplementar deve se ater a matérias listadas como de competência concorrente dos Estados (art. 24, CF), para que possa ser exercida.⁷³

Ao lado de sua competência suplementar, os Municípios podem legislar sobre temas de interesse local, ainda quando esse interesse "[...] não se mostre peculiar, específico, exclusivo ao [seu] campo de atuação"⁷⁴, já que tal "[...] predicado é dispensável, porquanto não há antinomia entre a noção de interesses locais e interesses gerais"⁷⁵

E em complemento, interpreta a Suprema Corte:

> "Apesar de difícil conceituação, a expressão interesse local [...] funciona como catalizador [sic] dos assuntos de competência municipal e refere-se àqueles interesses que dizem respeito mais diretamente às necessidades imediatas do município, ainda que venham a gerar reflexos no interesse regional. Nesse contexto, salvo as conhecidas hipóteses de interesse local previstas na Constituição, as demais deverão ser analisadas caso a caso, vislumbrando qual o interesse predominante (princípio da predominância do interesse)"⁷⁶.

E mais:

> "Polêmica ou filigrana à parte sobre saber-se de alguma nuança entre os conceitos de *interesse peculiar* (CF de 1967, artigo 15, II, com redação

---

⁶⁹ *Id.*
⁷⁰ *Id.*
⁷¹ RE 227384, Rel. Min. Moreira Alves, 2002.
⁷² Não obstante, ver ADIMC 927 sobre competência legislativa dos Municípios em matéria de licitações, pese seja da União a competência legislativa privativa para legislar sobre normas gerais a respeito da matéria (art. 22, XXVII, da CF).
⁷³ RE 227384, Rel. Min. Moreira Alves, 2002.
⁷⁴ RE 251470, Rel. Min. Marco Aurelio, 2000.
⁷⁵ *Id.*
⁷⁶ ADI 1221, Rel. Min. Carlos Velloso, 2003.

dada pela EC 1/69) e *interesse local* (CF, artigo 30, I), quem melhor interpretou o seu significado foi o mestre Hely Lopes Meirelles, para quem 'o que define e caracteriza o 'interesse local', inscrito como dogma local, é a predominância do interesse do Município sobre o do Estado ou da União', de modo que 'tudo quanto repercutir direta ou indiretamente na vida municipal é de interesse peculiar do Município, embora possa interessar também indireta e mediatamente ao Estado-membro e à União' [...]"[77]

De toda sorte, o essencial é que se reconhece como investido o Município "[...] tanto nesta, quanto na revogada ordem constitucional, para exercitar o poder-dever de polícia na expedição de normas administrativas que visem a [sic] preservação da ordem ambiental [...]"[78].

E essa competência decorreria mesmo do inciso I, do art. 30, da CF, "assecuratório da autonomia municipal, no que tange aos interesses do município"[79].

Por fim, para que não subsista dúvida:

"Nos três estágios dos Poderes Públicos, tanto o municipal, o estadual, como o federal, atribuem-se-lhes as competências para a expedição de normas reguladoras para a garantia da intangibilidade desses bens públicos [ambientais ...]
As três instâncias administrativas se realizam harmonicamente nos limites da atuação de cada um deles [sic]. Assim sendo, tem o Município delegação constitucional para legislar sobre assunto que releve ser de interesse local a exigir medidas restritivas [...]"[80].

Crê-se relevante comentar, ainda que meramente de passagem, outro entendimento do STF na linha de haver um terceiro gênero de competência legislativa, ao lado da suplementar e da fundada no interesse local: a que chegou a ser chamada de "subseqüente"[81]. Nela, "a norma municipal [seria] uma forma de fiscalização do cumprimento da norma federal"[82]. Por essa criação da Suprema Corte, a eficácia da norma local – por atrelar-se esta a matéria privativa da União – dependeria da vigência de disposição

---

[77] RE 189170, Rel. Min, Mauricio Corrêa, 2001.
[78] RE121140, Rel. Min. Mauricio Correa, 2002.
[79] *Id.*
[80] *Id.*
[81] V. voto do Min. Sepúlveda Pertence no RE 390458, Rel. Min. Carlos Velloso, 2004.
[82] V. voto do Min. Nelson Jobim, no RE 390458, Rel. Min. Carlos Velloso, 2004.

federal, que disponha sobre o conteúdo a que o Município queira dar efeito prático. Nesse caso, deixando de viger a norma federal, a municipal não perderia a eficácia, mas permaneceria "[...] num estado de hibernação até que o legislador federal restabeleça"[83] o preceito de sua competência privativa.

No que tange aos eventuais conflitos entre normas editadas pelos diferentes entes federativos, lembre-se que, já no sistema constitucional anterior, dizia o STF que:

> "[...] no federalismo dual clássico, a regra é ser a relação entre a lei federal e a lei estadual não um problema de hierarquia, mas, sim, de competência. A prevalência de uma ou de outra resultará necessária e diretamente da Constituição Federal: esta, com efeito, enquanto constituição da ordem federal total, no sentido de Kelsen, é, antes de tudo, um sistema de repartição de competências entre a União, ordem parcial central, e os Estados-membros, ordens parciais descentralizadas"[84].

Com a inclusão dos Municípios na Federação, não se vê qualquer complexidade em sustentar-se que esse raciocínio segue válido, para nele serem incluídos os Municípios, mesmo quando se considera que "[...] nossa Federação [evoluiu], do dualismo clássico de 1891, para o tipo solidário ou Cooperativo que hoje ostenta [...]"[85]. Cooperar não é impor, dispor e nem determinar.

Ademais, permanece a máxima de que "a invasão normativa por um ente federado [...] de área de competência de outros [...] é suficiente à declaração de inconstitucionalidade, independentemente do seu conteúdo"[86].

Finalmente, a par do tema de se identificar a entidade federativa competente para legislar em determinado caso, acrescente-se a dificuldade que certamente as cortes brasileiras, em especial o STF, devem enfrentar, na apreciação de casos em que a norma regional ou local pretenda ser mais restritiva do que a federal, em termos de exigências ambientais. Até aqui, pelo menos o STF tem dado sinais de que mantém reservas em relação a essas normas mais restritivas, toda vez que pode ser identificada contrariedade dela com preceitos gerais baixados pela norma nacional ou, de

---

[83] V. voto do Min. Ellen Gracie, no RE 390458, Rel. Min. Carlos Velloso, 2004.
[84] RE QO 117809, Rel. Min. Sepúlveda Pertence, 1989.
[85] ADI 1749, Rel. Min. Octavio Gallotti, 1999.
[86] ADI 3445, Rel. Min. Sepúlveda Pertence, 2006.

outra parte, a invasão, pela norma regional ou local, de áreas materiais consideradas de competência privativa da União, com base na Carta Constitucional[87].

7. Conclusão

Do que foi aqui exposto, pode-se constatar que considerável parcela das questões envolvendo o debate sobre a repartição de competências constitucionais em sede de custódia do ambiente já foi enfrentada pelo STF. Tal raciocínio continua válido ainda que esse enfrentamento nem sempre tenha vindo por meio de decisões daquela Corte especificamente dedicadas a questões de natureza ambiental. O que importa é que tenham sido todas, sempre, de essência constitucional, como de essência constitucional será sempre o debate sobre repartição de competências, sejam ambientais ou não.

Isso demonstra, uma vez mais, como se disse de início, que as perplexidades e as controvérsias do Direito Ambiental devem ser analisadas com atenção às peculiaridades inerentes à matéria, porém sem perder de vista o sistema legal que nos rege e no qual o Direito Ambiental inevitavelmente se insere. Nessa tarefa, tampouco pode ser ignorado o modo como vêem e entendem esse sistema as cortes de justiça nacionais, sobretudo a mais alta dentre elas.

Restou claro, também, que a Constituição Federal reserva ao Município um papel da maior importância no quadro federativo, em termos de custódia do meio, em sintonia com a moderna tendência do Direito Internacional e Comparado, que caminham ambos no mesmo sentido, em prestígio ao princípio da subsidiariedade.

Mesmo assim, tem-se perfeita consciência de que a temática tratada no presente trabalho é das mais polêmicas e que diversos aspectos restam ainda ser enfrentados. O importante, contudo, é que as energias nessa tarefa possam ser propriamente empregadas num encaminhamento histórica e juridicamente coerente, que não perca de vista os valiosos esforços até aqui feitos, inclusive em áreas outras que não especificamente a do Direito Ambiental, para que se alcance um mínimo de consistência ao ordenamento jurídico de nosso país.

---

[87] No sentido de repelir a norma estadual mais restritiva, v., p. ex., ADIMC 2396, ADI MC 2303, ADI 3645, ADI 3035. Sinalizando a possibilidade de exigências maiores em sede de licenciamento ambiental e produção de estudo de impacto ambiental, v. manifestação do Min. Sepúlveda Pertence na ADI 1086.

7. Bibliografia

BARROSO, Luis Roberto – *O Direito Constitucional e a Efetividade de suas Normas – Limites e Possibilidades*, Renovar, 7ª ed., 2003.

BOTHE, M. – *The Subsidiarity Principle*; em DOMMEN, E. – *Fair Principles for Sustainable Development*, 123-24, 135-36 (1993), *apud* HUNTER, pp. 416-418.

HUNTER, David et alis –*International Environmental Law and Policy*, 2a. ed., Editora Foundation Press, University Casebook Series, New York, New York, 2002.

KISS, Alexandre; SHELTON, Dinah – *International Environmental Law*, Transnational Publishers, Inc., 3rd edition (2004).

KRELL, ANDREAS – *Autonomia Municipal e Proteção Ambiental: Critérios para Definição das Competências Legislativas e das Políticas Locais*, in *A Aplicação do Direito Ambiental no Estado Federativo*, por KRELL, Andréas (Org.) e MAIA, Aelxandre da (Coord.); Lúmen Iuris, Rio de Janeiro, 2005.

MARTÍN, Carmen Plaza – *Derecho Ambiental de La Unión Europea*, Editora Tirant Lo Blanch, Valencia, 2005.

SILVA, José Afonso da – *Direito Ambiental Constitucional*, Malheiros, 5ª ed., 2004.

O Porte de Arma Desmuniciada e o Princípio da Ofensividade

Arthur da Motta Trigueiros Neto [*]

1. Considerações iniciais – 2. O que vem a ser o princípio da ofensividade? – 3. Os crimes de perigo e o princípio da ofensividade – 4. A posição do Supremo Tribunal Federal – 5. Considerações finais.

1. Considerações iniciais

Não temos a pretensão de nestas breves páginas esgotar o tema pertinente ao princípio da lesividade e sua influência no Direito Penal. Contudo, traremos em algumas passagens deste nosso texto as preciosas e judiciosas lições do eminente jurista Sepúlveda Pertence, Ministro aposentado do Supremo Tribunal Federal.

Para tanto, utilizaremos as lições constantes de seu voto no julgamento do Recurso Ordinário em *Habeas Corpus* n. 81.057-8, que, sem dúvida alguma, constituíram um marco divisório, na Excelsa Corte, em matéria penal: a exigência da potencialidade lesiva de uma conduta para a configuração de ilícito penal.

Porém, antes de ingressarmos na análise específica de referida prestação jurisdicional, traremos algumas breves considerações acerca do princípio basilar do Direito Penal moderno e democrático: o da lesividade ou ofensividade.

2. O que vem a ser o princípio da ofensividade?

A existência do Direito Penal faz-se necessária, sem sombra de dúvida, para a manutenção da ordem no corpo social. Trata-se de ramo do direito

---

[*] Procurador do Estado de São Paulo. Professor de Direito Penal e Processo Penal (Anhangüera Educacional – Campinas-SP). Professor de Direito Penal e Processo Penal em cursos preparatórios para o Exame de Ordem e concursos públicos. Associado regular do IBAP nº 1117.

cuja finalidade precípua, ao inverso do que se poderia pensar, é a de tutelar bens jurídicos e não a de meramente punir o homem infrator.

A equivocada concepção segundo a qual a pena se presta a garantir a segurança da coletividade e infligir um mal por outra mazela praticada pelo homem deve ser substituída, paulatinamente, pela noção funcionalista do Direito Penal, ou seja, a proteção de bens jurídicos relevantes à sociedade.

É nesse sentido que sinalizam Luiz Flávio Gomes, Antonio García-Pablos de Molina e Alice Bianchini: "*O Direito penal, em suma, cumpre sua função protetora da ordem social (dos bens jurídicos mais relevantes) por meio do castigo, isto é, sancionando certas condutas (delitos ou contravenções) com determinadas conseqüências jurídicas (penas etc.). Mas esta particular forma de intervir do Direito Penal, orientada pelo cumprimento da sua função, nada tem a ver com a suposta natureza sancionatória (acessória) que um setor da doutrina, minoritária, lhe assinala*" (Direito Penal, vol. 1. Introdução e princípios fundamentais. Editora RT. 2007. pág. 43).

Em seus *Estudios penales,* o já citado Antonio García-Pablos de Molina ensinou que "*o Direito Penal não pretende realizar valores absolutos de justiça sobre a terra, nem exercitar os cidadãos para a virtude da obediência, senão garantir a inviolabilidade dos valores supremos da ordem social tornando possível a vida em comunidade*" (pág. 121 e 122).

E é nesse diapasão que queremos reforçar a primordial tarefa do Direito Penal, embora não a única (mas, sem dúvida, a de maior relevância): a de proteção de bens jurídicos essenciais.

Já lembrou o grande Juarez Tavares (*Critérios de seleção de crimes e cominação de penas,* RBCCRIM, n. 0, dez. 1992, p. 77-78) que "*o fundamento nuclear da idéia de que o Direito Penal somente deve proteger os bens jurídicos mais relevantes reside, indiscutivelmente, na dignidade da pessoa humana (que é o valor máximo do nosso modelo de Estado de Direito)*".

Não pode a lei penal simplesmente descrever a conduta proibida e cominar-lhe a respectiva pena, o que, *a priori,* seria suficiente para respeitar o princípio da legalidade (art. 5º, XXXIX, da CF). É indispensável que o agente, ao realizar a conduta abstratamente descrita em lei, viole, concretamente, um bem jurídico-penal que a tenha inspirado.

Daqui restam duas conclusões importantes: a) a mera legalidade é insuficiente a amparar a existência de uma infração penal em um Estado Democrático de Direito (que consagra o princípio da dignidade da pessoa humana) e; b) somente respeitará a legalidade a infração penal que proteger um bem jurídico relevante à sociedade.

Presentes as duas situações acima destacadas, estaremos diante, em tese, de uma infração penal. Mas será que somente isso basta?

A resposta deve ser dada com mais uma indagação: essa infração penal, cuja conduta vem descrita em um tipo (modelo abstrato de conduta), é apta a causar lesão ou perigo (efetivo) ao bem jurídico que ela protege?

Mais uma vez citando o brilhante jurista Luiz Flávio Gomes, devemos perceber que "*o bem jurídico, para ser tutelado por meio do mais temível instrumento de controle que é o Direito Penal, necessita cumprir essa qualidade extra (esse plus) que consiste na possibilidade de afetação ou, em terminologia alemã, na perceptibilidade (*Greifbar*), que significa a capacidade de ser ofendido, é dizer, lesionado ou posto em perigo (capacidade de tutela, na linguagem de Mayer)*" (op. cit., p. 407).

Em outras palavras, se toda infração penal exige a proteção de um bem jurídico relevante e se somente ela existe em virtude da "afetação" ou perigo de ofensa àquele, podemos concluir que não há crime sem lesão ou perigo de lesão.

Trata-se de conclusão que encontra ressonância no clássico conceito material de crime: todo comportamento humano, consciente e voluntário, **que lesa ou expõe a perigo de lesão bens jurídicos tutelados pelo Direito penal**.

Finalmente chegamos ao princípio da ofensividade ou lesividade, expresso pelo brocardo *nullum crimen sine iniuria*.

Não pode o crime ser sinônimo de mera desobediência ou violação à lei penal, sob pena de rasgarmos a Carta Magna.

Por outro lado, não queremos dizer que não há crime sem lesão efetiva ao bem jurídico por ele tutelado. Entenda-se por lesividade a **efetiva ofensa ou probabilidade concreta de ofensa** àquele.

Para Luigi Ferrajoli, "*o direito penal não possui a tarefa de impor ou reforçar a (ou uma determinada) moral, mas, sim, somente de impedir o cometimento de ações danosas a terceiros*" (Direito e Razão, p. 178 – editora RT).

Com razão o grande jurista italiano: embora possa afetar a moral, não se pode considerar infração penal a simples violação à lei sem que isso implique a ofensa a bens jurídicos alheios.

Apresentado, portanto, o princípio da lesividade ou ofensividade.

3. Os crimes de perigo e o princípio da ofensividade

Antecipamos ao leitor que o crime de porte ilegal de arma é daqueles denominados pela doutrina como de **perigo**, já que o legislador, antecipando-se a uma ação mais agressiva do agente, incriminou conduta pretérita ao efetivo ataque a um bem jurídico (vida, patrimônio, liberdade sexual, v.g.), à semelhança do que ocorre na quadrilha ou bando (art. 288 do CP).

À luz do princípio da ofensividade ou lesividade, os crimes de perigo somente serão legítimos se, de fato, puderem causar lesão aos seus objetos jurídicos. Caso contrário, não estaremos diante de um crime, mas de mera descrição legal de uma conduta proibida, o que é insuficiente, conforme mencionamos anteriormente, para a caracterização do ilícito penal.

Acerca da qualificação doutrinária do porte ilegal de arma, o Promotor de Justiça (e agora Deputado Estadual) Fernando Capez tende a afirmar que se trata de **crime de perigo abstrato**, assim prelecionando: "*basta a realização da conduta, sendo desnecessária a avaliação subseqüente sobre a ocorrência,* in casu, *de efetivo perigo à coletividade*" (Estatuto do Desarmamento – Comentários à Lei 10.826, de 22-12-2003. Editora Saraiva. p. 44).

Ousamos discordar. Os crimes de perigo, dada sua natureza, por si só devem configurar uma exceção no ordenamento jurídico-penal, já que, como ressaltamos alhures, todo ilícito criminal deve conter um grau de violação ao bem jurídico tamanho que permita colocá-lo em xeque.

Trata-se de entendimento minoritário, já que a doutrina clássica costuma diferenciar os crimes de perigo em dois grupos: a) abstrato e; b) concreto.

Ao primeiro (crimes de perigo abstrato), o legislador já pressupôs que a conduta descrita em lei põe em perigo o bem jurídico tutelado, de molde que não pode o agente querer provar a inocorrência de potencialidade lesiva. Já o segundo grupo (crimes de perigo concreto), não basta que o agente realize a conduta típica, sendo imprescindível a comprovação do perigo.

A tendência do moderno Direito Penal é a de repelir os crimes de perigo abstrato, exatamente por não obrigatoriamente violarem, no caso concreto, o bem jurídico resguardado pelo tipo incriminador. Afinal, *nullum crimen sine iniuria*.

É nesse diapasão que, forte na ensinança do Ministro aposentado da Colenda Corte, Sepúlveda Pertence, perfilhamos do mesmo entendimento: porte de arma desmuniciada é fato atípico ante a inexistência de potencialidade lesiva.

Vamos ao seu voto.

4. A posição do Supremo Tribunal Federal

Vejamos a ementa do acórdão relatado pelo então Min. Sepúlveda Pertence, no julgamento do RHC n. 81.057-8:

> **EMENTA:** *"Arma de fogo: porte consigo de arma de fogo, no entanto, desmuniciada e sem que o agente tivesse, nas circunstâncias, a pronta disponibilidade de munição: inteligência do art. 10 da L. 9437/97: atipicidade do fato:*
> *1. Para a teoria moderna - que dá realce primacial aos princípios da necessidade da incriminação e da lesividade do fato criminoso – o cuidar-se de crime de* **mera conduta** *– no sentido de não se exigir à sua configuração um resultado material exterior à ação - não implica admitir sua existência independentemente de lesão efetiva ou potencial ao bem jurídico tutelado pela incriminação da hipótese de fato.*
> *2. É raciocínio que se funda em axiomas da moderna teoria geral do Direito Penal; para o seu acolhimento, convém frisar, não é necessário, de logo, acatar a tese mais radical que erige a exigência da ofensividade a limitação de raiz constitucional ao legislador, de forma a proscrever a legitimidade da criação por lei de crimes de perigo abstrato ou presumido: basta, por ora, aceita-los como princípios gerais contemporâneos da interpretação da lei penal, que hão de prevalecer sempre que a regra incriminadora os comporte.*
> *3. Na figura criminal cogitada, os princípios bastam, de logo, para elidir a incriminação do porte da arma de fogo inidônea para a produção de disparos: aqui, falta à incriminação da conduta o* **objeto material do tipo.**
> *4. Não importa que a arma verdadeira, mas incapaz de disparar, ou a arma de brinquedo possam servir de instrumento de intimidação para a prática de outros crimes, particularmente, os comissíveis mediante ameaça – pois é certo que, como tal, também se podem utilizar outros objetos – da faca à pedra e ao caco de vidro –, cujo porte não constitui crime autônomo e cuja utilização não se erigiu em causa especial de aumento de pena.*
> *5. No porte de arma de fogo desmuniciada, é preciso distinguir duas situações, à luz do princípio de disponibilidade:*
> *(1) se o agente traz consigo a arma desmuniciada, mas tem a munição adequada à mão, de modo a viabilizar sem demora significativa o municiamento e, em conseqüência, o eventual disparo, tem-se arma disponível e o fato realiza o tipo;*

(2) ao contrário, se a munição não existe ou está em lugar inacessível de imediato, não há a imprescindível disponibilidade da arma de fogo, como tal – isto é, como artefato idôneo a produzir disparo – e, por isso, não se realiza a figura típica".

O que se infere do excerto acima transcrito é exatamente a aplicação do princípio da ofensividade diante de uma conduta que, embora se subsuma formalmente ao tipo penal, não é apta a causar perigo de lesão à incolumidade pública.

Já ressaltou o Exmo. Sr. Ministro do Superior Tribunal de Justiça, Vicente Cernichiaro: *"A infração penal não é só conduta. Impõe-se,ainda, resultado no sentido normativo do termo, ou seja,dano ou perigo ao bem juridicamente tutelado. A doutrina vem reiterada e insistentemente renegando os delitos de perigo abstrato. Com efeito, não faz sentido, punir pela simples ação, se ela não trouxer, pelo menos, probabilidade (não possibilidade) de risco ao objeto jurídico."* (REsp 32322, DJ 2.8.93).

Deveras, não há muito o que ser discutido: arma sem munição não é arma, mas, se tanto, simples objeto metálico, assim como uma barra de ferro ou uma tampa de latão de lixo, que, evidentemente, não têm tipicidade.

Pedimos vênia para transcrever algumas partes do voto do Min. Pertence:

"Para a teoria moderna – que dá realce primacial aos princípios da necessidade da incriminação e da lesividade do fato criminoso (v.g., Luigi Ferrajoli, Derecho y Razon, trad., 5ª ed.,Madri, 2001, p. 465; Nilo Batista, Introdução Crítica ao D. Penal,Revan, 1990, p. 91; Maurício Ribeiro Lopes, Teoria Constitucional do Dir. Penal, ed. RT, 2000, p. 314) - o cuidar-se de crime de mera conduta – no sentido de não se exigir à sua configuração um resultado material exterior à ação - não implica admitir sua existência independentemente de lesão efetiva ou potencial ao bem jurídico tutelado pela incriminação da hipótese de fato.
18. Donde a posição de Damásio de Jesus (Crimes de Porte de Arma de Fogo e Assemelhados, 2ª ed., Saraiva, 1999, p. 11 e 14) – por equívoco, referido pelo acórdão do Tribunal local -, quando assevera que "os delitos de porte de arma não são de perigo nem abstrato: são crimes de lesão e de mera conduta (de simples atividade)", para explicar, adiante, que "os delitos de porte de arma e figuras correlatas são crimes de lesão porque o infrator, com sua conduta, reduz o nível de segurança coletiva exigido pelo legislador, atingindo a objetividade jurídica concernente à incolumidade

pública. E são crimes de mera conduta porque basta à sua existência a demonstração da realização do comportamento típico, sem necessidade de prova de que o risco atingiu, de maneira séria e efetiva, determinada pessoa".

19. A mesma questão é analisada, a partir dos princípios teóricos da **lesividade** e da **ofensividade**, em preciosa monografia de Luiz Flávio Gomes e William Terra (**Lei das Armas de Fogo**, ed. RT,2^a, 2002), para unificá-los – no que diz respeito aos "**delitos de posse**" – na exigência da **disponibilidade**, que, acentuam (**ob.cit., p.93**), "é o veículo que une duas outras categorias (danosidade real do objeto + conduta criadora de risco proibido relevante) à ofensividade".

20. "Enquanto a danosidade real do objeto pode ser percebida concretamente (v.g., com a análise pericial de uma arma carregada) a periculosidade da conduta é imaterial em sua essência (por se tratar da representação valorada de uma conduta humana criadora de risco)".

21. "Somente quando as duas órbitas da disponibilidade (uma, material, a da arma carregada, e outra jurídica, a do comportamento humano que rompe o princípio de confiança criando um risco proibido relevante) se encontram é que surge a ofensividade típica (aquela não querida pela norma penal, reprovável, punível). Em outras palavras, o fato torna-se penalmente relevante (exclusivamente) quando o bem jurídico coletivo (no caso) entra no raio de ação da conduta criadora do risco proibido e relevante."

22. É raciocínio que se funda em axiomas da moderna teoria geral do Direito Penal; para o seu acolhimento, convém frisar, não é necessário, de logo, acatar a tese mais radical que erige a exigência da ofensividade a limitação de raiz constitucional ao legislador, de forma a proscrever a legitimidade da criação por lei de crimes de perigo abstrato ou presumido.

23. Basta, por ora, aceitá-los como princípios gerais contemporâneo da interpretação da lei penal, que hão de prevalecer sempre que a regra incriminadora os comporte.

24. Na figura criminal cogitada, os princípios bastam, de logo, para elidir a incriminação do porte da arma de fogo inidônea para a produção de disparos: aqui, falta à incriminação da conduta o **objeto material do tipo**.

25. "A inaptidão da arma" – aduzem Gomes e Terra – com razão – (**op. cit**, p. 82) "gera a atipicidade da conduta, porque, com sua impropriedade material, ela perderá a potencialidade lesiva que caracteriza o conteúdo do injusto. Isso decorre do fato de que a finalidade do tipo é evitar o perigo emergente do relacionamento ilícito com armas de fogo, de maneira que, no exato momento em que não existir mais este "perigo" (porque o objeto

material é incapaz de produzir qualquer tipo de dano), deixará de existir o delito".

26. A réplica sói fundar-se no poder de intimidação para a prática de outros crimes – particularmente, os comissíveis mediante ameaça –, da arma de fogo, posto que ineficaz ou desmuniciada, ou até pelo artefato de brinquedo que a simule.

27. Certo, a arma verdadeira, mas incapaz de disparar, ou a arma de brinquedo podem servir de instrumento de intimidação, mas, como tal, também se podem utilizar inúmeros outros objetos – da faca à pedra e ao caco de vidro-, cujo porte não constitui crime autônomo e cuja utilização não se erigiu em causa especial de aumento de pena: a falácia do argumento, por isso, ficou evidenciada a meu ver, na discussão sobre o emprego de arma de brinquedo para a prática do roubo (v.g., HC 77872, RTJ 168/288) – questão, no entanto, que ganhou novos contornos e não menos dificuldades – com o art. 10, § 1°, II, da L. 9347/97, que passou a incriminar, com as penas do porte, o "utilizar arma de brinquedo, simulacro de arma capaz de atemorizar outrem, para o fim de cometer crimes".

Vê-se o brilhantismo dos ensinamentos do Min. Sepúlveda Pertence, que com clareza expôs as balizas para a tipificação de uma conduta que, no caso concreto, não ofendeu ao bem jurídico que o tipo penal se propunha a tutelar.

Divergindo de seu posicionamento, a atual presidente da Excelsa Corte, Min. Ellen Gracie, assim se manifestou:

"O fato de estar desmuniciado o revólver não o desqualifica como arma, tendo em vista que a ofensividade de uma arma de fogo não está apenas na sua capacidade de disparar projéteis, causando ferimentos graves ou morte, mas também, na grande maioria dos casos, no seu potencial de intimidação. Para a configuração do crime inscrito no art. 10, caput da Lei n° 9.437/97, basta a ocorrência de qualquer das condutas nele discriminadas – possuir, deter, portar, fabricar, adquirir, vender,alugar, expor à venda ou fornecer, receber, ter em depósito, transportar, ceder, emprestar, remeter, empregar, manter sob guarda ou ocultar arma de fogo de uso permitido – sem autorização e em desacordo com determinação legal ou regulamentar. O crime é de mera conduta e, segundo dicção de Fernando Capez, de perigo abstrato, não tendo a lei exigido a efetiva exposição de outrem a risco, sendo irrelevante a avaliação subseqüente sobre a ocorrência de perigo à coletividade. Nos crimes de perigo abstrato, segundo

Capez, "a opção política do Poder Legislativo em considerar o fato, formal e materialmente, típico independentemente de alguém, no caso concreto, vir a sofrer perigo real, não acoima a lei definidora de atentatória à dignidade humana. Ao contrário. Revela, por parte do legislador, disposição ainda maior de tutelar o bem jurídico, reprimindo a conduta violadora desde o seu nascedouro, procurando não lhe dar qualquer chance de desdobramento progressivo capaz de convertê-la em posterior perigo concreto e, depois, em dano efetivo. Trata-se de legítima opção política de resguardar, de modo mais abrangente e eficaz, a vida, a integridade corporal e a dignidade das pessoas, ameaçadas com a mera conduta de sair de casa ilegalmente armado. Realizando a conduta descrita no tipo, o autor já estará colocando a incolumidade pública em risco, pois protegê-la foi o desejo manifestado pela lei. Negar vigência ao dispositivo nos casos em que não se demonstra perigo real, sob o argumento de que atentaria contra a dignidade da pessoa humana, implica reduzir o âmbito protetor do dispositivo, com base em justificativas no mínimo discutíveis. Diminuindo a proteção às potenciais vítimas de ofensas mais graves, produzidas mediante o emprego de armas de fogo, deixando-as a descoberto contra o dano em seu nascedouro, o intérprete estará relegando o critério objetivo da lei ao seu, de cunho subjetivo e pessoal. Privilegia-se a condição do infrator em detrimento do ofendido, contra a expressa letra da lei. A presunção da injúria, por essa razão, caracteriza mero critério de política criminal, eleito pelo legislador com a finalidade de ofertar forma mais ampla e eficaz de tutela do bem jurídico." ("Arma de Fogo – Comentários à Lei n° 9.437,de 20.2.1997", ed. Saraiva, 1997, págs. 25/26). Segundo Damásio de Jesus, a incolumidade pública representa o objeto jurídico principal e imediato da norma. Como objetos mediatos e secundários estão a vida, a incolumidade física e a saúde dos cidadãos ("Crimes de Porte de Arma de Fogo e Assemelhados", Ed. Afiliada, ABDR).

Heleno Cláudio Fragoso, ao tratar dos crimes contra a incolumidade pública previstos no Código Penal, classifica-os como "infrações penais em que a ação delituosa atinge diretamente um bem ou interesse coletivo, ou seja a segurança de todos os cidadãos ou de número indeterminado de pessoas" ("Lições de Direito Penal", 3° vol., 2ª ed., José Bushatsk, pág.765). Vê-se, assim, que o objetivo do legislador foi antecipar a punição de fatos que apresentam potencial lesivo à população - como o porte de arma de fogo em desacordo com as balizas legais -, prevenindo a prática de crimes como homicídios, lesões corporais, roubos etc. E não se pode negar que uma arma de fogo, transportada pelo agente na cintura, *ainda que desmuniciada, é propícia, por exemplo, à prática do crime de roubo, diante do seu poder de ameaça e de intimidação da vítima. Diante do exposto, **nego provimento** ao recurso ordinário".*

5. Considerações finais

Data venia, estamos com o Min. Pertence, na medida em que o argumento de que uma arma de fogo, embora desmuniciada, tem a potencialidade de colocar em risco a coletividade, podendo servir de instrumento de intimidação para a prática de outros crimes, é querer institucionalizar o "achismo". Afinal, como saber se o agente utilizaria o artefato com tal mister?

Não é demais lembrar que o direito não pune a cogitação, nem mesmo os atos preparatórios.

Considerar como fato típico o porte de uma arma desmuniciada, que seria utilizada, eventualmente, em um crime contra o patrimônio, ou contra a liberdade pessoal, é querer punir intenção que sequer se exteriorizou.

Mais uma vez colacionaremos parte de um voto proferido no julgamento do Recurso em *Habeas Corpus* que ora se discute, mas, agora, da lavra do eminente Min. Cezar Peluso:

"A proporcionalidade também deve comandar a relação entre o bem tutelado e o bem jurídico atingido pela pena (a liberdade individual), no que diz respeito ao grau de antecipação da tutela: lesão ou perigo. Lesão, entendida como destruição, perda, compressão, ou diminuição de um bem. E perigo, visto como probabilidade de lesão do bem jurídico.

A antecipação da tutela penal aos momentos antecedentes ao da lesão somente será justificada quando se puder estabelecer relação de proporcionalidade entre a aplicação da pena (lesão do direito à liberdade do condenado) e o perigo (probabilidade de lesão do bem jurídico tutelado pela norma penal) causado pela conduta incriminada.

E é nesta seara que se fala, então, em princípio da ofensividade, ou da lesividade, como critério, não só de política-criminal, mas, no que interessa ao caso, de interpretação do tipo penal, como já afirmava o Min. SEPÚLVEDA PERTENCE".

Como muito bem ressaltado pelo Min. Peluso, deve o magistrado, na seara criminal, sempre se pautar pelo princípio da proporcionalidade, pena de infligir reprimenda absolutamente desarrazoada frente à conduta realizada.

Prosseguindo, ainda, com o voto do ilustre Ministro, colacionamos:

"*Conforme acertada lição de MIGUEL REALE JÚNIOR, 'a situação perigosa pode, como sucede nos crimes contra a incolumidade pública, colocar em risco de dano a um número indeterminado de pessoas, sendo idônea a lesar a segurança geral'. Além disso, 'o perigo deve estar ínsito na conduta, segundo o revelado pela experiência'. Enquanto uma arma municiada pode representar risco de dano, ou perigo, à incolumidade pública, à segurança coletiva enfim, uma arma desmuniciada já não goza, por si só, dessa aptidão. O mero porte de arma de fogo desmuniciada não tem capacidade para meter em risco o bem jurídico tutelado pela norma incriminadora. Ninguém o nega. E é esta a razão mesma por que aqueles que pregam a tipicidade do porte de arma desmuniciada têm, para lhe encontrar algum apoio, de se socorrer do argumento frágil do poder de intimidação, não em termos absolutos, mas quanto à prática de outros delitos. Mas decerto não é esse o núcleo protetor da norma incriminadora em questão, como bem notado pelo Min. SEPÚLVEDA PERTENCE, porque, se o fosse, o porte de facas e outros objetos cortantes, por exemplo, também teria sido tipificado, dado seu poder intimidador. Nem é lícito ir tão longe, a ponto de seccionar o nexo entre a norma incriminadora e o bem jurídico tutelado e, com isso, descambar num Direito Penal de mera desobediência, ou na administrativização do Direito Penal, coisa que, como procurei demonstrar, é incompatível com a Constituição, por via de insulto ao princípio da proporcionalidade. Por todas essas razões, estou em que o porte de arma de fogo desmuniciada não entra no âmbito da tipicidade do art. 10 da Lei nº Lei n. 9.437/97 e, daí, ser atípica a conduta atribuída ao recorrente, pela qual, note-se, já foi até condenado*".

Como debatido pelo Min. Peluso, o que se deve ter em conta ao apreciar o crime de porte ilegal de arma não é o uso do artefato como meio de execução em outros ilícitos penais, mas sim a conduta por si mesma.

Isoladamente analisada, a posse de uma arma de fogo sem as respectivas munições (que é o que prevê o tipo penal!) constitui, *data venia*, um "nada jurídico".

Não se pode, como argumento para a incriminação de um fato, vinculá-lo a um evento futuro e incerto (v.g., a utilização da arma desmuniciada em um roubo, estupro etc.), o que, às claras, violaria o princípio da legalidade. Afinal, não pode o legislador punir suposta intenção daquele que porte arma de fogo desmuniciada. Ainda (e graças a Deus!) não se consegue prever o futuro (exceto nos filmes *hollywoodianos*).

Também temos que discordar do argumento do Prof. Fernando Capez, na obra inclusive citada pela Min. Ellen Gracie em seu voto, de que a presunção de perigo é questão de política criminal, assim eleita pelo legislador.

Ora, o princípio da ofensividade tem um duplo destinatário: a) o legislador, quando da criação das infrações penais (princípio da legalidade), e; b) o magistrado, ao realizar o juízo de subsunção ou concreção do fato à norma.

Explicamos.

Por força constitucional (art. 5º, XXXIX), não há crime sem lei que o defina. Portanto, cabe ao legislador federal a veiculação de crimes (ou contravenções penais) mediante edição de lei (em sentido estrito). Ao fazê-lo, sob pena de ser acoimada de inconstitucional, deve descrever conduta que ofenda o bem jurídico tutelado pelo tipo incriminador (princípio da ofensividade ou lesividade).

Num segundo momento, ao juiz cabe a verificação, no caso concreto, se a conduta praticada pelo agente expôs, de fato, o bem jurídico protegido pela lei. Caso contrário, sequer tipicidade haverá.

É bem verdade que o porte de uma arma desmuniciada, formalmente, se amolda ao tipo penal (arts. 12, 14 e 16, todos da Lei 10.826/03).

Todavia, a tipicidade, requisito constitutivo de todo crime, exige mais do que a simples subsunção do fato à norma (tipicidade formal). Sem a efetiva ofensa ao bem jurídico por ela protegido, não se aventa a caracterização do crime.

O Direito Penal, violência que é (institucionalizada, mas é violência), ainda mais à luz da Carta Magna, não se consente com a mera aparência de um crime, exigindo, para sua incidência, que a conduta praticada pelo agente, além de constante em um modelo legal e abstrato (tipo penal), tenha potencialidade lesiva efetiva.

No caso analisado, quando do julgamento do Recurso Ordinário em *Habeas Corpus*, já citado alhures, qual o perigo de lesão atual provocado pela conduta do recorrente?

Embora o crime em tela se trate de infração de perigo, e não de dano, é certo que a probabilidade lesiva não pode ser genérica, abstrata, mas concreta. Em outras palavras: sem a demonstração do perigo concreto à incolumidade pública, não se pode punir o agente pelo mero porte de arma sem munição.

De há muito, especialmente num Estado Democrático de Direito, não basta, em matéria penal, a simples adequação do fato concreto à norma incriminadora. A isso, chamamos de tipicidade formal (mera subsunção do fato ao tipo penal).

Todavia, para a total existência de tipicidade, conforme já ressaltamos, imprescindível a denominada **tipicidade material**, que preconiza ser essencial que a conduta praticada pelo sujeito ativo (tipicidade formal) viole o bem jurídico protegido pela norma penal (tipicidade material).

Portanto, aqui incide o princípio da lesividade ou ofensividade, influenciando, como é possível inferir, na **tipificação da conduta**.

Em suma, a tipicidade penal exige uma análise estratificada, vale dizer, em duas fases: a da tipicidade formal e material.

Se pudéssemos, em fórmula matemática, deduzir a tipicidade penal, assim faríamos: **tipicidade penal = tipicidade formal + tipicidade material**.

Por se tratarem de requisitos cumulativos, insubsistente a tipicidade penal pela mera presença do primeiro fator (tipicidade formal).

Nem se alegue que com o advento do Estatuto do Desarmamento, o porte de munição, por si só, configura infração penal, já que vem prevista como objeto material nos tipos incriminadores.

Embora não seja objeto deste nosso singelo trabalho, cumpre destacar que pende de julgamento no Supremo Tribunal Federal ordem de *habeas corpus* cuja pretensão é o trancamento da ação penal, por falta de justa causa, exatamente do recebimento de uma denúncia que versa sobre porte exclusivo de munição, sem a respectiva arma.

Trata-se *do habeas corpus* n° 90075, pendente, ainda, de julgamento, tendo em vista que o paciente foi denunciado como incurso no artigo 14 ca Lei 10.826/03 (Estatuto do Desarmamento) por ter sido flagrado carregando uma cartela de munição para revólver calibre 38, com dez projéteis novos, sem autorização. Os advogados impetraram o *writ* sob o argumento da inexistência de crime, pois *"no caso do porte ilegal de munição não se pode falar em injusto penal (fato típico e antijurídico) porque não há ofensa ao bem jurídico tutelado (a incolumidade pública), uma vez que uma munição, por si só, não gera perigo algum; não pode ser usada sozinha, a exemplo de arma desmuniciada ou daquela que não funciona"*.

Poder-se-ia sustentar que, mesmo desmuniciada, existe crime de porte ilegal de arma de fogo, já que o porte da respectiva munição, por si só, configura crime, por ser ela objeto material em diversos tipos penais do Estatuto do Desarmamento.

Apenas para informar, o parecer do Ministério Público Federal em respectiva ação constitucional foi no sentido da concessão do *writ*, já que o mero porte de munição sem a respectiva arma é fato atípico por ausência de lesividade. Confira-se: *"se o agente traz consigo a munição, mas não tem a arma de fogo, não há artefato idôneo a produzir disparo e, por isso, não se realiza a figura típica, vez que não se vislumbra lesão efetiva ou potencial ao bem jurídico".*

A persistir o entendimento esposado pelo Min. Sepúlveda Pertence no RHC n. 81.057-8, certamente o mesmo resultado deverá ser repetido: a inexistência de probabilidade lesiva ao bem jurídico desnatura o crime, tornando a conduta atípica.

Encerramos nosso texto com a certeza de que, embora aposentado, o jurista Pertence jamais poderá ser esquecido no cenário jurídico, seja pela excelência de seu trabalho, seja por sua competência como magistrado e, no campo penal, pela sua sensibilidade, característica esta que deve permear o homem-julgador.

Direitos Humanos:
Políticas Públicas e Inclusão Social

Bruno Espiñeira Lemos (*)

1. Breve introdução – 2. Direitos humanos e a compreensão de sua real extensão – 3. Políticas públicas que visem à inclusão social, como corolário inafastável da efetivação dos direitos humanos. – 4. Conclusão.

1. Breve introdução

Inicialmente, nos cumpre apresentar um agradecimento formal ao ilustre e dileto amigo Guilherme Purvin, destacado Procurador do Estado de São Paulo, diante do honroso convite para apresentar uma breve opinião em alentada, rica e multifacetada obra jurídica, concebida como uma oportuna homenagem ao jurista Sepúlveda Pertence, cujo vasto e denso currículo de serviços prestados ao Brasil lhe concede a expressa dispensa de apresentações, seja quando consideramos sua destacada atuação na advocacia dos *anos de chumbo*, em defesa dos direitos humanos, seja em outro pólo, participando como membro do Ministério Público da criação do novo MP, ajudando a moldar a feição de relevo que adquiriu com a Carta de 88, e, por fim, na condição de respeitado magistrado do Supremo Tribunal Federal, em judicatura marcada pela técnica, sem jamais perder de vista o humano, os princípios, além da relevância política irradiada das decisões de uma Corte Constitucional, destarte, em modelo imperfeito, para o atual quadrante da nossa história.

O presente estudo pretende demonstrar que os direitos humanos, em seus elementos fundantes e nos seus desdobramentos mais elementares, se desguarnecidos de compromisso efetivo, com elevação de *status* de políticas públicas assumidas expressamente no âmbito interno de cada uma das nações, ainda que, com alguns reflexos externos, não passarão de fina ironia e retórica de uma humanidade sem a real compreensão de "dignidade da pessoa humana".

(*) Procurador do Estado da Bahia. Mestre em Direito – UFBa. Prof. Direito Constitucional. Associado regular do IBAP nº 1015.

Em outras palavras, com elevado potencial de choque àqueles que pretendam ler e pouco agradáveis aos ouvidos dos que desejam escutar, o não estancamento do hiato das desigualdades sociais entre os mais ricos e os mais pobres, agudizadas nas últimas três décadas em nosso país, produzirá a compreensão indesejada de que a igualdade jurídico-política entre os nossos cidadãos deixará de ser um ideal republicano, para se tornar uma hipocrisia social constitucionalizada.

O foco do trabalho em curso nos encaminhará para um cenário específico do Brasil, sem se perder de vista que as realidades "globais", em se tratando de direitos humanos, se esquecido o respeito às sociedades nacionais, destaque-se, cada vez mais multiculturais e multiétnicas, se estará colaborando para um cenário de aridez ou dificuldade de afirmação de direitos elementares em todos os cantos do nosso planeta. De tal modo que o direito à diferença, por exemplo, e o de não se viver sob permanente tensão e receio diante de latentes ameaças ou concretizadas imposições econômicas e militares de países dominantes/dominadores, sem a devida legitimação para tanto, se constituem, também, em corolários essenciais para a potencial dinamização da desejada paz universal, somente apta a se principiar, com o respeito, na sua acepção mais ampliada, da expressão "dignidade humana".

2. Direitos humanos e a compreensão de sua real extensão

Se adotarmos uma compreensão marxista, aquilo que se convencionou tratar da "universalização" dos direitos humanos, na verdade, não ultrapassaria o egoísmo do homem como um ser genérico. Nesse sentido, fazendo parte os direitos humanos da vida genérica da sociedade, o único nexo de coesão entre os homens seria a necessidade natural, o interesse particular, a conservação das propriedades e individualidades consideradas egoístas.[1]

Embora tal ótica reflita uma pungente e realista visão burguesa de sociedade, podemos ampliar o leque de apreensões do tema, considerando a própria diversidade de sujeitos e fatores inseridos na dinâmica do modelo "moderno" daquelas sociedades que perpetuaram o modelo liberalizante, muitas delas com focos sociais, com adoção teórica por quase todas as atuais economias de mercado.

---

[1] LEMOS, Bruno Espiñeira. *Direitos Fundamentais. Direito comparado e as Constituições Brasileiras. Efetivação em precedentes do Superior Tribunal de Justiça*. 1ª edição. Brasília: ed. Fortium, 2007)

Segundo Bobbio[2], os direitos fundamentais, por mais fundamentais que sejam, são direitos históricos, nascidos em certas circunstâncias, caracterizadas pelas lutas em defesa de novas liberdades contra velhos poderes, sendo que tais direitos nasceram de modo gradual, não todos de uma vez e nem de uma vez por todas. E, independentemente da sua acepção como fundamentais, do homem, humanos ou humanos fundamentais que sejam, não deverão servir apenas como título de nobreza, ainda que sejam todos eles solene e repetidamente proclamados, porém, ladeados por uma massa de "sem direitos".

A busca por superação de fronteiras em nome da "uniformização" de direitos humanos encontra-se inserida em uma ótica, ou melhor dir-se-ia, sintoniza-se com o ideal de "paz universal", como respeito mútuo entre nações e povos dispersos pelo mundo e com o reconhecimento das diferenças e a tutela dos direitos baseada em documentos comuns.

Já tivemos a oportunidade de destacar a utopia, não menos necessária, dessa construção idealizada e de difícil concretização, que é a "universalização" uniforme dos direitos humanos, considerando que, são eles conseqüência de uma construção histórica, não encontrando a mesma gradação evolutiva em cada um dos cenários dispersos pelo globo terrestre.[3]

Na ótica de Boaventura de Sousa Santos[4] o mundo globalizado exige que outras concepções de dignidade humana sejam consideradas, para que os direitos humanos deixem de ser – como acredita serem hoje – uma resposta fraca para questões fortes. Nas palavras do sociólogo luso, "os direitos humanos são uma armadilha dos países do norte contra nós", para ele, neste mundo globalizado, multiplicaram-se as zonas de contato entre diferentes formas de justiça, cultura e identidades [que eles desconsideram], se referindo aos "países do norte".

O referido cientista social, patrício de Camões, seguindo em seu raciocínio contrário à "universalização", preconiza que não resolveremos os problemas do mundo impondo a democracia ao mundo ou defendendo os direitos humanos. Para tanto, cita o Oriente Médio, como região onde mais tragicamente somos incapazes de dar uma resposta forte com base nos direitos humanos. Segundo ele, a lógica da guerra é totalmente oposta à dos direitos humanos, denominando de "injustiça cognitiva", o fato de

---

[2] BOBBIO, Norberto. *A Era dos Direitos*. *3ª tiragem. Rio de Janeiro:ed. Campus*, [1992], 2004
[3] LEMOS, Bruno Espiñeira. *Idem*.
[4] SANTOS, Boaventura de Sousa. *Direitos Humanos (Multiculturalismo) in www.cartamaior.com.br, 06.09.2006*

somente os princípios dos direitos humanos vigorarem globalmente e não outras concepções de dignidade humana que outras culturas desenvolveram ao longo da história. O direito à propriedade, considerado fundamental, seria totalmente inválido, por exemplo, na cultura indígena, onde a terra faz parte da identidade dos povos, portanto, essa discrepância entre princípios diferentes seria um dos fatores de turbulência que os direitos humanos atravessariam.

A leitura que Emir Sader[5] empreende da obra *"Guerra e paz no século XXI"*, de Eric Hobsbawn, é a de que, em uma época de barbárie, violência e desordem global crescentes, as intervenções armadas, que desrespeitam a soberania nacional de países, destinadas a salvaguardar ou a estabelecer os direitos humanos, seriam legítimas, desejáveis e até necessárias, sob a compreensão do que se convencionou denominar de "imperialismo dos direitos humanos".

O enquadramento de tal "imperialismo" teria sido introduzido a partir dos conflitos nos Bálcãs, que geraram a desintegração da Iugoslávia, em particular na Bósnia, quando, aparentemente, só uma única força militar externa poderia terminar com o massacre: os EUA.

Citando Hobsbawn, Sader destaca que três fatores sustentariam o argumento acima: o de que existiriam no mundo contemporâneo situações intoleráveis – caracterizadas como massacres ou genocídios; que elas exigiriam essa intervenção; e que não haveria outra forma de enfrentar essas circunstâncias, cujos benefícios seriam claramente superiores aos custos.

Sader utiliza-se do raciocínio supra, como premissa para tratar da situação do Afeganistão, do Iraque, e, antes mesmo, historicamente, das bombas lançadas na Segunda Guerra contra o Japão, concluindo que: *"O imperialismo dos direitos humanos funda-se na identificação errônea de que, da mesma forma que se globalizam objetos de consumo e tecnologias, seria possível exportar os modelos liberais – como se se tratassem de mercadorias. Esse perigoso caminho foi trilhado por três intelectuais de distintas correntes, que tinham em comum a busca da paz, mas que, via universalização mecânica dos direitos humanos, se somaram às aventuras imperialistas de guerra, como demonstrou Perry Anderson em artigo na New Left Review, intitulado "Os filósofos guerreiros", analisando textos de Jurgen Habermas, de John Rawls e de Norberto Bobbio."*

---

[5] SADER, Emir. *Imperialismo dos direitos humanos.*Brasília *in* Correio Braziliense, 17.06.2007, p. 21)

Soma-se à dificuldade da "harmonização", "uniformização" e quiçá "universalização" dos direitos humanos a própria política de forças entre as nações. A lógica da força, na ótica do mundo contemporâneo, remonta ao Congresso de Viena, no século XIX, iniciando a divisão embrionária, de gênese dos blocos de países que rivalizavam, cuja tentativa de rompimento se deu com a Liga das Nações, se direcionando para o "internacionalismo", com a criação da Organização das Nações Unidas.

Entretanto, a tibieza dos organismos internacionais, leia-se, Liga das Nações, e, posteriormente, ONU, citando-se como exemplos no primeiro caso, a invasão da China pelo Japão, na década de 30, do século passado, os abusos de Hitler, quando decidiu apoiar Franco, com a destruição de Guernica, tudo isso sem qualquer intervenção da Liga.

A Segunda Grande Guerra deixa destacado o cenário dos blocos (o Eixo e os Aliados) e a ONU surge no cenário da Guerra Fria. As Assembléias da ONU encontram-se desassistidas de carga efetiva e as "potências" econômicas e/ou militares continuam ditando as regras da efetividade, com o soberano direito de veto que ofusca todos os demais países com assento formal.

As diversas opiniões, muitas delas deveras abalizadas, que se somam em matéria de direitos humanos e a sua complexa amplitude de possíveis e indetermináveis enfrentamentos, tornam de fácil constatação a dificuldade para se traçar uma ou algumas diretrizes úteis em busca da efetivação programática e duradoura de políticas públicas que, ao fim e ao cabo, estarão, nada mais, nada menos, do que a tornar real o desejo de uma difusão tanto mais ampla quanto possível dos direitos humanos, tal como preconizados em sua gênese histórica.

3. Políticas públicas que visem à inclusão social, como corolário inafastável da efetivação dos direitos humanos.

Não é novidade que o Brasil tenha se constituído em um país que consegue trazer de modo vivo e pulsante para discussão, cada uma das dimensões dos direitos fundamentais. A "diversidade ambiental" é tamanha, seja no que se refere à rica fauna e flora cobiçadas em todo o mundo, com a sua biodiversidade, assim como, diante dos diversos ambientes ideais de vida, ao lado de outros hostis ao seu povo, seja no campo ou na cidade.[6]

Seguia dizendo que, em se tratando do nosso modelo, temos brasileiros de muitas "classes" e nessa classificação podemos encontrar irmãos de

---
[6] LEMOS, Bruno Espiñeira. *Ibidem*.

pátria que ostentam e exibem com "orgulho" a sua capacidade de exercício, a um só tempo, dos direitos da primeira à quarta dimensão e os que mais surgirem e outros que são presos, agredidos e desrespeitados nos mais elementares direitos de primeira geração, no máximo, conseguindo sonhar com o Estado lhes propiciando o "mínimo" em matéria de direitos sociais.

No mesmo livro já destacado, não deixamos de reconhecer que, em nosso país há demasiada esperança e são inegáveis os avanços alcançados nos últimos anos, especialmente, em matéria de proteção social (com especial foco na alimentação e na educação).

O quadro de desintegração social nos faz recordar Leonardo Boff[7], quando nos traz um cenário amedrontador, neste caso, "universal", assim pontuado:

– A expressão "choque de civilizações" como formato das futuras guerras da humanidade foi cunhada pelo fracassado estrategista da Guerra do Vietnã Samuel P. Huntington. Para Mike Davis, um dos criativos pesquisadores norte-americanos sobre temas atuais como "holocaustos coloniais" ou "a ameaça global da crise aviária", a guerra de civilizações de daria entre a cidade organizada e a multidão de favelas do mundo.

– O recente livro de Mike Davis, denominado "Planeta Favela" (2006) apresenta uma pesquisa minuciosa, apesar de a bibliografia ser quase toda em inglês, sobre a "favelização" que está ocorrendo aceleradamente por todas as partes. A humanidade sempre se organizou de um jeito que grupos fortes se apropriassem da Terra e de seus recursos, deixando grande parte da população excluída. Com a introdução do neoliberalismo a partir de 1980 este processo ganhou livre curso: houve uma privatização de quase tudo, uma acumulação de bens e serviços em poucas mãos de tal monta que desestabilizou socialmente os países periféricos e lançou milhões e milhões de pessoas na pura informalidade. Para o sistema eles são "óleo queimado", "zeros econômicos", "massa supérflua" que sequer merece entrar no exército de reserva do capital.

– Essa exclusão se expressa pela favelização que ocorre no planeta inteiro na proporção de 25 (vinte e cinco) milhões de pessoas por

---

[7] BOFF, Leonardo. *O verdadeiro choque de civilizações* in www.cartamaior.com.br, 24.08.2007.

ano. Segundo Davis, 78,2% (setenta e oito vírgula dois por cento) das populações dos países pobres é de favelados (p.34). Dados da CIA, de 2002, apontavam para o espantoso número de 1(um) bilhão de pessoas desempregadas ou subempregadas favelizadas.

– Junto com a favela vem toda a corte de perversidades, como o exército de milhares de crianças exploradas e escravizadas, como em Varani (Benares) na Índia, na fabricação de tapetes, ou as "fazendas de rins" e outros órgãos comercializados em Madras ou no Cairo e formas inimagináveis de degradação, onde pessoas "vivem literalmente na m" (p.142).

– Ao império norte-americano não passaram despercebidas as conseqüências geopolíticas de um "planeta de favelas". Temem a "urbanização da revolta" ou a articulação dos favelados em vista de lutas políticas. Organizaram um aparato MOUT (Military Operations on Urbanized Terrain: operações militares em terreno urbanizado) com o objetivo de se treinarem soldados para lutas em ruas labirínticas, nos esgotos, nas favelas, em qualquer parte do mundo onde os interesses imperiais estejam ameaçados.

– Será a luta entre a cidade organizada e amedrontada e a favela enfurecida. Um dos estrategistas diz friamente: "as cidades fracassadas e ferozes do Terceiro Mundo, principalmente seus arredores favelados, serão o campo de batalha que distinguirá o século XXI; a doutrina do Pentágono está sendo reconfigurada nessa linha para sustentar uma guerra mundial de baixa intensidade e de duração ilimitada contra segmentos criminalizados dos pobres urbanos. Esse é o verdadeiro choque de civilizações" (p.205).

Na sua conclusão, Boff nos relembra do que ocorre nas favelas do Rio de Janeiro, destaca que estamos entre os países mais favelizados do mundo, diante da negação oportuna da reforma agrária e da inclusão social das grandes maiorias, pois era conveniente deixá-las empobrecidas, doentes, analfabetas, vaticinando que, enquanto não se fizerem as mudanças de inclusão necessária, continuará o medo e o risco real de uma guerra sem fim.

Inexiste indivíduo leigo, "seja tenente ou filho de pescador ou importante desembargador", como me faz lembrar o poeta Gerônimo, lá da minha Bahia, que desconheça ou discorde da conclusão de Boff. Aliás, basta olhar ao redor de onde se vive. O belo Rio de Janeiro celebrizado por sua beleza é destaque na mídia, mas não está só. São Paulo tem a sua "guerra" própria no seio de suas periferias, já adentrando o seu cento, a região do

Entorno de Brasília, começando a ser observada, com renovada ênfase, já se constitui em grave problema social, a região da grande Salvador, Recife, Belo Horizonte, Porto Alegre e muitos outros rincões, mesmo os mais distantes das capitais.

Em nossa ótica, a maior discussão hoje, quando nos referimos a "direitos humanos" e toda a sua larga escala sinonímica, sem nos darmos ao "luxo", mesmo científico, do aprofundamento teórico acerca da sua "universalização" ou do respeito ao multiculturalismo, passa, obrigatoriamente, de modo premente, por políticas públicas que permitam a redução do abismo entre indivíduos habitantes de um mesmo espaço territorial (evidentemente, desejando idêntico raciocínio em cada gleba do globo), com urgente inclusão social mínima desses indivíduos e a sua "humanização" enquanto seres racionais que necessitam se alimentar, se aquecer sob um teto, com infra-estrutura sanitária, ter acesso à saúde pública de qualidade com real universalização, e ao conhecimento (educação formal e informal). A segurança pública é resultado inexorável, porém, não dissociável desse processo inclusivo.

Quando desviamos, no caso concreto, o foco da "universalização", não se trata de discordância direta com a possibilidade de compreensão de que os direitos humanos são universalizáveis, e, sim, para não retirarmos o foco da urgência, de ações concretas de políticas públicas de inclusão social.

A dificuldade e densidade da discussão em torno da universalização dos direitos humanos e o viés objetivo do tratamento que dispensamos intencionalmente ao presente estudo ganha reforço com a idéia que nos dá Fábio Konder[8]:

"Um dos objetivos das Nações Unidas, quando de sua criação em 1945, consistiu justamente em estabelecer um sistema de cooperação internacional no campo econômico e social, como estabelecido no art. 55 da Carta de São Francisco. Mas esse propósito institucional foi desde logo afastado com a superveniência da "guerra fria". Entre os Estados Unidos, de um lado, como líder das potências ocidentais e do Japão, e a União Soviética, do outro, desenvolveu-se uma áspera concorrência para pôr os povos pobres e fracos sob tutela, abandonando-se a ação multilateral de promoção econômico-social por meio da ONU. As agências das Nações Unidas,

---

[8] COMPARATO, Fábio Konder. *ÉTICA.DIREITO, MORAL E RELIGIÃO NO MUNDO MODERNO.* 2ª reimpressão. São Paulo: Companhia das Letras, 2006, p. 625/626.

precipuamente incumbidas de dar cumprimento ao disposto no art. 55 da Carta – tais como a Organização Internacional do Trabalho (OIT), a Organização Mundial da Saúde (OMS) e a Organização para a Agricultura e a Alimentação (FAO) –, viram-se, desde o início, desprovidas de poderes e recursos para atuar com eficiência no campo respectivo de suas atribuições. Acima delas, o Conselho Econômico e Social foi relegado a um plano secundário ou marginal, relativamente ao Conselho de Segurança.

Para culminar essa tendência desastrosa, o processo atual de globalização capitalista, como também já foi assinalado no capítulo I desta parte, sobretudo após o desaparecimento da União Soviética, só fez aumentar a dependência do vasto mundo subdesenvolvido à ação das potências hegemônicas, a começar pelos Estados Unidos.

Para pôr cobro a essa situação, é urgente e indispensável começar, no seio das Nações Unidas, a estabelecer mecanismos internacionais compulsórios de igualdade proporcional entre os povos.

Mas isso supõe a reforma em profundidade da ONU, como tentaremos demonstrar adiante."

Em palavras simples, até que possamos vislumbrar uma "igualdade proporcional entre os povos" assegurada pelas Nações Unidas, resta a necessidade do desvio de foco da universalização, sem jamais perder de vista sua latência, contudo, ainda que, observando diversos balizamentos da ONU, concentrar forças na realidade local.

No caso, tratamos da realidade brasileira.

Quando nos referimos a balizamentos da ONU, podemos citar, por exemplo, a Declaração do Milênio de 2000, firmada por 191 (cento e noventa e um) países, com o compromisso de alcançarem 8 (oito) objetivos, nos quais, se incluem diversas metas, ao que se pode perceber, com forte carga de direcionamento aos países subdesenvolvidos ou em desenvolvimento, tendo o ano de 2015, como marco referencial para cumprimento dos objetivos.

O aspecto programático da maioria dos objetivos firmados se dirige aos governos de cada um dos países firmatários, para os quais se apregoa a **erradicação da extrema pobreza e da fome; universalização da educação primária; promoção da igualdade entre os sexos e autonomia das mulheres; redução da mortalidade infantil; melhoria da saúde materna; combate ao HIV/Aids, à malária e outras doenças; garantia da sustentabilidade ambiental e estabelecimento de uma parceria mundial para o desenvolvimento.**

O Brasil, ao que se sabe, publica a cada ano, um relatório de acompanhamento dos denominados ODM's, Objetivos de Desenvolvimento do Milênio. No mês de agosto, próximo passado, foi divulgado um relatório no qual se podem constatar muitos avanços, mantidos os desafios diante de uma infra-estrutura, ainda precária, que jamais poderia ser reconstruída em um átimo de décadas, considerando a inércia de séculos.

Vivemos em um país desigual? Evidentemente que sim. O mundo é desigual, mas os abismos é que devem ser evitados. Recente pesquisa do IBGE, com base em dados colhidos entre 2002 e 2003, demonstra o largo hiato, entre brancos e negros, homens e mulheres, detentores de educação superior e iletrados. Na referida pesquisa fica claro que o Nordeste é a nossa região mais desigual, ficando em 11,8 (onze vírgula oito) vezes, a diferença no consumo entre os 40% (quarenta por cento) mais pobres e os 10% (dez por cento) mais ricos, figurando o estado de Alagoas como o mais desigual entre todos, no qual a diferença apontada é de 15,6 (quinze vírgula seis) vezes.

É com necessária reserva e requintes de cautela quanto à sua efetivação, pois os meandros e descaminhos das verbas públicas ainda permitem que se ressinta da forte insegurança quanto à sua chegada ao real destino, porém, também, com alentada esperança, que nos deparamos com o plano plurianual (PPA) 2008-2011, com forte carga desenvolvimentista focada para a inclusão social.

Segundo dados do Ministério do Planejamento, Orçamento e Gestão, os investimentos previstos para os próximos quatro anos são da ordem de 3,5 (três e meio) trilhões de reais, sob o título de "Desenvolvimento com inclusão social e educação de qualidade", contando o PPA com cerca de 307 (trezentos e sete) programas que lhe conferem suporte.

O PPA 2008-2011, possui como alicerces, a "Agenda Social", o "Plano de Aceleração do Crescimento" (PAC) e o "Plano de Desenvolvimento da Educação" (PDE), ao lado das "Metas Governamentais Prioritárias e 10 (dez) Objetivos de Governo".

Como já tivemos oportunidade de mencionar, formamos um país com cidadãos que exercem todas as dimensões dos direitos fundamentais a um só tempo, enquanto que uma grande massa sequer desfruta dos direitos de primeira e segunda geração, entretanto, a simultaneidade das políticas públicas, sem estacionamento em uma única dimensão de direitos, diante da busca permanente por um desenvolvimento nacional, com sustentabilidade, faz merecer destaque, também, aliado ao Programa de Aceleração do Crescimento (PAC), do governo federal, em direção ao soerguimento de uma infra-estrutura, como dissemos, falha, e, em muitos pontos ausente, o

PADIS, Programa de Apoio ao Desenvolvimento Tecnológico da Indústria de Semicondutores.

Os novos paradigmas da soberania dos países na atual geografia mundial apontam para o desenvolvimento tecnológico, como verdadeira pedra de toque no afastamento da dependência entre nações, considerando que já não se pode viver no cenário global, apenas da exportação de produtos primários e importação massiva de produtos de ponta, cujo valor agregado é infinitamente superior. Um país soberano, necessariamente, tem que investir em tecnologia.

4. Conclusão

A paz mundial e a dignidade da pessoa humana continuarão fadadas a uma utopia universalizada, enquanto não houver uma mudança concreta na correlação de forças que impera na Organização das Nações Unidas que tem hoje desconsiderada a sua gênese do "internacionalismo", o que, destarte, é inobservado desde a sua criação, e, antes mesmo, enquanto Liga das Nações e a clara divisão dos blocos de antanho, mesmo com a nova configuração geográfica e política do globo.

Não apenas a paz mundial e a dignidade da pessoa humana, mas todo um sistema de direitos humanos tem ameaçada sua efetividade, diante de uma compreensão sob a ótica da universalização, quando a referida correlação de forças entre os países hegemônicos na ONU e especialmente no seu Conselho de Segurança se faz imperar sobre uma centena de outros países submetidos à insegurança de uma minoria.

Ultrapassando-se a esfera da uniformidade e da universalização dos direitos humanos – leia-se, se ultrapassando, apenas para efeitos de busca por uma efetivação concreta, local e urgente e tão só para afastar polêmicas jurídicas e meta-jurídicas, não menos importantes – somente políticas públicas de cunho inclusivo poderão dar concretude ao ideal dos direitos humanos, ao menos, num primeiro momento.

O Brasil é um país que traz no seu seio a existência desfrutada por poucos de todas as gerações de direitos fundamentais ao lado de uma grande maioria sem acesso ao denominado e cantado em verso e prosa "mínimo essencial", daí o cenário forte para a essencialidade da compreensão dos direitos humanos como fenômeno então adstrito às políticas públicas de inclusão social.

Precisamente no cenário descortinado, não se pode deixar de reconhecer os avanços em direção a uma rede de proteção social, como se disse, com especial foco para a alimentação e a educação. Mas longe nos encontramos de uma cena razoável, na redução de nossa centenária desigualdade social.

Destaca-se na fotografia da história, refletida no atual momento vivenciado no Brasil, a violência crua das grandes cidades, sem que a barbárie da civilização que se digladia em cenário interno, seja um "privilégio" de tais grandes centros urbanos, que seguem ladeados pela proliferação de moradias com pouca ou nenhuma infra-estrutura básica, caracterizada nos grandes aglomerados urbanos como favelas, frutos evidentes, dentre outras causas adjacentes, da reforma agrária que deveria ter sido realizada em momento oportuno e das práticas "clientelistas" de um Estado que se utilizava do empobrecimento e das chagas do analfabetismo e das doenças crônicas da pobreza para a perpetuação no poder de grupos que tomaram de assalto as estruturas do "Estado" desde o seu "descobrimento".

O juízo de valor acerca das políticas públicas de inclusão social atualmente desenvolvidas pelo governo federal, nos moldes e com a dimensão que se acompanha, diz respeito, especificamente, ao reconhecimento de um pioneirismo necessário, para não se dizer obrigatório, mas, sem deixar de se reconhecer o pioneirismo, especialmente, como se disse, dada a sua magnitude sem precedentes em nossa história, independendo, nos limites deste ensaio, de eventuais razões conjunturais advindas de médio prazo.

Tal magnitude avulta-se com a busca pelo cumprimento dos balizamentos trazidos com a Declaração do Milênio de 2000, nos quais se destacam, como nos referimos, os objetivos programáticos de se ver erradicada a extrema pobreza e a fome, a universalização da educação primária, a promoção da igualdade entre os sexos e autonomia das mulheres, a redução da mortalidade infantil, a melhoria da saúde materna, o combate ao HIV, à malária e outras doenças, a garantia da sustentabilidade ambiental e o estabelecimento de uma parceria mundial para o desenvolvimento.

Sem dúvida que muitos dos referidos objetivos, com forte carga programática, demandarão, talvez, mais tempo do que se pode imaginar, entretanto, os relatórios anuais de acompanhamento dos denominados Objetivos de Desenvolvimento do Milênio deverão ser divulgados para cobrança de toda a sociedade, especialmente de quem deles mais necessita.

A reconstrução de um país, especialmente de um país desigual passa por metas, mas, não apenas, por ação concreta e vontade política.

Exatamente na linha do quanto se raciocina, exemplificamos o foco do modelo que se busca implantar com a apresentação do plano plurianual

(PPA) 2008-2011 e a sua forte carga desenvolvimentista, como destacado, com o foco da necessária inclusão social.

E na esteira de um dos pilares do referido plano, destacamos ainda, aliado ao Programa de Aceleração do Crescimento (PAC), dirigindo-se para a formação de uma infra-estrutura, a criação do PADIS, Programa de Apoio ao Desenvolvimento Tecnológico da Indústria de Semicondutores. A tecnologia e a soberania hoje são elementos indissociáveis do desenvolvimento, gerando valor agregado e favorecendo políticas estratégicas de desenvolvimento, diminuindo a dependência econômica entre nações, inclusive, quando se faz uso do desenvolvimento tecnológico para a produção agrícola, neste ponto, como tema do momento, destacamos os mecanismos renováveis de energia, diante do modelo saturado dos combustíveis fósseis.

O Brasil como potência econômica regional e detentor de tecnologia em matéria de biocombustíveis, que surge como nova fronteira em nossa matriz energética, deverá administrar com inteligência e visão estratégica, qualquer potencial conflito entre o uso do solo para cultivo voltado à produção de produtos agrícolas utilizados, seja para o consumo humano, seja para a elaboração de combustíveis.

O aparente conflito entre tais direcionamentos dos produtos agrícolas deve ser encarado como aparente. Ou seja, há tecnologia e terra suficientes para a coexistência pacífica daquela produção, para ambos os destinos.

A visão estratégica dos biocombustíveis, neste caso, repercute também, no equilíbrio do meio-ambiente, seja pela redução dos altos índices de poluição dos grandes centros urbanos, seja diante do flagelo coletivo que são os derramamentos de petróleo nos mares do globo.

No caso dos combustíveis fósseis, as emissões de monóxido de carbono, óxidos de nitrogênio e dióxido de enxofre são responsáveis pelas denominadas chuvas ácidas que tanto prejudicam o ecossistema, além do fato de que a emissão do $CO2$ em altas doses se relaciona o efeito estufa e suas conseqüências, como o aumento da temperatura global, o derretimento das calotas polares e o próprio desequilíbrio ecológico, em contraponto com a matriz energética considerada limpa, ancorada no biodiesel e no etanol.

No epílogo, temos que, nem mesmo a tecnologia, aqui considerada como objetivo último, o do alcance da liberdade de um povo, após e paralelamente se saciar a fome, retira a oportunidade de se recordar que todas as "pelejas" do dia-a-dia, recheadas de utopia são válidas, e, ao fim e ao cabo, quando não concretizáveis, trazem uma cor diferente ao nosso viver, fazendo lembrar de uma entrevista em jornal gaúcho no qual uma amável velhinha muito acima dos oitenta, indagada sobre a razão da sua "fuga" de um asilo de luxo, daqueles cinco estrelas e não das *Santas Genovevas* da vida, de triste memória, respondeu singelamente: *"minha filha, só está vivo quem 'pelea'",* cuja profunda doçura beligerante, me fez lembrar poesia de Silvio Rodriguez:

> *Un hombre se levanta*
> *Temprano en la mañana,*
> *se pone la camisa*
> *y sale a la ventana.*
>
> *Puede estar seco el día,*
> *puede haber lluvia o viento,*
> *pero el paisaje real*
> *– la gente y su dolor-*
> *no le pueden tapar*
> *ni la lluvia ni el sol.*
>
> *Una vez descubierta*
> *esta verdad sencilla,*
> *o se sube a la calle*
> *o se baja a la silla.*
> *O se ama para siempre*
> *o ya se pierde todo.*
> *Se deja de jugar,*
> *se deja de mentir,*
> *se aprende que matar*
> *es ansias de vivir.*
>
> *Un hombre se levanta*
> *y sale a la ventana*
> *y lo que ve decide*
> *la próxima mañana.*
> *Un hombre simplemente*
> *sale a mirar el día*
> *y se deja quemar*
> *com esse resplandor,*
> *y decide a salir*
> *a perseguir el sol*

Advocacia Pública e Políticas Públicas Tributárias

Derly Barreto e Silva Filho [*]

O discurso constitucional de 1988 é portador de muitas esperanças: a esperança de viver numa sociedade em que as pessoas sejam não apenas titulares de direitos nominalmente declarados, mas possam efetivamente exercê-los; a esperança de que o Estado não só reconheça a dignidade da pessoa humana como fundamento da República Federativa do Brasil, mas também implemente e assegure o desenvolvimento humano; a esperança de que a constitucionalidade, a legalidade, a legitimidade e a licitude valham mais do que proclamações vistosas a contentar os olhos, isto é, valham como fórmulas para a realização da síntese de todas as esperanças, a justiça, aspiração maior do Estado Democrático de Direito.

A Advocacia Pública insere-se nessa constelação de esperanças, nesse generoso projeto constitucional.

Por essa razão, muito se festejou, em livros, teses, artigos, conferências e congressos, o ***status*** de *função essencial à justiça* da Advocacia Pública, alvissareira inovação constitucional, densa de significação para a consolidação de um efetivo Estado de Justiça.

A Constituição reconheceu a necessidade de haver uma instituição voltada a garantir que a ação do Poder Público permaneça confinada aos quadrantes estabelecidos pela ordem jurídica e se desenvolva segundo os referidos modos de proceder, a constitucionalidade, a legalidade, a legitimidade e a licitude.

Mantida nos lindes constitucionais e legais, a atuação estatal logicamente preordenar-se-ia a realizar as esperanças sociais escritas em bela retórica no art. 3º da Constituição: a construção de uma sociedade livre,

---

[*] Procurador do Estado de São Paulo. Mestre em Direito do Estado pela Pontifícia Universidade Católica de São Paulo. Professor do Curso de Especialização em Direito Constitucional da PUC-SP. Diretor do Instituto Brasileiro de Advocacia Pública. Associado Fundador do IBAP nº 18.

justa e solidária, a garantia do desenvolvimento nacional, a erradicação da pobreza e da marginalização, a redução das desigualdades sociais e regionais e a promoção do bem de todos, sem preconceitos de origem, raça, sexo, cor, idade e quaisquer outras formas de discriminação.

Para falar da Advocacia Pública e de seu papel no controle das políticas públicas tributárias, é necessário resgatar alguns acontecimentos históricos, a partir do constitucionalismo de cariz liberal.

No século XVIII, a Constituição – entendida como plexo normativo definidor das relações de poder – trouxe uma novidade na vida das sociedades políticas, até então marcadas pela opressão do Estado Absoluto: a concepção do poder fundada em três grandes objetivos: 1) a afirmação da supremacia do indivíduo (direitos naturais pré-estatais); 2) a necessidade de limitação do poder dos governantes; 3) a crença nas virtudes da razão, em apoio à busca da racionalização do poder (separação dos poderes).

Nesse momento, as disposições constitucionais voltavam-se basicamente aos Poderes Executivo e Legislativo. Não vinculavam os cidadãos, que nessa época não podiam fundamentar uma pretensão perante o juiz com base num preceito constitucional.[1]

Os direitos individuais consagrados nas primeiras constituições francesas, por exemplo, eram compreendidos como meras declarações, que dependiam de integração legislativa para operar força normativa em favor do indivíduo. A constituição não passava de juridicização da política, mas tal como compreendida pela burguesia. A constituição era do Estado. A sociedade seria regida por outro âmbito de domínio normativo.[2]

O Estado era um Estado de legalidade, onde a noção de lei se confundia com a liberdade. Daí Montesquieu, em seu *Espírito das leis*, afirmar: "liberdade é o direito de fazer tudo o que as leis permitem".[3]

No Estado liberal, as leis eram oriundas de um Poder Legislativo dotado de supremacia e não apenas de independência. Supremacia porque o ideal democrático vitorioso defendia que as leis fossem elaboradas pelos seus destinatários ou pelos seus representantes; naturalmente, havia que se conferir superioridade ao poder que traduzia a vontade coletiva. Como representante da vontade coletiva, a sociedade acreditava que o Parlamento

---

[1] Clèmerson Merlin Clève, *A fiscalização abstrata da constitucionalidade no direito brasileiro*, 2ª edição, São Paulo, Revista dos Tribunais, 2000, p. 22.
[2] Idem, ibidem.
[3] *O espírito das leis*, tradução de Fernando Henrique Cardoso e Leôncio Martins Rodrigues, Brasília, Universidade de Brasília, 1995, parte II, livro décimo primeiro, capítulo III, p. 118.

não abusaria de seu poder, porque isso seria exercê-lo contra si mesmo.

Não havia a mínima desconfiança de que o próprio legislador, identificado ideologicamente com o pensamento da classe vitoriosa, a burguesia, pudesse cometer arbitrariedades, que a lei pudesse ser expressão e instrumento da vontade de um grupo que procurava defender seus próprios interesses.

O projeto político constitucionalista girava em torno do propósito de contenção do poder estatal e de defesa das franquias individuais em face do Estado, tal como pretendido pela burguesia.

Mas, como diz Agustín Gordillo: "O tempo demonstrou que o simples cumprimento dos postulados de liberdade e igualdade com proteção do Estado pode resultar em verdadeiros paradoxos pois a sociedade apresenta amiúde diferenças econômicas e sociais entre seus componentes, que se acentuam continuamente num regime que se contenta em proteger os direitos de propriedade e liberdade etc. tal e como os encontra, sem preocupação de melhorá-los quando de fato são insuficientes. Se o Estado se limita a contemplar impassível enquanto as diferenças sociais vão se acentuando de fato, sem tomar nenhuma ação para ajudar aos mais necessitados para progredir paralelamente aos demais, estaria contribuindo praticamente para uma verdadeira negação dos direitos que postula para os indivíduos. De nada serviria reconhecer a "todos" os indivíduos um direito à propriedade ou liberdade de trabalho ou de ensinar e aprender, se as condições sócio-econômicas imperantes (miséria, enfermidade, acidentes, ignorância, velhice), excluem permanentemente alguns indivíduos de toda oportunidade de serem proprietários, trabalhar livremente ou aprender e ensinar".[4]

As lutas sociais e as tensões ideológicas abertas com a possibilidade do sufrágio universal, o aparecimento dos sindicatos e dos partidos políticos colocaram em cheque as teses defendidas pelos liberais clássicos, preenchidas de um otimismo grandioso.

A instabilidade política a partir da segunda metade do século XIX demonstrou o equívoco da idéia de que o Estado permitiria que a personalidade do indivíduo, a sociedade e a economia desenvolvessem-se de acordo com as suas próprias leis.

Era necessário redefinir juridicamente as relações políticas, econômicas e sociais vigentes. A Constituição, como estatuto jurídico das relações de poder, não podia continuar a regular somente a vida do Estado, pela

---

[4] *Princípios gerais de direito público*, São Paulo, Revista dos Tribunais, 1977, p. 69 e 70.

imposição de normas limitativas à sua ação. O Estado tinha de intervir para amainar as pressões sociais, que punham em risco a própria burguesia.

A Constituição, então, encampou parte das reivindicações sociais e passou a desempenhar o papel de guia, de roteiro, de plano normativo destinado a conduzir finalisticamente o exercício da atividade estatal, apontando-lhe nortes a seguir e objetivos a alcançar, com vistas à realização da chamada justiça social.

De estatuto negativo e alheio aos problemas econômicos de uma sociedade liberta dos tentáculos do Estado, mas refém das regras de mercado – baseadas na autonomia da vontade –, que não asseguravam condições dignas de existência, a constituição transforma-se em um programa normativo de realizações. Seu centro de gravitação, que era o indivíduo, desloca-se. Surge a preocupação com o interesse público, com o bem-estar coletivo, com a justiça social.

No século XX, a Constituição pode ser vista como uma arena onde se travam as lutas jurídico-políticas em busca da realização do bem-estar social.

A luta, que se inicia com a elaboração da Constituição, não se esgota com a sua promulgação; é um processo ininterrupto. A luta se transfere para o campo da prática constitucional, da aplicação e da interpretação constitucional.[5]

As competências dos Poderes do Estado realinham-se em vista desse panorama.

O Poder Judiciário, que no liberalismo limitava-se a aferir a legalidade dos atos administrativos somente sob os aspectos formais da competência, forma e objeto, passa a examiná-los sob os ângulos do desvio de poder, da moralidade, da legitimidade, da economicidade, da proporcionalidade dos meios aos fins, da adequação dos fatos à norma e da qualificação jurídica dos fatos feita pela Administração.

A possibilidade de controle da discricionariedade administrativa talvez seja o exemplo mais contundente desse novo papel do Poder Judiciário no Estado Social. Afinal, se a Administração deve se sujeitar à Constituição e às leis, há de existir um órgão imparcial e independente a contrastar seus atos com as exigências delas decorrentes. O exame dos motivos, da finalidade e da causa do ato não são óbices ao controle judicial dos atos discricionários; é por meio desse escrutínio que se garante o atendimento da ordem jurídica.

O Poder Legislativo também sofreu transformações.

---

[5] Clèmerson Merlin Clève, ob. cit., p. 23..

No Estado Liberal, as funções exercidas pelo Poder Público limitavam-se a de guarda-noturno, a de garante da liberdade e da justiça tal como professadas pela burguesia; no Estado Social, o Poder Público amplia seu campo de atuação para alterar a realidade social e resolver os problemas decorrentes do abuso das liberdades individuais no plano das relações econômicas, causa das profundas desigualdades sociais.

O Executivo passa a intervir na sociedade, prestando serviços, construindo obras, emitindo títulos, efetuando despesas, emitindo moeda, controlando o câmbio, fiscalizando instituições financeiras, contratando com empresas, financiando projetos, concedendo incentivos, elaborando planos de desenvolvimento.

Esse fabuloso crescimento das funções do Executivo ensejou a remodelagem do Poder Legislativo, até então responsável por legislar e representar politicamente a sociedade.

Além dessas funções tradicionais, o Parlamento passou a desempenhar a função de controle das competências políticas e administrativas a cargo da Administração.

O princípio da separação dos poderes, por conseguinte, experimentou uma relativização, a fim de lograr, por meio de um jogo de influências e inter-relações entre os órgãos estatais, uma maior coordenação, uma efetiva harmonia entre os poderes, visando a aumentar a eficiência do Estado na execução das várias tarefas a seu cargo, e, com isso, a um só tempo, proteger a esfera jurídica dos indivíduos e realizar o interesse público.[6]

Embora siga a clássica tripartição orgânico-funcional – ao prescrever, no art. 2º, que são poderes da União, independentes e harmônicos entre si, o Legislativo, o Executivo e o Judiciário –, a Constituição brasileira de 1988, inova sobremaneira no assunto ao estruturar os controles interorgânicos e intra-orgânicos.

Por exemplo, segundo o art. 165, I, II e III, que contém regra de competência eminentemente governamental, são de iniciativa do Presidente da República o plano plurianual, as diretrizes orçamentárias e os orçamentos anuais. A par disso, consciente de que o Parlamento é um órgão de representação dos mais diversos segmentos sociais, o legislador constituinte incumbiu ao Congresso Nacional legislar sobre tais matérias (arts. 48, II, e 166). Repartiu, portanto, a função governamental entre o Executivo e o Legislativo – ao primeiro reservando a iniciativa; ao segundo, a deliberação.

---

[6] J. H. Meirelles Teixeira, *Curso de direito constitucional*, texto revisto e atualizado por Maria Garcia, Rio de Janeiro, Forense Universitária, 1991, p. 590 e 591.

De acordo com o art. 165, § 3°, o Poder Executivo deve publicar, até trinta dias após o encerramento de cada bimestre, relatório resumido da execução orçamentária. Correlatamente, compete ao Congresso Nacional apreciar o mencionado relatório, função que revela o seu papel de controlador do cumprimento da política constitucional, materializada na execução do orçamento. Por fim, conforme o art. 84, XI, deve o Presidente da República remeter mensagem e plano de governo ao Congresso Nacional por ocasião da abertura da sessão legislativa, expondo a situação do País e solicitando as providências que julgar necessárias. Como a função política, inclusive a de planejamento, não é mais exclusiva do Poder Executivo – não obstante a ele ser reservado o impulso da atividade governamental –, a Constituição, no art. 48, II, entregou ao Congresso Nacional a competência para, em colaboração ativa no estabelecimento da orientação da política do País, dispor sobre os planos e programas nacionais de desenvolvimento.

Ao lado dos controles que o Legislativo e o Judiciário exercem sobre a Administração, a Constituição de 1988 criou um outro, que ainda não revelou todas as suas potencialidades.

Considerando que o Estado passou a disciplinar os mais diversos aspectos da vida social e econômica – como políticas públicas de saúde, educação, tributação, finanças, comércio, meio ambiente, segurança, entre outras, e os respectivos atos de execução (deferimento de licenças ambientais, aprovação de empréstimos públicos, venda de títulos do Tesouro Nacional, concessão de isenções, anistias e benefícios fiscais, entre outros) –, tornou-se indispensável, além dos controles exteriores à Administração Pública (os controles parlamentar e judicial), o estabelecimento de formas de fiscalização interiores (controles intra-orgânicos), vocacionadas a acautelar, promover e defender o interesse público *dentro do Poder Executivo*.

Nos arts. 131 e 132, a Carta Política reservou essa atribuição, em caráter privativo, à Advocacia Pública.

Não obstante caber-lhe as atividades de consultoria e assessoramento jurídico do Poder Executivo, as políticas públicas tributárias furtam-se freqüentemente do seu controle jurídico. Elas são elaboradas em círculo fechado de especialistas, sem publicidade, obedecendo somente as diretrizes estabelecidas pelo Governo.

Como no bojo das políticas públicas são concebidas pré-disposições que somente no decurso da sua progressiva realização virão a prejudicar as pessoas, deve-se ter em conta que elas se tornam tanto mais irreversíveis quanto mais progride a sua execução.

As políticas públicas tributárias, em especial, envolvem vultosos benefícios, incentivos e renúncias fiscais, que somente se justificam se, observados os parâmetros e atendidos os requisitos previstos na Constituição e nas leis, houver um comprovado proveito social. Por essa razão, impõe-se um rígido controle jurídico *prévio* dessas políticas por parte da Advocacia Pública, a fim de que não haja desvirtuamentos nem favorecimentos indevidos.

Um caminho para obviar o cometimento de injuridicidades e os prejuízos causados por uma má política pública tributária seria a processualização democrática da formação das políticas públicas, a fim de que a comunidade afetada fosse devidamente informada e pudesse eficazmente participar e intervir ainda na fase *preparatória* das decisões estatais.

A Advocacia Pública poderia atuar nesse processo por meio de pareceres sobre propostas de emenda constitucional, projetos de lei e minutas de atos normativos infralegais em matéria tributária, principalmente quando oriundos do Poder Executivo, e sobre sugestões, alternativas e contestações dos interessados. Esse juízo prévio, *exclusivamente jurídico*,[7] ao assegurar a conformidade constitucional, legal e moral das políticas públicas e dos correspondentes atos de execução, reduziria sobremodo a ocorrência de vícios de inconstitucionalidade e os questionamentos judiciais que tanto sobrecarregam o Poder Judiciário.

Essa proposta de intervenção preventiva alicerça-se na Constituição Federal, que, como já observado, reservou, em caráter privativo, à Advocacia Pública, a atividade de consultoria e assessoramento jurídicos. Se assim o fez, é porque quis que órgão diverso daquele que emite a vontade político-estatal verificasse e garantisse a existência de sintonia formal e material do ato (e do projeto de ato) aos cânones da ordem jurídica, acautelando, promovendo e defendendo o interesse público.

A fim de que a Advocacia Pública mantenha-se fiel às suas funções, é necessário que tanto a instituição quanto seus agentes sejam resguardados de pressões internas ou externas, pois a tarefa de controle jurídico do poder dinamiza-se, por definição, mediante a *confrontação* dos órgãos técnicos de controle jurídico interno e as instâncias políticas com poder de decisão; mediante o *cotejamento* das visões jurídica e política sobre um mesmo assunto administrativo.

---

[7] Afinal, os juízos de conveniência e oportunidade, por serem políticos, são, por mandato constitucional expresso, da alçada exclusiva do governante e não do advogado público.

Enquanto os tecnocratas que elaboram as políticas públicas preocupam-se com o atingimento de metas[8] – e não com a observância de uma ordem de valores juridicamente plasmada –, os advogados públicos velam pela constitucionalidade, legalidade, licitude e legitimidade da ação estatal.[9]

Como nem sempre o desígnio político dos governantes encontra esteio jurídico, graves atritos e dissensões podem ocorrer entre os membros da Advocacia Pública e as autoridades administrativas.

Sendo certo que os advogados públicos não são títeres de governantes transitórios, não oficiam por encomenda[10] e não estão funcionalmente subordinados a qualquer Poder do Estado,[11] é fundamental que lhes seja assegurada *estabilidade funcional*, sob pena de malograr toda a intenção constitucional de submeter o Poder e as ações estatais a um contexto de juridicidade.

Também se revelam essenciais ao controle jurídico das políticas públicas tributárias a constituição e a atuação efetiva, no âmbito administrativo da Advocacia Pública, de órgão de execução específico e permanente encarregado de examinar previamente as proposições governamentais que redundarão em políticas públicas tributárias,[12] órgão este formado por um

---

[8] A propósito, Luiz Carlos Bresser Pereira, então Ministro da Administração Federal e Reforma do Estado do governo Fernando Henrique Cardoso, desnuda a alma da visão tecnocrática gerencial inglesa, que serviu de modelo para a reforma administrativa brasileira empreendida pela Emenda Constitucional nº 19/98: "Toda administração pública gerencial tem de considerar o indivíduo, em termos econômicos, como consumidor" (Gestão do setor público: estratégia e estrutura para um novo Estado, in *Reforma do Estado e Administração Pública Gerencial*, Rio de Janeiro, Editora Getúlio Vargas, 1998, p. 33).

[9] Isto, é claro, quando os atos ou projetos de atos não são subtraídos do crivo da Advocacia Pública por conveniência política.

[10] Como assevera Maria Sylvia Zanella di Pietro, "o advogado público que cede a esse tipo de pressão amesquinha a instituição e corre o risco de responder administrativamente por seu ato" (*Advocacia Pública*, in Revista Jurídica da Procuradoria Geral do Município de São Paulo, nº 3, São Paulo, CEJUR – Centro de Estudos Jurídicos, 1995, p. 18).

[11] O que existe, esclarece Diogo de Figueiredo Moreira Neto, "são relações legalmente definidas, que são incompatíveis com a *subordinação funcional*"; "nem mesmo em relação ao Chefe dos órgãos colegiados das procuraturas existe hierarquia funcional: apenas *administrativa*" (As funções essenciais à justiça e as procuraturas constitucionais, *in Revista de Informação Legislativa*, a. 29, n. 116, p., p. 96).

[12] Fala-se de *atuação efetiva* e não apenas de *constituição* desse órgão, porque, no Estado de São Paulo, por exemplo, o art. 25 da Lei Orgânica da Procuradoria Geral do Estado (Lei Complementar nº 478, de 18 de julho de 1986) prevê expressamente uma *Procuradoria para Assuntos Tributários*, responsável por emitir pareceres sobre matéria tributária de interesse da Fazenda do Estado. No entanto, tal dispositivo lamentavelmente resta *letra morta* até hoje.

corpo tecnicamente capacitado, apto a fornecer alternativas ao gestor público caso vislumbre óbices jurídicos à pretensão política.

Para que esse corpo técnico tenha estabilidade funcional, é imprescindível, além do predicado da autonomia, a garantia da inamovibilidade, com a finalidade de evitar casos como o relatado por Tomás Pará Filho há quase quarenta anos no I Congresso Nacional de Procuradores de Estado, em que um advogado público que, no estrito cumprimento dos deveres de seu cargo junto ao Tribunal de Contas do Estado, opinara contra a aprovação de contas de antigo Secretário da Educação e favoravelmente à sua responsabilidade por malversação do dinheiro público e, por isso, fora intempestiva e arbitrariamente afastado de suas funções pelo Governo da época.[13]

Vale atentar, por fim, que o reconhecimento expresso, em textos constitucionais estaduais, das garantias da autonomia funcional e da inamovibilidade, vem encontrando forte resistência do Supremo Tribunal Federal.

Ao apreciar o alcance e a virtude das funções entregues às Procuradorias Gerais dos Estados, a mais alta Corte brasileira tende a compreender essas instituições como subordinadas aos Chefes do Poder Executivo Estadual.

No julgamento liminar das Ações Diretas de Inconstitucionalidade nºs 217 e 470, o Supremo decidiu que: 1) os Procuradores do Estado integram órgão hierarquicamente subordinado ao Governador do Estado, exercem atividade cuja parcialidade é necessária e atuam em perfeita sintonia com as diretrizes fixadas pela Chefia da Administração Pública; 2) a atividade de advocacia pública contenciosa demanda uma relação de estrita confiança com o Governo; 3) a atividade de advocacia pública consultiva goza de independência, sendo suficiente ao seu exercício as prerrogativas de advogado; 4) a previsão da autonomia funcional levaria à possibilidade, sem autorização de superiores hierárquicos, de reconhecimento do direito posto em juízo; 5) o Procurador do Estado, uma vez garantida sua autonomia funcional, poderia expressar convicção contrária à pessoa de direito público da qual é advogado, o que equivaleria ao exercício de múnus inerente aos membros do Ministério Público, quando pleiteiam a absolvição do réu.

Com relação à inamovibilidade, o STF entendeu que figuram como únicos titulares da garantia constitucional da inamovibilidade os magistrados, os representantes do Ministério Público, os membros dos Tribunais de Contas e os integrantes da Defensoria Pública, achando-se conseqüentemente

---

[13] *A Advocacia do Estado, in* Anais do I Congresso Nacional de Procuradores do Estado, São Paulo, 1969, p. 45, nota 22.

excluídos desse rol taxativo todos os outros agentes do Estado (ADI nº 1.246).

Espera-se que o Congresso Nacional corrija essa equivocada interpretação, aperfeiçoe o sistema constitucional de controle intra-orgânico do Poder do Estado e, finalmente, aprove a Proposta de Emenda Constitucional nº 82, de 2007, preordenada a garantir a efetividade da função de controle jurídico das ações e das políticas públicas estatais pela Advocacia Pública.

Referida proposta, que está em tramitação na Câmara dos Deputados, tem o seguinte teor:

"PROPOSTA DE EMENDA À CONSTITUIÇÃO Nº 82, DE 2007.

(Do Sr. Flávio Dino e Outros)

Acresce os arts. 132-A e 135-A e altera o art. 168 da Constituição Federal de 1988.

Art. 1º Ficam acrescentados os seguintes Artigos 132-A e 135-A à Constituição Federal:

"Art. 132-A. O controle interno da licitude dos atos da administração pública, sem prejuízo da atuação dos demais órgãos competentes, será exercido, na administração direta, pela Advocacia-Geral da União, na administração indireta, pela Procuradoria-Geral Federal e procuradorias das autarquias, e pelas Procuradorias dos Estados, do Distrito Federal e dos Municípios, as quais são asseguradas autonomias funcional, administrativa e financeira, bem como o poder de iniciativa de suas políticas remuneratórias e das propostas orçamentárias anuais, dentro dos limites estabelecidos na Lei de Diretrizes Orçamentárias."(NR)

(...)

Art. 135-A. Aos integrantes das carreiras da Defensoria Pública, bem como da Advocacia da União, da Procuradoria da Fazenda Nacional, da Procuradoria-Geral Federal, dos procuradores autárquicos e das procuradorias dos Estados, do Distrito Federal e dos Municípios serão garantidas:

a) inamovibilidade, salvo por motivo de interesse público, mediante decisão do órgão colegiado competente, pelo voto da maioria absoluta de seus membros, assegurada ampla defesa;

b) irredutibilidade de subsídio, fixado na forma do art. 39, § 4º, e ressalvado o disposto nos arts. 37, X e XI, 150, II, 153, III, 153, § 2º, I;

c) independência funcional." (NR)

Art. 2º O art. 168 da Constituição Federal passa a vigorar com a seguinte redação:

"Art. 168. Os recursos correspondentes às dotações orçamentárias, compreendidos os créditos suplementares e especiais, destinados aos órgãos dos Poderes Legislativo e Judiciário, do Ministério Público, da Advocacia-Geral da União, das Procuradorias Gerais dos Estados, do Distrito Federal e dos Municípios, bem como da Defensoria Pública, ser-lhes-ão entregues até o dia 20 de cada mês, em duodécimos, na forma da lei complementar a que se refere o art. 165, § 9º da Constituição Federal."(NR)

Art. 3º Esta Emenda Constitucional entra em vigor na data de sua publicação".

São Paulo, 13 de dezembro de 2007.

A Função Constitucional e a Autonomia da Advocacia Pública

Fabrizio de Lima Pieroni [*]

1. A inovação constitucional de 1988 – Das funções essenciais à Justiça – 2. A Advocacia Pública – 3. Da autonomia da Advocacia Pública – 4. Bibliografia

1. A inovação constitucional de 1988 – Das funções essenciais à Justiça

Com o advento da Constituição Federal de 1988, a representação judicial, extrajudicial, bem como a consultoria e o assessoramento jurídico da União, Estados e Distrito Federal sofreu uma guinada institucional com a inclusão da Advocacia Pública no Capítulo destinado às funções essenciais à Justiça.

Foi o despertar da consciência de um novo patamar de exigências estruturais do Estado democrático que sublinhou as peculiaridades do patrocínio do interesse do Estado e orientou o legislador constituinte que buscasse, nos melhores exemplos do direito comparado e na própria tradição jurídica luso-brasileira, a inspiração para institucionalizar o que hoje se chama de Advocacia do Estado.[1]

Primeiro, a Constituição de 1988 organizou os Poderes do Estado no Título IV, intitulado "Da Organização dos Poderes". Seguindo o critério funcional clássico consagrado na obra "O Espírito das Leis" de Montesquieu, previu a Constituição a existência dos Poderes Legislativo (Capítulo I), Executivo (Capítulo II) e Judiciário (Capítulo III), todos independentes e harmônicos entre si, nos termos do seu art. 2°.

---

[*] Procurador do Estado de São Paulo. Associado Regular do IBAP n° 1046.
[1] SESTA, Mario Bernardo. Advocacia do Estado. Posição Institucional. *Revista de Informação Legislativa*, n° 177, jan./mar. 1993, Brasília: Senado Federal, p. 188.

No entanto, inovou ao apresentar um quarto capítulo destinado ao Ministério Público, Advocacia Pública e Defensoria Pública, intitulado "Das funções essenciais à Justiça".

Lamentavelmente, esta inovação constitucional, mormente no que se refere à Advocacia Pública não vem merecendo a devida atenção dos doutrinadores, sendo raros os debates sobre a questão, o que reflete nas parcas decisões judiciais a respeito, que menosprezam a importância que a Advocacia Pública poderia assumir em termos de controle da Administração Pública e efetiva defesa do interesse público.[2]

Apesar dos termos constitucionais, não há que se falar em "poderes" estatais. O poder é único e "todas as manifestações de vontade emanadas em nome do Estado reportam-se sempre a um querer único que é próprio das organizações políticas estatais".[3]

O que se organiza na Constituição, portanto, são as funções estatais que, segundo antiga tradição, são três, legislativa, executiva e judiciária, constituindo no modo particular e caracterizado de o Estado manifestar a sua vontade.[4]

Celso Ribeiro Bastos, com muita propriedade, ensina que tanto a função como o poder não podem confundir-se com os *órgãos* que atuam as competências públicas e são os instrumentos de que se vale o Estado para exercitar as funções.

Da mesma forma, não devem as funções ser confundidas com as finalidades do Estado, variáveis no tempo e no espaço. Enquanto as finalidades definem os objetivos encampados pelo Poder Público segundo critérios políticos e, por isso, mutáveis no tempo e no espaço, as funções são como moldes jurídicos dentro dos quais deverão ser cumpridas as finalidades estatais. Por isso, são relativamente fixas e destinadas a vigorar em todo e qualquer Estado, independentemente dos objetivos que persigam.[5]

Não se pode olvidar que a Constituição de 1988 constituiu a República Brasileira como Estado Democrático de Direito (art. 1°, *caput*), instituindo

---

[2] Também a disparidade das legislações estaduais a respeito de suas respectivas Procuradorias leva ao enfraquecimento da instituição, estando a merecer uma melhor análise acerca da necessidade de um Estatuto Nacional das Advocacias Públicas, nos moldes já existente na Magistratura com a Lei Orgânica da Magistratura Nacional (LC 35/79) e no Ministério Publico, com a Lei Nacional do Ministério Público (Lei 8.625/93).
[3] BASTOS, Celso Ribeiro. *Curso de Direito Constitucional*. São Paulo: Celso Bastos Editor, 2002, p. 558.
[4] BASTOS, *op. cit.* p. 538.
[5] BASTOS, *op. cit.* p. 538-9.

diversos espaços de exercício democrático do poder estatal, dentre eles as chamadas funções essenciais à Justiça, deslocadas das tradicionais funções estatais – legislativa, executiva e judiciária – assegurando-lhes uma parcela do poder que emana do povo com o escopo de garantir – como instrumentos de representação dos interesses públicos e sociais – a realização do bem comum.

Sem dúvida, a tripartição coordenada das funções estatais é peça fundamental em um ambiente de Estado Democrático de Direito. No entanto, também se faz necessário a criação de instrumentos e órgãos que possibilitem a fiscalização e perpetuidade do regime democrático e de liberdades fundamentais.

É neste diapasão que surgem o Ministério Público, a Advocacia Pública e a Defensoria Pública, órgãos tecnicamente habilitados para a defesa, preventiva ou repressiva, de interesses juridicamente reconhecidos.

Tais órgãos, nominados por Diogo de Figueiredo Moreira Neto[6] como Procuraturas Constitucionais, foram instituídos para a defesa dos interesses essenciais ao Estado, quais sejam: o interesse público, interesses individuais, coletivos e difusos que a ordem jurídica lhes comete. Ao Ministério Público toca à **advocacia da sociedade**, defendendo interesses difusos da ordem jurídica e do regime democrático e interesses sociais e individuais indisponíveis (art. 127, CF/88); à Advocacia Pública *stricto sensu*, a **advocacia dos interesses do Estado**, defendendo interesses públicos, assim entendidos os estabelecidos em lei e cometidos ao Estado (arts. 131 e 132, CF/88) e à Defensoria Pública, a **advocacia dos interesses dos necessitados** (art. 134, CF/88), defendendo interesses individuais, coletivos e até difusos, mas todos qualificados pela insuficiência de recursos daqueles que devam ou queiram defendê-los, dando cumprimento a um direito fundamental previsto no art. 5°, LXXIV da CF/88.

Cumpre salientar que não houve uma evolução institucional linear das chamadas procuraturas constitucionais, embora todas as três tenham uma raiz comum que remonta à França, na época dos Procuradores do Rei, quando emergiu a distinção entre os interesses do rei e os interesses do reino.[7]

Além do mais, no Brasil, a distinção entre advocacia da sociedade, advocacia do Estado e advocacia dos necessitados somente se aperfeiçoou com a Constituição de 1988.

---

[6] MOREIRA NETO. Diogo de Figueiredo. As Funções Essenciais à Justiça e as Procuraturas Constitucionais. *Revista de Informação Legislativa*, n. 116, out./dez. 1992, p. 90.
[7] MOREIRA NETO. *Op. cit.* p. 91.

Com efeito, até 05 de outubro de 1988, a Procuradoria Geral da República exercia as funções de advocacia da sociedade e advocacia da União. Por outro lado, a advocacia dos necessitados, na maioria dos entes federados, ora era exercida pelo Ministério Público, ora era exercida pelas Procuradorias do Estado.[8]

Críticas sempre houve acerca da representação judicial da União pelo Ministério Público, pois o *parquet* brasileiro, inspirado no modelo francês, desenvolveu-se em torno das funções acusatória e fiscalizadora, restando prejudicada a tutela dos interesses estatais, não menos essenciais que os da sociedade.[9]

Evidente que em razão dos múltiplos interesses em conflito, a separação das funções de advocacia pública *lato sensu* era medida que se impunha.

Para os fins de nosso trabalho, limitaremos a análise somente à Advocacia Pública na sua função constitucional de representação judicial e consultoria jurídica das unidades federadas.

2. A Advocacia Pública

A evolução histórica da Advocacia de Estado é a própria evolução das instituições estatais, do absolutismo ao Estado Democrático social, com a progressiva impessoalização do interesse estatal, que se veio a chamar de interesse público.[10] Com efeito, nas palavras de Mario Bernardo Sesta, "essa circunstância dá a marca fundamental da Advocacia de Estado, e de seus agentes, tanto com os interesses que lhes incumbe aconselhar e patrocinar judicialmente, quanto com os órgãos e agentes incumbidos da gestão de tais interesses".[11]

---

[8] No Estado de São Paulo, até o advento da Lei estadual n° 988 de 09 de janeiro de 2006, que instituiu a Defensoria Pública no Estado, a defesa dos hipossuficientes era desenvolvida pela Procuradoria de Assistência Judiciária, órgão vinculado à Procuradoria Geral do Estado, além de convênio com a Ordem dos Advogados do Brasil e diversas outras entidades, que ainda persiste. Por outro lado, o STF firmou entendimento segundo o qual o Ministério Público do Estado tem legitimidade para ajuizar ação em favor dos hipossuficientes até que a Defensoria Pública estadual tenha plena condição de exercer seu múnus (RE 432.423, Rel. Min. Gilmar Mendes, DJ 07/10/05). Assim, tem-se a possibilidade de no mesmo Estado a defesa dos hipossuficientes ser exercida pelas três funções essenciais à Justiça, além dos advogados privados por meio de convênio.
[9] SESTA, *op. cit.*, p. 188.
[10] SESTA, *op. cit.*, p. 190.
[11] SESTA, *op. cit.*, p. 190.

É o interesse patrocinado ou aconselhado que distingue a Advocacia Pública da Advocacia Privada, pois a primeira defende o interesse público, entendido no contexto de um Estado Democrático de Direito, ou seja, como interesse impessoal, que não se confunde com a vontade do agente ou administrador.

E este é o ponto de partida para se traçar o perfil da atuação do Advogado Público na sua relação com o administrador público.

3. Da autonomia da Advocacia Pública

A República Federativa do Brasil constitui-se em um Estado Democrático de Direito destinado a assegurar o exercício dos direitos sociais e individuais, a liberdade, a segurança, o bem-estar, o desenvolvimento, a igualdade e a justiça como valores supremos de uma sociedade fraterna, pluralista e sem preconceitos (preâmbulo da CF/88).

No âmbito da Administração Pública, o Estado de Direito surge exatamente para subordinar a atividade administrativa à lei e ao controle judicial, em substituição ao Estado Absolutista, cunhado na infalibilidade real – *the king do not wrong* – como premissa para a lógica da irresponsabilidade integral.

Se em um Estado de Direito surge o controle de legalidade formal dos atos da Administração Pública, no Estado Democrático de Direito, mormente naquele instituído na Constituição Federal de 1988, o controle de legalidade se amplia para abranger outros aspectos, relativos à materialidade da atuação estatal, como o desvio de poder, a moralidade, a economicidade, a legitimidade, a proporcionalidade, a eficácia etc.

Como ensina Derly Barreto e Silva Filho, "hodiernamente, cobra-se do Estado não somente a crua e formal submissão ao texto da lei: exige-se que sua ação tenha assomos de legalidade e conteúdo de legitimidade e licitude, tendendo, portanto, à vontade popular e à moralidade".[12]

Neste sentido, avultam as formas de controle da Administração, sendo peça fundamental a chamada tripartição coordenada de poderes Executivo, Legislativo e Judiciário, através do conhecido sistema de freios e contra-pesos.

Assim, a Administração Pública, expressada primordialmente, mas não somente, pelo Poder Executivo submete-se ao controle externo tanto do Poder Judiciário como do Poder Legislativo.

---

[12] O Controle de Legalidade diante da Remoção e da Inamovibilidade dos Advogados Públicos. *Revista da Procuradoria Geral do Estado de São Paulo*, jan/dez 2002, n° 57/58, p. 214.

Mas não é só. Internamente, a Administração Pública se submete a diversas formas de controle estabelecidas pela legislação constitucional e infraconstitucional, observando-se, ainda, a tendência como forma de instituição de uma sociedade estatal democrática, da incorporação do povo em mecanismos para a tomada de decisões e controle, como, por exemplo, a previsão, em diversos diplomas legais, da realização de audiências públicas[13].

Submetida a Administração Pública a um rigoroso controle de legalidade, material como visto, a Constituição de 1988 não se limitou à clássica tripartição das funções estatais, mas instituiu outras três funções destacadas dos Poderes Legislativo, Executivo e Judiciário. São as chamadas "funções essenciais à Justiça".

Com efeito, no Título IV do texto constitucional, intitulado "Da Organização dos Poderes", encontramos quatro capítulos, e não três como seria de rigor.

Já vimos que além de organizar os clássicos poderes Legislativo, Executivo e Judiciário, a Constituição Federal instituiu as "Funções Essenciais à Justiça", regulando o Ministério Público (arts. 127 a 130), a Advocacia Pública (arts. 131 e 132) e a Defensoria Pública (art. 134).

Não se pode olvidar que o termo justiça não significa apenas Poder Judiciário, mas também denota o "valor expresso na vontade constante e perpétua de dar a cada um o que é seu, como expressamente também surge do Preâmbulo da Constituição".[14]

Em tese aprovada por unanimidade no XXVI Congresso Nacional de Procuradores do Estado, outubro de 2000, os eminentes Procuradores do Estado Ana Paula Andrade Borges de Faria e Olavo Augusto Vianna Alves Ferreira evidenciam que "a expressão 'Justiça' empregada pelo legislador constituinte, para qualificar a essencialidade da função da Advocacia Pública, há de ser interpretada em acepção ampla, para significar não só a atividade típica exercida pelo Poder Judiciário, como também 'a justiça abrangente da equidade, da legitimidade, da moralidade', afinal, na prestação de consultoria jurídica é inegável que o Advogado Público pratica a

---

[13] Sobre importância das audiências públicas como forma de participação democrática: FERRARI, Regina Maria Macedo Nery. Participação Democrática: Audiências Públicas. *Estudos de Direito Constitucional em homenagem a José Afonso da Silva.* Coord. Sérgio Sérvulo da Cunha e Eros Roberto Grau. São Paulo: Malheiros, 2003, pp. 325-351.

[14] MASSA, Patrícia Helena. O Papel do Advogado Público na Administração Democrática e o Controle de Legalidade. *Revista da Procuradoria Geral do Estado de São Paulo.* jan/dez 1997. n° 47/48, p. 120.

Justiça por meio de atuação pautada pelo princípio da legalidade e moralidade administrativas".[15]

Portanto, a promoção da Justiça nesta acepção axiológica é dever da Advocacia Pública. Trata-se, na verdade, de um poder-dever, sendo evidente que sua atuação no Estado Democrático de Direito vai além do simples patrocínio das causas da Administração.[16]

Ora, se a Constituição reservou à Advocacia Pública tão importante mister, parece evidente que também tenha reservado as condições necessárias para tanto.

No entanto, ao contrário do que ocorreu com o Ministério Público que foi dotado expressamente de princípios institucionais como a unidade, a indivisibilidade e a independência funcional (art. 127, §1°, CF/88), garantias institucionais como a autonomia funcional, administrativa e financeira (art. 127, §§ 2° e 3°) e garantias de liberdade como a vitaliciedade, a inamovibilidade e irredutibilidade de vencimentos (art. 128, I, CF/88) e com a Defensoria Pública que expressamente recebeu com o advento da Emenda Constitucional n° 45/04 a autonomia funcional, administrativa e orçamentária (art. 134, § 2°), a Advocacia Pública não recebeu expressamente nenhuma garantia institucional, o que tem levado o Supremo Tribunal Federal a ceifar qualquer previsão de tais garantias em leis ordinárias e até mesmo em Constituições Estaduais.

Foi assim quando declarou a inconstitucionalidade do inciso I do art. 135 da Constituição do Estado da Paraíba, que conferia autonomia funcional, administrativa e financeira à Procuradoria-Geral do Estado, por considerar que tal prerrogativa é incompatível com a função exercida pelas procuradorias estaduais, desvirtuando a configuração jurídica dada pelo art. 132 da CF (ADI 217, Rel. Min. Ilmar Galvão, DJ 13/09/02)[17].

---

[15] A Independência e a Autonomia Funcional do Procurador do Estado. In: www.direitoemdebate.net. Acesso em 05/09/2006.
[16] MASSA. Op. cit. p. 120.
[17] "EMENTA: AÇÃO DIRETA DE INCONSTITUCIONALIDADE. ARTS. 135, I; E 138, CAPUT E § 3°, DA CONSTITUIÇÃO DO ESTADO DA PARAÍBA. PARA A NOMEAÇÃO DO PROCURADOR-GERAL, DO PROCURADOR-GERAL ADJUNTO E DO PROCURADOR CORREGEDOR.
O inciso I do mencionado art. 135, ao atribuir autonomia funcional, administrativa e financeira à Procuradoria paraibana desvirtua a configuração jurídica fixada pelo texto constitucional federal para as Procuradoria estaduais, desrespeitando o art. 132 da Carta da República.
Os demais dispositivos, ao estabelecerem requisitos para a nomeação dos cargos de chefia da Procuradoria-Geral do Estado, limitam as prerrogativas do Chefe do Executivo estadual

O Supremo parece ver a Advocacia Pública como a advocacia em prol dos governantes e não do Estado[18].

Não nos parece a melhor decisão, uma vez que a autonomia dos Advogados Públicos decorre de diversos princípios constitucionais e da própria função constitucional a que lhe foi confiada.

Ora, na sua função de defesa do interesse público cujo titular é o Estado, o Advogado Público deve obediência aos princípios da indisponibilidade do interesse público e da legalidade administrativa.[19]

Partindo da definição assaz conhecida do doutrinador italiano Renato Alessi entre interesse público primário e secundário, pode-se afirmar estar o Advogado Público vinculado ao interesse público primário, não podendo exercer qualquer juízo de discricionariedade.

Na verdade, não há que se falar em interesse público secundário diverso do interesse público primário, pois havendo divergência entre eles, o primeiro desaparece, por ilegalidade.

A mera conveniência egoística da Administração Pública não se confunde com interesse público e estando em confronto com este, deve o Advogado Público, seja no exercício da consultoria pública, seja no exercício da atividade contenciosa trazer a Administração Pública à legalidade.

O compromisso do Advogado Público é com a ordem jurídica e não com a posição do governante. Por isso, no exercício de seu mister não age

---

na escolha de seus auxiliares, além de disciplinarem matéria de sua iniciativa legislativa, na forma da letra c do inciso II do § 1º do art. 61 da Constituição Federal. Ação julgada procedente."

[18] É o que se percebe do seguinte voto do Ministro Sepúlveda Pertence, quando do julgamento da ADIN 291, Relator Moreira Alves, na qual era impugnada norma que garantia autonomia funcional aos Procuradores do Estado do Mato Grosso: "Quando assumi a Procuradoria-Geral da República, lembro-me de que me referi ao dilema institucional vivido, cotidianamente, pelo seu titular, que exerce, de um lado, as funções de chefe do Ministério Público, a reclamar-lhe isenção e independência, em relação, particularmente, ao Governo; e de outro, de chefe da advocacia contenciosa da União, função a demandar uma relação de estrita confiança. Só a cisão orgânica das duas funções, na Constituição de 88, permitiu dotar o Ministério Público das garantias de que hoje dispõe, de uma verdadeira 'magistratura requerente', para usar a expressão do Direito Italiano.

Creio que transplantar essas garantias e esses princípios adequados ao Ministério Público à advocacia do Estado é institucionalmente tão esdrúxulo quanto, anteriormente, em função mesmo de acumular estas funções, era desastroso negar ao Ministério Público as garantias fundamentais ao exercício de suas funções específicas."

[19] Neste sentido, a Constituição do Estado de São Paulo é expressa ao dispor que a Procuradoria Geral do Estado é orientada pelos princípios da legalidade e da indisponibilidade do interesse público. (art. 98)

em nome próprio, mas sim do ente federativo que representa tendo o dever de buscar atender sempre o interesse público primário.

Como afirma Cleia Cardoso, "o Estado age subordinado ao que é definido em lei como interesse público, pois só à lei cabe definí-lo, especificando-o a partir das pautas gerais da Constituição".[20]

Por outro lado, estando em um Estado Democrático de Direito, evidente que o princípio da legalidade não se limita à sujeição do Estado à lei (legalidade em sentido estrito), o que seria típico do Estado de Direito do final do século XVIII após o fim do absolutismo, mas a submissão do Estado à vontade da sociedade (princípio democrático) e à moral (princípio da licitude).

O primado da moralidade é hoje princípio expresso da Administração Pública, estabelecido no *caput* do art. 37 da Constituição Federal.

Ora, para dar efetividade ao Estado Democrático de Direito instituído logo no seu artigo 1°, a Constituição cuidou não apenas da estrutura e da organização do Estado Brasileiro, mas também estabeleceu as diretrizes basilares da atuação administrativa, direta ou indireta, de quaisquer dos Poderes, vinculando os três níveis federativos à observância dos princípios da legalidade, da impessoalidade, da moralidade e da publicidade e eficiência.

E mais, para garantir o respeito de tais princípios, a Constituição instituiu as funções essenciais à Justiça e as dotou de *status* constitucional próprio, pois lhes atribuiu parcela do poder estatal diversa da função legislativa, executiva e judiciária.

No que se refere à Advocacia Pública, parece óbvio que o primado da indisponibilidade do interesse público e dos princípios administrativos acima referidos a torna essencial para a existência do Estado Democrático de Direito, na medida em que é a instituição responsável pela representação judicial e extrajudicial do Estado, e como consultoria jurídica da atividade administrativa constitui-se em garantia fundamental para que a ação estatal não seja arbitrária nem ilegal.

Não se deve esquecer que a experiência prática tem demonstrado quão ineficazes são os mecanismos de controle externo da Administração Pública, o que leva à necessidade de ampliação dos mecanismos preventivos de controle, que visam evitar que atos lesivos à legalidade em seu sentido amplo e ao patrimônio público ocorram. Neste sentido, avulta a importân-

---

[20] CARDOSO, Cleia. O Controle Interno de Legalidade pelos Procuradores do Estado. *Revista de Informação Legislativa*. Brasília: Senado, n° 118, abr./jun. 1993, p. 158.

cia da Advocacia Pública, pois, quer seja na representação judicial quer seja no aconselhamento jurídico, exerce o Advogado Público o controle da atividade administrativa do Estado, o qual não exclui o exercício concomitante de outros órgãos ou instituições estatais neste mister.

Por tudo isso, a autonomia funcional e administrativa da Advocacia Pública é medida que se impõe como decorrência do próprio texto constitucional que a instituiu como função essencial à Justiça, cujo objeto é a defesa do interesse público, indisponível por natureza.

Evidente que a indisponibilidade peculiar ao interesse público demanda independência e autonomia na atuação desses agentes públicos frente à administração pública e ao Governo.

Na defesa do interesse público primário, a atuação do advogado público não deve se pautar no simples exame da regularidade formal do que lhe foi proposto, cabendo-lhe a análise também da legitimidade e moralidade do ato.

Não se quer com isso, evidentemente, sobrepor a função do advogado público às funções meramente políticas, mas estabelecer parâmetros de controle interno da Administração Pública em um Estado Democrático de Direito.

Neste sentido, o fortalecimento institucional da Advocacia Pública é medida que se impõe, pois somente esta instituição é capaz de demonstrar, previamente, à Administração Pública que ela não é imune ao Direito.

Assim, a previsão de autonomia funcional e administrativa deve ser entendida como prerrogativa democrática capaz de permitir aos advogados públicos o exercício pleno de sua função constitucional sem temor de desagradar quem quer que seja.

Não é por outro motivo que "são incompatíveis com a caracterização da Advocacia do Estado, salvo em hipóteses excepcionais, as formas de investidura marcadas pela precariedade, tais como o comissionamento, a contratação e qualquer outra modalidade de admissão de Advogados para o exercício dessa competência, que os deixe sujeitos ao nuto de quem os tenha nomeado admitido ou contratado".[21]

A proteção dos advogados públicos das ingerências políticas é medida que se impõe na busca do aprimoramento das instituições estatais e decorrência do próprio regime instituído em 05 de outro de 1988.

Sendo a autonomia funcional e administrativa condição necessária para o pleno exercício das funções constitucionais afetas à Advocacia

---

[21] SESTA. *Op. cit.* p. 198.

Pública, resta claro que eventual previsão desta autonomia em texto de Constituição Estadual, embora não tenha similitude com o texto da Carta Maior, que, como visto, foi extremamente sucinto no trato da matéria, não pode ser imputado como inconstitucional. Ao contrário, eventual previsão neste sentido apenas consagra o que implicitamente foi previsto no texto de 1988.

4. Bibliografia

BASTOS, Celso Ribeiro. *Curso de Direito Constitucional*. São Paulo: Celso Bastos Editor, 2002.
CARDOSO, Cleia. O Controle Interno de Legalidade pelos Procuradores do Estado. *Revista de Informação Legislativa*. Brasília: Senado, n° 118, abr./jun. 1993, P. 157-166.
FERRARI, Regina Maria Macedo Nery. Participação Democrática: Audiências Públicas. *Estudos de Direito Constitucional em homenagem a José Afonso da Silva*. Coord. Sérgio Sérvulo da Cunha e Eros Roberto Grau. São Paulo: Malheiros, 2003, pp. 325-351.
MASSA, Patrícia Helena. O Papel do Advogado Público na Administração Democrática e o Controle de Legalidade. *Revista da Procuradoria Geral do Estado de São Paulo*. jan/dez 1997. n° 47/48, p. 115-124.
MOREIRA NETO. Diogo de Figueiredo. As Funções Essenciais à Justiça e as Procuraturas Constitucionais. *Revista de Informação Legislativa*, n. 116, out./dez. 1992.
FARIA, Ana Paula Andrade Borges de, FERREIRA, Olavo Augusto Vianna Alves. A Independência e a Autonomia Funcional do Procurador de Estado. In: www.direitoemdebate.net. Acesso em 05/09/2006.
SESTA, Mario Bernardo. Advocacia do Estado. Posição Institucional. *Revista de Informação Legislativa*, n° 177, jan./mar. 1993, Brasília: Senado Federal, P. 187-202.
SILVA FILHO, Derly Barreto e. O Controle de Legalidade diante da Remoção e da Inamovibilidade dos Advogados Públicos. *Revista da Procuradoria Geral do Estado de São Paulo*, jan/dez 2002, n° 57/58, p. 209-235.

O Princípio da Excepcionalidade e as Medidas Sócio-Educativas Restritivas de Liberdade

Luciano Alves Rossato [*]

1. Introdução – 2. A responsabilização dos adolescentes. – 2.1. *Os documentos internacionais de proteção.* – 2.2. *A idade limite para a maioridade penal.* – 2.3. *A responsabilização e não impunidade.* – 3. O princípio da excepcionalidade de incidência da medida. – 4. O princípio da excepcionalidade e o devido processo legal substantivo.

1. Introdução

Cada vez mais os Tribunais Superiores são chamados a analisar questões de legalidade envolvendo o Estatuto da Criança e do Adolescente. Tal fato se deve, principalmente, ao fortalecimento das Defensorias Públicas, das Procuradorias de Assistência Judiciária e das entidades de defesa de adolescentes, além de uma maior conscientização dos advogados em geral, que perceberam a necessidade de atuação mais ativa em prol de seus assistidos.

Nesse sentido, por exemplo, a Lei Orgânica da Defensoria Pública do Estado de São Paulo (Lei Complementar nº 988/2006), fez previsão da existência de um núcleo especializado dedicado à infância e à juventude, o qual, atualmente, está sob a coordenação do dedicado e experiente Defensor e ex-Procurador do Estado Doutor Flávio Américo Frasseto, autor de inúmeros artigos e estudos sobre o assunto.

Não se pode esquecer, também, no Estado de São Paulo, da atuação da Procuradoria de Assistência Judiciária, agora sucedida pela Defensoria

---

[*] Procurador do Estado de São Paulo, ex-integrante da Procuradoria de Assistência Judiciária (PAJ) junto às Varas Especiais da Infância e da Juventude da Capital. Associado Regular do IBAP nº 1027.

Pública, que desenvolveu importante papel na defesa dos adolescentes autores de atos infracionais, principalmente no tocante à execução das medidas sócio-educativas, uma vez que a capital do Estado conta com um departamento próprio para esses procedimentos (Departamento de Execuções de Medidas Sócio-Educativas).

Esses são apenas alguns exemplos de atuações bem sucedidas em prol da defesa dos adolescentes que sejam acusados da prática de atos infracionais. A verdade é que os órgãos de assistência judiciária entenderam, enfim, o seu importante papel nessa seara.

Esse processo de conscientização advém, principalmente, do entendimento de que a ação sócio-educativa é um procedimento de jurisdição contenciosa, no qual há necessidade de uma paridade de forças apta a fazer valer os direitos do adolescente estabelecidos na Constituição Federal e legislação infra-constitucional.

Nesse passo, importantíssima foi a lição deixada pelo ex-Ministro Sepúlveda Pertence, em voto lapidar, no qual reconheceu a contenciosidade do procedimento para apuração da prática de ato infracional e enfatizou a necessidade de observância do devido processo legal.

Curioso notar que muitos advogados não haviam compreendido o seu papel na ação sócio-educativa, notadamente nos casos em que haja possibilidade de restrição da liberdade, em que há real necessidade de oposição à pretensão formulada, independentemente da convicção íntima do profissional. Se o Ministério Público pretender a aplicação de uma medida de internação, com prazo indeterminado, jamais poderá o advogado, responsável pela defesa do adolescente, concordar com essa medida aflitiva, sob pena de nulidade. Nesse sentido, a ementa assim transcrita:

"DEFESA E *DUE PROCESS*: APLICAÇÃO DAS GARANTIAS AO PROCESSO POR ATO INFRACIONAIS ATRIBUÍDOS A ADOLESCENTE.
1. Nulidade do processo por ato infracional imputado a adolescentes, no qual o defensor aceita a versão do fato a eles mais desfavorável e pugna que se aplique aos menores medida de internação, a mais grave admitida pelo Estatuto legal pertinente.
2. As garantias constitucionais da ampla defesa e do devido processo penal – como corretamente disposto no ECA (art. 106-111) – não podem ser subtraídas ao adolescente acusado de ato infracional, de cuja sentença podem decorrer graves restrições a direitos individuais básicos, incluída a privação de liberdade.

3. A escusa do defensor dativo de que a aplicação da medida sócioeducativa mais grave, que pleiteou, seria um benefício para o adolescente que lhe incumbia defender – além do toque de humor sádico que lhe empresta as condições reais do internamento do menor infrator no Brasil – é revivência de excêntrica construção de CARNELUTTI a do processo penal como jurisdição voluntária por ser a pena um bem para o criminoso – da qual o mestre teve tempo para retratar-se e que, de qualquer sorte da luz da Constituição, não passa de uma curiosidade (STF – 1a. Turma – RE nº 285.571-5 – Paraná. Rel. Min. Sepúlveda Pertence. J. Em 23/02/2001).

Nesse passo, compreendeu-se a necessidade de efetiva oposição à pretensão ministerial, com a observância de um processo regular, que compreende a **estrita observância do procedimento especial** previsto nos arts. 171 a 190, da Lei nº 8.069/90, assim como das **regras e princípios** contidos nos arts. 1º, 3º, 6º, 106 a 109, 110 e 111, do mesmo diploma legal. Importa, ainda, por força do disposto no art. 152, da Lei nº 8.069/90, na **integral aplicação** das disposições correlatas, de cunho garantista, previstas no Código de Processo Penal"[1].

Em seu voto, o então Ministro Sepúlveda Pertence deixou bem claro que, para qualquer acusado, independentemente de sua idade, deve haver observância do devido processo legal, com efetivo cumprimento das regras contidas no Estatuto da Criança e do Adolescente no atinente à forma, ao procedimento em si. Ou seja, o devido processo legal formal.

No entanto, o devido processo legal não se esgota tão somente com a observância da forma. Ele tem também um outro viés, denominado devido processo legal material (*substantive dues process*).

De acordo com Fredie Didier Júnior, "as decisões jurídicas hão de ser, ainda, substancialmente devidas. Não basta a sua regularidade formal; é necessário que uma decisão seja substancialmente razoável e correta. Daí, fala-se em um princípio do devido processo legal substantivo, aplicável a todos os tipos de processo, também. É desta garantia que surgem os princípios da proporcionalidade e da razoabilidade (...)"[2]

---

[1] DIGIÁCOMO, Murilo. *Justiça, Adolescente e Ato infracional: socioeducação e responsabilização. Garantias Processuais do Adolescente Autor de Ato Infracional – O procedimento para apuração de ato infracional à luz do direito da criança e do adolescente*. São Paulo: ILANUD, 2006. Pg. 207.

[2] DIDIER JUNIOR, Fredie. Curso de Direito Processual Civil. Teoria geral do processo e processo de conhecimento. Salvador: PODIVM. 2007. Pg. 31

Tal viés do princípio do devido processo legal tem aplicabilidade principalmente nesse momento, quando existem vários projetos de lei que têm por finalidade a modificação do Estatuto da Criança e do Adolescente. Se eventualmente convertidos em lei, devem observar, principalmente, a proporcionalidade entre as características principais da proteção integral – paradigma adotado pelo legislador – e a medida jurídica porventura positivada.

Mas, antes de se discutir o devido processo legal sob esse ângulo, passa-se a um breve relato sobre a responsabilização dos adolescentes nos planos internacional e nacional.

2. A responsabilização dos adolescentes

2.1. Os documentos internacionais de proteção

Por força do processo de internacionalização dos direitos humanos, os Estados deixaram de deter o monopólio do direito de punir, passando a observar, entre as suas normas, regras internacionais que ora prevêem a repressão de determinados ilícitos atentatórios aos direitos humanos, ora limitam a sua atividade repressora.

A comunidade internacional, particularmente em relação à proteção à criança, sempre se preocupou com a sua vulnerabilidade, adotando documentos que tivessem por objetivo a sua proteção, muito embora fossem de pouca efetividade objetiva.

Por influência de Kathia Regina Martin-Chenut[3], esses documentos podem ser classificados em: **a) de proteção geral ou genéricos**, que enunciam direitos de todas as crianças; e, **b) específicos da delinquência juvenil**, que tratam de forma específica do autor de ilícito tipificado como crime.

O primeiro documento internacional de proteção geral, relacionado à criança, é a **Declaração de Genebra, de 1924**, que representa a "primeira tentativa de elencar, em um mesmo texto, as condições fundamentais para a sobrevivência e desenvolvimento da criança"[4]. Na mesma esteira, foi firmada a **Declaração dos Direitos da Criança, de 1959**. Esses dois documentos têm uma particularidade: são textos declaratórios, enunciativos

---

[3] INSTITUTO LATINO AMERICANO DAS NAÇÕES UNIDAS PARA A PREVENÇÃO DO DELITO E TRATAMENTO DO DELINQÜENTE. Textos Reunidos. São Paulo, 2003.
[4] Ibid., p. 81.

de direitos, sem previsão de qualquer medida coercitiva em caso de descumprimento pelos Estados.

Em razão disso, seria necessário elaborar um documento com previsão de obrigações específicas dos Estados. Assim, em 1979, foi apresentada na ONU, uma proposta de elaboração de uma convenção. Partindo dessa iniciativa, foi organizado um grupo de trabalho pela Comissão de Direitos Humanos da Organização das Nações Unidas, que, dez anos mais tarde, apresentou à votação o que seria denominado de Convenção das Nações Unidas de Direitos da Criança, finalizando-se um processo de positivação dos direitos da criança no âmbito internacional.

A criança passou a ser considerada sujeito de direitos, e não objeto de proteção.

Muito embora um documento geral de proteção dos direitos das crianças, a Convenção também tratou da proteção àqueles que tenham praticado ilícitos previstos como crimes pelas legislações dos vários países. Nesse sentido, merece ser destacado o artigo 37 da Convenção:

> *"Os Estados Partes zelarão para que:(...)*
> *b) nenhuma criança seja privada de sua liberdade de forma ilegal ou arbitrária. A detenção, a reclusão ou a prisão de uma criança serão efetuadas em conformidade com a lei e apenas como último recurso, e durante o mais breve período de tempo que for apropriado;*
> *c) toda criança privada de liberdade seja tratada com humanidade e o respeito que merece a dignidade inerente à pessoa humana, e levando-se em consideração as necessidades de uma pessoa de sua idade. Em especial, toda criança privada de sua liberdade ficará separada dos adultos, a não ser que tal fato seja considerado contrário aos melhores interesses da criança, e terá direito a manter contato com sua família por meio de correspondência ou de visitas, salvo em circunstâncias excepcionais". [grifo nosso].*

Percebe-se a preocupação contida no documento internacional com relação à excepcionalidade da privação da liberdade, bem como à necessidade de que tal medida dure o menor tempo possível, condicionamentos esses que foram posteriormente erigidos à condição de princípios pelo constituinte de 1.988.

Paralelamente a esses documentos, existem outros que tratam de forma específica da delinquência juvenil, também adotados pela ONU .

O primeiro recebeu a denominação de **Regras de Beijing**, ou Regras Mínimas das Nações Unidas para a Administração da Justiça da Infância e da Juventude, datado do ano de 1.985. É um documento que frisa, dentre outras coisas, a importância de uma justiça especializada no trato da matéria, a qual, segundo a regra 17.1, excepcionalmente pode adotar as medidas privativas de liberdade.

Outros dois documentos vieram completar as Regras de Beijing. São eles: as *Diretrizes de Riad* para a prevenção da delinqüência juvenil e as *Regras de Tóquio*, ou Regras Mínimas para a Proteção dos jovens privados de liberdade, ambas aprovadas em 1.990.

As Diretrizes de Riad têm a finalidade básica de prevenir a marginalização, a vitimização e a estigmatização do adolescente.

Segundo as Regras de Tóquio, se a privação da liberdade – que é excepcional – tiver de ser aplicada, tal medida deve resguardar os direitos fundamentais dos jovens (regra 12).

Assim, desenha-se o seguinte quadro: as Diretrizes de Riad têm a finalidade de evitar a prática do ilícito (entre nós denominado ato infracional); se praticado, deve existir uma justiça especializada, que reúna condições para bem equacionar o problema e aplicar as medidas que forem pertinentes, observando-se as Regras de Beijing; por fim, se essa justiça especializada entender que a privação da liberdade é medida aplicável, observar-se-ão as Regras de Tóquio.

Esses documentos específicos (Regras de Beijing, Diretrizes de Riad e Regras de Tóquio), além da Convenção Internacional sobre os direitos da Criança, formam o que é chamado de **Doutrina das Nações Unidas de Proteção Integral à Infância**[5].

A Constituição Federal de 1988 e o Estatuto da Criança e do Adolescente sofreram direta influência dessa Doutrina, e encamparam, em definitivo, no ordenamento jurídico brasileiro, o princípio da proteção integral, abandonando o paradigma da situação irregular.

2.2. *A idade limite para a maioridade penal*

Na atribuição da capacidade jurídica a legislação brasileira estabelece, atualmente, um limite etário único, de modo que, tanto a capacidade penal, quanto a civil, iniciam-se aos dezoito anos.

---

[5] INSTITUTO LATINO AMERICANO DAS NAÇÕES UNIDAS PARA A PREVENÇÃO DO DELITO E TRATAMENTO DO DELINQÜENTE. Textos Reunidos. Adolescentes em conflito com a lei: o modelo de intervenção preconizado pelo direito internacional dos direitos humanos. São Paulo, 2003.

Com relação à capacidade penal, a doutrina aponta que a opção do legislador foi baseada em critérios de política criminal, "*adequada e consentânea à ordem jurídica internacional, nos termos da própria Convenção das Nações Unidas de Direitos da Criança; garantista em sua concepção na medida em que supera o inominável critério biopsicológico sobre o discernimento, adotado no Brasil ao tempo do Código Penal do Império e abandonado por inadequado e arbitrário ainda nos primeiros anos do século XX*"[6].

Em sua indispensável obra "Estatuto da Criança e do Adolescente Comentado", o magistrado Tarcísio José Martins Costa fez excelente síntese sobre a história do Direito Penal Juvenil e, consequentemente, da idade mínima para a responsabilização penal, chegando à conclusão de que a "*idade da responsabilidade penal, considerada como de desenvolvimento biológico suficiente para atingir-se a fase adulta, variava de povo para povo*"[7].

Atualmente, essa discussão ocupa grande espaço na mídia, notadamente em razão da prática de atos ilícitos penais por pessoas menores de dezoito anos. Muitos defendem que a maioridade penal deve ser reduzida para dezesseis e até catorze anos, enquanto outros defendem a impossibilidade de qualquer mudança.

A Constituição Federal, em seu artigo 228, estabelece que "são penalmente inimputáveis os menores de dezoito anos, sujeitos às normas da legislação especial", norma essa que, segundo o jurista Ives Gandra Silva Martins, trata-se de verdadeira garantia constitucional[8], portanto, imodificável via emenda constitucional. Sobre o tema, sustenta Martha de Toledo Machado que "a *inimputabilidade* penal é direito-garantia individual das pessoas que contam menos de 18 anos, pelos contornos que ela recebeu do Constituinte de 1988. E direito-garantia exclusivo de crianças e adolescentes, que compõem um dos pilares da conformação do sistema de proteção especial a crianças e adolescentes instituído pela Constituição brasileira de 1988, ditando, pois, os contornos desse sistema constitucional"[9].

---

[6] SARAIVA, João Batista Costa. *Compêndio de Direito Penal Juvenil. Adolescente e Ato Infracional*. 3. ed. Porto Alegre: Livraria do Advogado, p. 30.
[7] COSTA, Tarcísio José Martins. *Estatuto da Criança e do Adolescente Comentado*. Belo Horizonte: Del Rey, 2004, p. 215.
[8] MARTINS, Ives Gandra da Silva Martins. *Cláusulas pétreas e a maioridade penal*. Disponível em: <http://www.juristas.com.br/a_2527~p_6~Cl%C3%A1usulas-p%C3%A9
[9] MACHADO, Martha de Toledo. *A Proteção Constitucional de Crianças e Adolescentes e os Direitos Humanos*. São Paulo: Manoele, 2003, p.332.

2.3. A responsabilização e não impunidade

João Batista Costa Saraiva, citando Emílio Garcia Mendez, indica a possibilidade de divisão da história do Direito Juvenil em **três fases**: a) de caráter penal indiferenciado; b) caráter tutelar; c) caráter penal juvenil.

Na primeira fase, os menores de idade foram considerados quase que em pé de igualdade para com os adultos, com uma única diferença: a privação da liberdade é fixada por tempo menor, cumprindo todos pena num mesmo local, em total promiscuidade.

A segunda fase – que refletiu no Código Mello Matos, de 1927, e no próprio Código de Menores, de 1979 – advém da indignação de todos frente à situação de promiscuidade originada nas instituições em que se encontravam adultos e menores.

A terceira fase se consolida com a Convenção das Nações Unidas de Direitos da Criança, iniciando um processo de responsabilização juvenil.

A idéia de responsabilização contrapõe-se à de impunidade, muitas vezes difundida por aqueles que defendem mudanças enérgicas na legislação.

É que o Estatuto da Criança e do Adolescente estabelece medidas de responsabilização que guardam correlação com a condição de pessoas em peculiar situação de desenvolvimento[10].

Como sabido, o instrumento legal para apuração da prática de um ilícito penal, segundo a legislação brasileira, variará conforme a **idade de seu autor**. Se praticado por um adulto, estará sujeito a uma ação penal, na qual se busca a aplicação de uma pena. Se praticado por um adolescente, por seu turno, este sujeitar-se-á à uma **ação sócio-educativa**, sendo possível a aplicação de uma medida sócio-educativa.

O adolescente estará sujeito a uma lei especial, atualmente, o Estatuto da Criança e do Adolescente, que encampou, em definitivo, o **princípio da proteção integral**, bem como todas as conseqüências dessa opção.

Além disso, e independentemente do ato ilícito praticado e do bem jurídico ofendido, o adolescente estará sujeito a um juízo especial, o da Infância e da Juventude do local em que praticada a ação ou a omissão, que prestará uma típica espécie de tutela jurisdicional diferenciada.

E essa tutela diferenciada será exercida por meio de uma ação apropriada, denominada ação sócio-educativa, na qual o Juiz da Vara da Infância e

---

[10] SARAIVA, João Batista Costa. *Compêndio de Direito Penal Juvenil. Adolescente e Ato Infracional*. 3.ed. Porto Alegre: Livraria do Advogado, p. 46.

Juventude apura a autoria e a materialidade do ato infracional e aplica, se for o caso, uma medida sócio-educativa.

Nota-se, portanto, que a resposta estatal, frente à prática de um ato infracional, não será a aplicação de uma *típica* pena, mas sim, de outra medida jurídica, denominada medida sócio-educativa, elencada no artigo 112 do Estatuto da Criança e do Adolescente, eleita após considerações de caráter **objetivo** e **subjetivo**. Essas medidas são classificadas, segundo Frasseto, em medidas em meio aberto, semi-aberto e fechado, segundo o seu **grau de severidade**[11].

As medidas em meio aberto são aquelas em que o adolescente poderá permanecer integralmente junto à comunidade. São elas: advertência, obrigação de reparar o dano, prestação de serviços à comunidade e liberdade assistida.

Já a medida em meio semi aberto é representada pela inserção em regime de semiliberdade, na qual a guarda do adolescente é compartilhada entre sua família e o diretor de uma instituição apropriada.

Por fim, a medida em meio fechado, na qual a privação da liberdade é completa, consiste na institucionalização do adolescente, sem prejuízo da utilização de recursos da comunidade (princípio da incompletude institucional).

A semiliberdade e a internação também são denominadas de medidas restritivas de liberdade, sendo condicionadas pela Constituição Federal à observância de três princípios: **excepcionalidade, brevidade e respeito à condição peculiar de pessoa em desenvolvimento.**

3. O princípio da excepcionalidade de incidência da medida

O artigo 227, § 3º, V, da Constituição Federal, prevê que as medidas restritivas de liberdade devem observar os princípios da excepcionalidade, brevidade e respeito à condição dos adolescentes de pessoas em desenvolvimento, os quais têm o condão de condicionar a atuação tanto do aplicador da lei – o juiz –, como também do próprio legislador.

A expressão excepcionalidade, num **sentido estrito**[12], refere-se à incidência da medida, ou seja, essas medidas jurídicas devem ser aplicadas

---

[11] FRASSETO, Flávio Américo. Pela necessidade de uma doutrina do processo de execução de medidas sócio-educativas. Breves comentários à proposta de lei de diretrizes sócio-educativas. Disponível em: <http://www.abmp.org.br/docdetalhes.php? detalhes=187.
[12] MACHADO, Martha de Toledo. *A Proteção Constitucional de Crianças e Adolescentes e os Direitos Humanos.* São Paulo: Manoele, 2003, p.332.

somente em último caso e em **estrita observância das hipóteses tipificadas na lei**.

De fato, o Estado brasileiro reconheceu a entidade familiar como a base da sociedade[13], competindo-lhe, num primeiro plano, garantir o desenvolvimento sadio de crianças e adolescentes.

Nesse sentido, o legislador infra-constitucional incluiu, dentre os direitos fundamentais de crianças e adolescentes, o de ser criado e educado no seio de sua família, devendo o Estado fornecer meios para tanto[14].

Trata-se, como ensina a doutrina, de direito com característica especial, na medida em que previsto exclusivamente para essas pessoas. Previu, também, o legislador que *"em nenhuma hipótese será aplicada a internação, havendo outra medida adequada"*[15].

Enfim, para que a medida restritiva de liberdade seja aplicada, deve a mesma ser, antes de mais nada, estritamente necessária ao suprimento do déficit sócio-educativo previamente apurado num processo próprio.

Nesse sentido, previu o Estatuto da Criança e do Adolescente, a elaboração de um relatório subscrito por equipe interprofissional (art. 186, § 4º), o qual fornecerá subsídios subjetivos ao juiz sobre o déficit sócio-educativo existente em concreto.

Mas não é só.

Essas medidas jurídicas somente podem ser aplicadas nas hipóteses tipificadas em lei, não havendo possibilidade de interpretação extensiva.

Desse modo, deve haver a subsunção a uma das hipóteses previstas no **artigo 122 do Estatuto da Criança e do Adolescente**. São elas:

> I – tratar-se de ato infracional cometido mediante grave ameaça ou violência contra a pessoa;
> II – por reiteração no cometimento de outras infrações graves;
> III – por descumprimento reiterado e injustificável da medida anteriormente imposta

Importante registrar, mais uma vez, que essas hipóteses não comportam interpretação extensiva, até como conseqüência da excepcionalidade de incidência da medida.

---

[13] Art. 226, *caput*, da Constituição Federal de 1988.
[14] Quer através de políticas públicas – que gozam de absoluta prioridade –, quer através de medidas assistenciais.
[15] Art. 122, § 2º, do Estatuto da Criança e do Adolescente.

De acordo com a hipótese do inciso I, a medida de internação pode ser aplicada quando o ato infracional for cometido mediante grave ameaça ou violência contra a pessoa.

A violência ou grave ameaça devem estar contidas no próprio tipo penal, não podendo ser utilizados fatores ou argumentações de ordem externa, com a finalidade de justificar a restrição da liberdade. São atos infracionais dessa ordem, por exemplo, o roubo, o homicídio, o atentado violento ao pudor entre outros.

Merecem destaque duas questões de maior incidência nos tribunais.

A primeira, de que a gravidade da infração, por si só, não é causa justificante da medida restritiva de liberdade.

Com efeito, se a gravidade da infração fosse causa justificante, o único aspecto a ser observado seria o da conduta praticada, e não aquele relativo ao suprimento do déficit sócio-educativo existente.

Por isso, como se disse acima, não basta que o ato praticado incida numa das hipóteses previstas nos incisos do art. 122, especialmente no primeiro. É mister que a privação da liberdade seja a única medida possível à ressocialização. Nesse sentido:

> *HABEAS CORPUS*. ESTATUTO DA CRIANÇA E DO ADOLESCENTE. ATO INFRACIONAL ANÁLOGO AO TRÁFICO ILÍCITO DE ENTORPECENTES. IMPOSIÇÃO DE MEDIDA SÓCIO-EDUCATIVA DE INTERNAÇÃO POR PRAZO INDETERMINADO BASEADA APENAS NA GRAVIDADE ABSTRATA DO ATO INFRACIONAL. AUSÊNCIA DE FUNDAMENTAÇÃO. CONSTRANGIMENTO ILEGAL EVIDENCIADO. REITERAÇÃO DE CONDUTA INFRACIONAL. NÃO-CONFIGURAÇÃO.
> 1. A decisão que insere o menor infrator em internação por prazo indeterminado deve estar fundamentada em elementos concretos, sob pena de nulidade, tendo em vista a própria excepcionalidade da medida sócio-educativa.
> 2. A gravidade do ato infracional cometido não é suficiente para, *de per si*, justificar a manutenção do menor em medida sócio-educativa de internação pelo prazo máximo permitido na Lei nº 8.069/90, tendo em vista que a finalidade precípua do Estatuto da Criança e do Adolescente não é a retribuição, mas sim a reeducação e a proteção integral da criança e do adolescente que pratica ato infracional.
> 3. *In casu*, conquanto o menor ostente várias apurações anteriores, apenas uma delas resultou na aplicação da medida sócio-educativa de liberdade

assistida, por ato infracional correspondente à tentativa de furto, razão pela qual não resta configurada a prática de atos infracionais graves, nem conduta reiterada nesse sentido, de sorte a ensejar a imposição da medida extrema.

4. Ordem concedida para reformar o acórdão impugnado, tão-somente, na parte relativa à medida imposta ao Paciente, a fim de que outra decisão seja proferida, afastando-se da condenação a aplicação da medida sócio-educativa de internação, permitindo-se que o Paciente aguarde em regime de semi-liberdade a conclusão do julgamento.

(HC n° 67.505-SP, Relatora Ministra LAURITA VAZ, DJU 10.09.2007, p. 259).

E a segunda, de que não é possível a aplicação da medida de internação aos casos de prática de tráfico ilícito de entorpecentes por adolescentes primário, apesar da posição do respeitado magistrado Tarcísio José Martins Costa.

Segundo o aludido magistrado mineiro, "**não se pode, contudo, esquecer, no diz respeito ao artigo 12 da Lei n. 6368/76 [à época vigente], figura típica conhecida como tráfico de entorpecentes, que o legislador, a despeito de inexistir o emprego de grave ameaça ou violência contra a pessoa, considera o crime como de natureza grave ao prescrever pena de reclusão**"[16], o que justificaria a internação.

Porém, essa não é a posição mais acertada. É que a medida – por importar em restrição da liberdade – está adstrita aos casos taxativamente previstos na lei.

Assim, por não constituir o tráfico ilícito de entorpecentes como ato infracional praticado com violência ou grave ameaça à pessoa, não é possível a sua aplicação à adolescentes primários.

Nesse sentido, é válido conferir o **Habeas Corpus 77.341-SP**, cuja relatoria coube ao Ministro Hamilton Carvalhido:

"É está a letra do artigo 122 da Lei n° 8.069/90 (Estatuto da Criança e do Adolescente):
"Art. 122. A medida de internação só poderá ser aplicada quando:
I – tratar-se de ato infracional cometido mediante grave ameaça ou violência a pessoa;

---

[16] COSTA, Tarcísio José Martins. *Estatuto da Criança e do Adolescente Comentado.* Belo Horizonte: Del rey, 2004, p. 253.

II – por reiteração no cometimento de outras infrações graves;
III – por descumprimento reiterado e injustificável da medida anteriormente imposta.
§ 1º O prazo de internação na hipótese do inciso III deste artigo não poderá ser superior a 3 (três) meses.
§ 2º Em nenhuma hipótese será aplicada a internação, havendo outra medida adequada."

Tem-se assim, que é exaustiva a enumeração das hipóteses legais de imposição da medida de internação, incabendo toda e qualquer interpretação extensiva ou aplicação analógica de norma, mormente porque em prejuízo da liberdade.

Desse modo, mesmo em se tratando de crime de tráfico de entorpecentes, ainda que considerado equiparado a hediondo, não se caracterizando hipótese de reiteração na prática do ato infracional, é inaplicável a medida sócio-educativa de internação. (...)

Pelo exposto, com fundamento no artigo 557, parágrafo 1º-A, do Código de Processo Civil, combinado com o artigo 3º do Código de Processo Penal e **acolhendo o parecer do Ministério Público Federal**, concedo a ordem, para que se imponha ao adolescente medida sócio-educativa diversa da internação. Publique-se. Brasília, 1º de agosto de 2007.

A segunda hipótese de internação refere-se à prática reiterada de outras infrações graves.

A expressão reiteração, segundo o Superior Tribunal de Justiça, não se confunde com reincidência, e exige a prática de, pelo menos, **três condutas**. Nesse sentido, conferir o **Habeas Corpus nº 62.294**, de relatoria do Ministro Arnaldo Esteves, cuja ementa é:

> ESTATUTO DA CRIANÇA E DO ADOLESCENTE – ECA. *HABEAS CORPUS*. ATO INFRACIONAL EQUIPARADO A TRÁFICO DE ENTORPECENTES. ROL TAXATIVO DO ART. 122 DO ECA. INEXISTÊNCIA DE GRAVE AMEAÇA OU VIOLÊNCIA A PESSOA. NÃO-OCORRÊNCIA DE REITERAÇÃO. APLICAÇÃO DA MEDIDA SOCIOEDUCATIVA DE INTERNAÇÃO POR PRAZO INDETERMINADO. CABIMENTO DO *WRIT*. CONSTRANGIMENTO ILEGAL CARACTERIZADO. ORDEM CONCEDIDA.
> 1. Nos termos da legislação de regência, a medida de internação só poderá ser aplicada quando se tratar de ato infracional cometido mediante grave ameaça ou violência a pessoa, por reiteração no cometimento de outras

infrações graves ou por descumprimento reiterado e injustificável de medida anteriormente imposta.

2. O caso dos autos – em que a representação é pela prática de ato infracional análogo ao tráfico de entorpecentes – não se enquadra em nenhuma das hipóteses taxativamente previstas no art. 122 do Estatuto da Criança e do Adolescente.

3. **A reiteração é caracterizada quando cometidos, ao menos, 3 (três) atos infracionais. A prática de 2 (duas) infrações gera reincidência, não prevista como fundamento a ensejar aplicação da medida socioeducativa de internação.**

4. Ordem concedida para anular a sentença, apenas no que se refere à medida socioeducativa de internação a fim de que outra seja aplicada ao paciente, que deverá aguardar a nova decisão em liberdade assistida. [grifo nosso].

Em comum, essas duas hipóteses de internação (incisos I e II) têm que são aplicada na ação sócio-educativa, e não comportam prazo determinado, porém, limitado a três anos, devendo ser reavaliadas, pelo menos, a cada seis meses.

Mas o Estatuto da Criança e do Adolescente prevê uma hipótese em que a internação é aplicada pelo juiz de execução e refere-se ao descumprimento reiterado e injustificado de medida anteriormente imposta. Nesse caso, a internação é aplicada por prazo limitado a três meses, e se caracteriza por ser uma sanção ao adolescente descumpridor de seus deveres. Por isso, recebe a denominação de internação-sanção.

O descumprimento deve ser injustificado, de modo que é obrigatório facultar ao adolescente a oportunidade de se defender, independentemente do número de vezes que tenha descumprido a medida.

Nesse sentido, em razão do ajuizamento de inúmeros *Habeas* Corpus, foi editada a Súmula nº 265 pelo Superior Tribunal de Justiça: "*É necessária a oitiva do menor infrator antes de decretar-se a regressão da medida sócio-educativa*".

4. O princípio da excepcionalidade e o devido processo legal substantivo

Num momento em que muito se fala sobre reformas no Estatuto da Criança e do Adolescente, com ampliação das possibilidades de internação e do aumento do período de restrição da liberdade, é apropriado discutir se o princípio da excepcionalidade se limita à observância pelo juiz quando da escolha da medida sócio-educativa, ou se também é de observância obrigatória pelo legislador.

Ora, os princípios constitucionais irradiam-se por todo o ordenamento jurídico, influenciando sobremaneira a elaboração da lei.

No caso, a adoção do princípio da excepcionalidade das medidas restritivas de liberdade – direito-garantia fundamental dos adolescentes – implica na efetiva relação de proporcionalidade entre as medidas de responsabilização e a condição de pessoas em desenvolvimento.

E esse é exatamente o ponto de equilíbrio, derivado da aplicação do devido processo legal substantivo, segundo o qual a atividade legislativa é sujeita à rígida observância de diretriz fundamental, que proíbe os excessos normativos e os abusos do Poder Público. Ou, como salientado pelo Ministro Celso de Mello, a "*prerrogativa de legislar outorgada ao Estado constitui atribuição jurídica essencialmente limitada, ainda que o momento de abstrata instauração normativa possa repousar em juízo meramente político ou discricionário do legislador*" (RTJ 176/578-580, Pleno)[17].

Partindo-se desse ponto de equilíbrio, e da proibição da quebra de proporcionalidade, deve o legislador, se acaso de fato modificar o Estatuto da Criança e do Adolescente, agir com prudência e cautela, levando em conta, principalmente, que o princípio da excepcionalidade e o da própria proteção integral não são frutos do acaso ou da imaginação do constituinte, mas advém de toda uma positivação internacional de direitos, iniciada em 1.924, com a Declaração de Genebra, e discutida por dez anos quando da elaboração da Convenção de 1.989.

Assim, qualquer modificação na letra da lei, notadamente no Estatuto da Criança e do Adolescente, deve levar em conta o princípio da excepcionalidade. A ampliação das hipóteses de internação, por isso, somente serão de possível efetivação se proporcionais, de fato, à condição de pessoas em desenvolvimento, bem como as necessidades sócio-educativas existentes.

Se acaso essa proporcionalidade for rompida, caberá ao magistrado, no caso concreto, coibir o abuso e restabelecer o equilíbrio necessário, o que, certamente, conduzirá a uma nova discussão nos Tribunais Superiores.

---

[17] DIDIER JUNIOR, Fredie. Curso de Direito Processual Civil. Teoria geral do processo e processo de conhecimento. Salvador: PODIVM. 2007. Pg.31.

Repercussão Geral no Recurso Extraordinário: *práxis* e *ethos*

Márcio Henrique Mendes da Silva [*]
Walter Luis Vilhena [**]

1. Introdução – 2. Práxis – 3. Institutos assemelhados – 4. O ethos – 5. Início da vigência da repercussão geral – 6. Conclusão

1. Introdução

Ao longo da evolução cultural do homem, não é incomum incursões ao pensamento helênico clássico, matriz que sustenta, até os dias de hoje, boa parte do cabedal de conhecimentos filosóficos que dão ânimo às sociedades ocidentais.

Tais incursões auxiliam no entendimento dos fatos sociais e da dinâmica que os impulsionam no passar dos anos.

Dentre as incontáveis contribuições que a cultura clássica prestou ao Direito, se inscreve o binômio *práxis* e *ethos*, frutos da engenhosidade helênica, que se prestarão à análise do instituto conhecido como repercussão geral do recurso extraordinário, objeto do presente estudo, inscrito no parágrafo terceiro, acrescido ao artigo 102 da Carta Constitucional, que veio a lume com edição da Emenda Constitucional 45.

Em seu sentido primitivo, a palavra *ethos* significava morada ou toca do animal e com o passar do tempo, a idéia de espaço abrigado. Depois passou a significar a ação constante do homem, dentro de padrões já estabelecidos, como elemento transformador e organizador do mundo que o cercava.

É possível definir *ethos* como o corpo de princípios que regem o comportamento humano para que seja realmente humano no sentido de lhe atribuir uma consciência livre e responsável.

---

[*] Procurador do Estado de São Paulo, mestre em direito público e especialista em direito processual civil. Associado Regular do IBAP nº 266.
[**] Advogado.

O ethos, como conjunto de princípios, não poderia existir no mundo fático e concreto, senão por meio de uma práxis, uma ação direcionada a um determinado fim. A ação ética manifesta a virtude, o bem moral e como vontade objetiva, a ação ética produz a lei.

O instituto repercussão geral, como criação do espírito humano, inegavelmente, possui um *ethos* que lhe norteia e uma *práxis* que lhe dá existência no universo jurídico, como se verá adiante.

2. Práxis

A Emenda Constitucional n º 45, intitulada de Reforma do Poder Judiciário, dentre outras inovações, acresceu um terceiro parágrafo ao artigo 102, da Constituição Federal, nos termos seguintes:

> "No recurso extraordinário o recorrente deverá demonstrar a repercussão geral das questões constitucionais discutidas no caso, nos termos da lei, a fim de que o Tribunal examine a admissão do recurso, somente podendo recusá-lo pela manifestação de dois terços de seus membros".

Complementando a reforma iniciada pela referida Emenda Constitucional, editou-se a Lei 11.418, de 19 de dezembro de 2006, que alterou o Código Processual Civil, com a introdução dos artigos 543-A e 543-B, com o fito de coadunar a legislação processual ao novo ditame constitucional.

Da análise do texto constitucional em combinação com o caput do artigo 543-A, do CPC, depreende-se a existência de novo requisito intrínseco de admissibilidade do apelo extremo, fundado na exigência da demonstração de matéria relevante que transcenda os limites intersubjetivos da lide.

Na doutrina abalizada encontramos a mesma opinião: "ao nosso ver, haverá repercussão, em determinada causa/questão, quando os reflexos da decisão a ser prolatada não se limitarem apenas aos litigantes, mas, também, a toda uma coletividade. Não necessariamente a toda coletividade (país), mas de uma forma não individual".[1]

A relevância da matéria ventilada, conforme a letra do artigo 543-A, § 1º, do Código Processual Civil, deve ser verificada do ponto de vista

---

[1] GOMES JUNIOR, Luiz Manoel. **A repercussão geral da questão constitucional no recurso extraordinário**. Revista Síntese de Direito Civil e Processual Civil. Porto Alegre: Síntese, v. 6, n. 34,p.150 mar/abr., 2005.

econômico, político, social ou jurídico, em resumo, deve ser apreciada sob o prisma das mais importantes manifestações da sociedade organizada.[2]

No parágrafo segundo do mesmo artigo, o legislador aponta o recorrente como responsável pela demonstração da *repercussão geral* e caso não consiga demonstrá-la ao Pretório Excelso, a quem cabe com exclusividade conhecê-la, não haverá outra alternativa senão barrar o seguimento do recurso extraordinário.

A decisão que não reconhece a transcendência da questão debatida, obsta o conhecimento dos demais recursos extraordinários, que tenham por fundamento a mesma matéria: "o não-conhecimento da repercussão geral de determinada questão tem efeito pan-processual, no sentido que espraia para além do processo em que fora acertada a inexistência de relevância e transcendência levada ao Supremo Tribunal Federal. O efeito pragmático oriundo desse não-conhecimento está em que outros recursos fundados em idêntica matéria não serão conhecidos liminarmente, estando o Supremo Tribunal Federal autorizado a negar-lhes seguimento de plano (art. 543-A, § 5º, do CPC)".[3]

No caso oposto, reconhecida a questão como relevante e transcendente, não haverá margem para a discricionariedade, devendo a Corte Suprema dar seguimento ao recurso extremo, ou seja, "a partir daí, o Supremo Tribunal Federal tem de julgar o merecimento da irresignação, dando ou negando provimento ao recurso. Podendo o relator, inclusive, valer-se do art. 557 do CPC. Observe-se, porém: independente da sorte do recurso, a decisão recorrida, com o juízo de admissibilidade já ultrapassado, vai ser substituída pela decisão a ser prolatada pelo Supremo Tribunal Federal (art. 512 CPC). Opera-se então, o efeito substitutivo do recurso".[4]

Interessante notar que o § 3º, do art. 543-A, apresenta a única hipótese em que é certo o reconhecimento de repercussão geral, que se dará sempre

---

[2] O STF em dois julgamentos recentes já definiu a existência de repercussão geral: a) Questão de Ordem no RE 556.664-1/RS, relator Min.Gilmar Mendes, j. 12.09.07 – exigência ou não de Lei Complementar para regulamentar a decadência e a prescrição de contribuição previdenciária; b) RE 559.607, rel.Min. Marco Aurélio, j. 26.09.07 – incidência ou não de ICMS na base de cálculo da contribuição para o PIS/Cofins. Registre-se que em ambos os casos determinaram a suspensão dos demais recursos na origem, para aguardar o julgamento do mérito pelo STF, evitando que vários processos subam ao STF.
[3] MARINONI, Luiz Guilherme; MITIDIERO, Daniel.**A Repercussão Geral no Recurso Extraordinário**. São Paulo:Revista dos Tribunais, 2007. p. 52
[4] Ibid.,p.51

que o recurso impugnar decisão contrária a súmula ou jurisprudência dominante do Tribunal.

Tal dispositivo garante maior efetividade aos entendimentos firmados pela instância superior, dando unidade ao Direito pela compatibilização vertical das decisões.

Tratando-se da interposição do recurso extraordinário, o relator, nos moldes da legislação vigente, procederá ao exame da admissibilidade do mesmo, estando presentes todos os requisitos, caberá à Turma reconhecer a existência de repercussão geral da controvérsia constitucional. O Plenário será dispensado da apreciação da transcendência da matéria, quando, por no mínimo quatro votos, a Turma decidiu a favor de sua existência (art. 543-A, § 4º, CPC).

O sexto parágrafo do artigo sob análise, é um instituto de matriz democrática, uma vez que permite que terceiros passem a integrar os debates, para discutir objetivamente teses jurídicas que vão afetar a sociedade como um todo. Trata-se da figura do *amicus curiae*: que é "verdadeiro auxiliar do juízo. Trata-se de uma intervenção provocada pelo magistrado ou requerida pelo próprio *amicus curiae*, cujo objetivo é de aprimorar ainda mais as decisões proferidas pelo Poder Judiciário. A sua participação consubstancia-se em apoio técnico ao magistrado".[5]

Uma vez admitida sua participação, poderá oferecer razões por escrito, com fito de convencer o STF da existência ou não de repercussão geral a partir de um caso concreto.

O derradeiro parágrafo, o sétimo, do artigo em estudo, trata da publicidade do pronunciamento do STF sobre a existência de repercussão geral da questão que deve conhecer. A súmula do julgamento será inscrita em ata e de tudo se dará publicidade por meio de publicação no Diário Oficial. A publicação possui relevância, já que servirá como acórdão paradigmático a ser observado inclusive pelas instâncias inferiores.

Torna-se notável o caráter democrático que inspira o art.543-A, quando propicia a ampla discussão dos temas que devem ser acatados como relevantes e transcendentes, para a admissão do recurso extraordinário.

Igualmente notável é o caráter republicano do art. 543-B, republicano na melhor acepção da raiz latina da palavra, resgatando a noção de *res publica*.

Assim ocorre, quando se dá relevo à idéia de isonomia de tratamento aos jurisdicionados nos chamados conflitos de massa, capazes de ensejar

---

[5] DIDIER JR., Fredie. **Possibilidade de Sustentação Oral do Amicus Curiae**. Revista Dialética de Direito Processual, Nov/2003. p. 52

inúmeros recursos fundados na mesma controvérsia jurídica, até porque: "o Brasil vive uma percepção tardia de que o respeito à jurisprudência aos precedentes atendem uma demanda social relevante" e "curvar-se ao entendimento hierarquicamente superior faz parte da vida civilizada (Barroso)".

O parágrafo primeiro do referido artigo indica que a averiguação de repercussão geral será feita por amostragem.

Os Tribunais de origem selecionarão recursos paradigmáticos da controvérsia, visando apresentar um panorama argumentativo representativo da questão, permitindo ao STF decidir sobre a relevância e repercussão geral da matéria.

Enquanto o Pretório Excelso segue na apreciação da questão paradigmática, todos os demais recursos que versem sobre a mesma questão, permanecerão paralisados.

No caso de sobrestamento equivocado, por via de requerimento, deverá ser apontada a diferença entre a questão ventilada no recurso da dos demais. Provido o requerimento, o recurso seguirá normalmente para o STF. Caso haja denegação do requerimento, caberá agravo de instrumento. Nos demais casos, o sobrestamento somente cessará, quando for reconhecida a repercussão geral e julgado o mérito dos recursos que serviram de modelos.

Daí por diante, os órgãos julgadores buscarão convergir aos parâmetros firmados pelo Supremo Tribunal Federal, podendo, se for o caso, exercerem o juízo de retratação ou declarar suas decisões prejudicadas, caso estejam em desacordo com o decidido pelo STF.

O segundo parágrafo do artigo em tela trata do não-reconhecimento de repercussão geral nos recursos paradigmas. Os recursos sobrestados, no caso de não-reconhecimento dos paradigmas, serão inadmitidos pelo tribunal de origem acostando nos autos de cada recurso denegado, as cópias da decisão do Supremo que declarou a inexistência de repercussão geral.

Caso seja mantida a decisão que afronte a posição firmada pelo STF, os autos do recurso serão remetidos ao Supremo Tribunal, que poderá, liminarmente, reformar ou cassar o acórdão em desacordo (art. 543-B, § 4°, CPC), competindo ao relator fazê-lo (art. 21 do RISTF).

3. Institutos assemelhados

Nenhum modelo dentre os apontados pela doutrina, como inspiradores ou predecessores da repercussão geral, corporificada pelos artigos acima referidos, serve perfeitamente como parâmetro ao novo instituto.

A repercussão geral, como hoje se apresenta, difere de outro pressuposto de admissibilidade de recursos, existente no passado, conhecido como argüição de relevância, que figurava na Carta Constitucional de 1967, art. 119, § 1º, com redação dada pela Emenda Constitucional nº 07, de 13 de abril de 1977, nos seguintes termos:

Art. 119. (...)
§ 1º As causas a que se refere o item III, alíneas *a* e *d*, deste artigo, serão indicadas pelo Supremo Tribunal Federal no regimento interno, que atenderá à sua natureza, espécie, valor pecuniário e relevância da questão federal.

Por seu turno, o Regimento Interno do Supremo Tribunal Federal, no art. 325 dispunha que, nas hipóteses das alíneas *a* e *d* do inciso III, caberia recurso extraordinário, entre outros, (a) nos casos de ofensa à Constituição, (b) nos casos de divergência com a súmula do Supremo Tribunal Federal, e (c) nos processos por crime a que fosse cominada pena de reclusão. Ao final de seu rol, no inciso XI, estabelecia também ser cabível recurso extraordinário *"em todos os demais feitos, quando reconhecida a relevância da questão federal."*

A argüição de relevância, no contexto, tinha lugar em recursos referentes a processos, cuja controvérsia, em princípio, não se achava elencada nominal e taxativamente no art. 325, I a X, do RISTF.

O parágrafo primeiro do art. 327 do Regimento elucidava o que se considerava relevante: *"a questão federal que, pelos reflexos na ordem jurídica, e considerados os aspectos morais, econômicos, políticos ou sociais da causa, exigir a apreciação do recurso extraordinário pelo Tribunal."*

Infere-se do exposto, a clara divergência no que se refere ao contexto histórico e a amplitude dos institutos.

O novo requisito de admissibilidade conjuga o conceito de relevância da matéria, para o conjunto da sociedade, com o conceito de repercussão geral do tema que deve ser debatida em toda sua extensão: a fim de caracterizar a existência de repercussão geral e, destarte, viabilizar o conhecimento do recurso extraordinário, nosso legislador alçou mão de uma fórmula que conjuga relevância e transcendência (repercussão geral = relevância + transcendência). A questão debatida tem de ser relevante do ponto de vista econômico, político, social ou jurídico, além de transcender para além do interesse subjetivo da causa.[6]

---

[6] MARINONI, Luiz Guilherme.; MITIDIERO, Daniel. **A Repercussão Geral no Recurso Extraordinário**. São Paulo:Revista dos Tribunais, 2007. p. 33

Em sentido contrário, a argüição de relevância buscava apenas inquirir sobre a importância de uma questão em certas e determinadas causas dentro de um rol pré-determinado.

Nas palavras de Arruda Alvim: "a argüição de relevância diferentemente das exclusões (que são objeto de disciplina negativa, *'quase genérica'*, em sede regimental, no sentido de que aí já se encontram concretizadas) desempenha, em rigor, função 'neutralizadora' das exclusões; vale dizer, o valor da causa, sua espécie, etc., são elementos possíveis para se poder cogitar da exclusão de cabimento de RE, sempre à luz da irrelevância da causa ou da questão, os quais elementos (valor da causa, espécie, etc.), serviram de suportes básicos do RI precisamente, para sobre eles incidir o critério da relevância ou da irrelevância, quando da elaboração legislativa do elenco constante do art. 325. E, nos RIs anteriores, influíram esses elementos (avaliados pela relevância/irrelevância), gerando outra técnica de legislar, quando se elaboram os 'elencos' taxativos de causas e questões, que ficavam excluídas do cabimento de RE, já diferentemente, a argüição de relevância fornece o caminho adequado para incluir o que tenha sido objeto de exclusão por obra do Regimento Interno, que vale como lei, neste particular".[7]

Na perspectiva do eminente doutrinador, a argüição de relevância veio como um meio de driblar o engessamento, fruto do rol taxativo, que afastava um significativo número de causas da apreciação do STF.

O artifício seria eficiente, caso o País não estivesse sob o jugo do regime militar e com a edição dos Atos Institucionais 5 e 6, todas as questões efetivamente relevantes, tais como às atinentes aos direitos políticos e individuais, estavam, de longa data, afastadas da esfera de atuação do Supremo Tribunal Federal.

O lapso temporal entre o surgimento dos institutos deve ser levado em consideração, já que "o Direito é fenômeno histórico-cultural".[8]

O contexto histórico de cada instituto é diferente, o que, sem dúvida nenhuma, tem inflexão direta na aplicabilidade de cada um como instrumento eficaz para a realização do Direito.

Karl Marx considerava que a ideologia de uma sociedade reflete os valores e as idéias da classe dominante: "As idéias da classe dominante

---

[7] ALVIM, Arruda. A argüição de relevância no recurso extraordinário. São Paulo: RT,1988. p. 27

[8] SILVA, José Afonso da. **Curso de Direito Constitucional Positivo**. 15.ª ed. São Paulo: Malheiros Editores, 1998. p. 876

são, em cada época, as idéias dominantes; isto é, a classe que é a força material dominante da sociedade é, ao mesmo tempo, sua força espiritual dominante, as idéias nada mais são do que a expressão ideal das relações materiais concebidas como idéias; portanto, a expressão das relações que tornam uma classe dominante; portanto as idéias de sua dominação."[9]

A argüição de relevância nasceu para o mundo jurídico, em pleno regime de exceção, com a finalidade de afastar as exclusões regimentais ao conhecimento do recurso extraordinário.

A repercussão geral surge no período de consolidação da democracia, com o fito de ser instrumento ético para o controle do número excessivo de recursos interpostos.

Se os institutos guardam alguma semelhança quanto à forma, teleologicamente são diferentes, o que autoriza afirmar que, um não é adequado como parâmetro para o outro.

Nos debates sobre a origem histórica da repercussão geral, é recorrente a apresentação de outra construção jurídica, que embora apresente, *lato sensu*, semelhança finalística com o novo requisito de admissibilidade para o recurso extraordinário, deste diverge na forma – trata-se do *writ of certiorari*.

O Artigo III, Seção 2 da Constituição dos EUA estabeleceu a competência original à Suprema Corte para funcionar como tribunal de primeira instância, em número muito limitado de casos, como naqueles que envolvam competência judiciária entre os estados. A principal função dessa instituição é exercer a jurisdição em grau de recurso sobre decisões de juízos de instâncias inferiores e questões comuns sobre leis federais.

No ano de 1891, a Suprema Corte americana, recebeu autorização legislativa para aceitar ou rejeitar pelo menos alguns recursos a seu critério. Nasce para o Direito o *writ of certiorari*, segundo o qual a Suprema Corte, por provocação de uma das partes, instrui um juízo de instância inferior para que esse certifique e encaminhe para revisão os autos de um determinado processo. Segundo o prof. José Anchieta da Silva, trata-se de "um requerimento encaminhado à corte, expondo as razões pelas quais os juízes deveriam aceitar um caso em particular"[10].

Em posterior reforma judiciária devida ao vertiginoso acúmulo de processos, o "Judiciary Act, de 1925, deu à Corte Suprema dos EUA, ampla discrição na concessão do *writ of certiorari*, providência pela qual se torna

---

[9] MARX, Karl. **O 18 brumário de Luiz Bonaparte**. São paulo : Mandacaru, 1990.p. 165
[10] SILVA, José Anchieta.**A súmula de efeito vinculante amplo no direito brasileiro**. Belo Horizonte: Del Rey, 1998, p. 66.

possível a revisão de mérito de certas decisões de outros tribunais"[11], propiciando à Corte, maior poder de controle sobre seu volume de trabalho. Em 1988, o Congresso reduziu ainda mais a jurisdição obrigatória da Suprema Corte e, desde então, essa instituição tem total poder discricionário sobre sua competência.

Do ponto de vista técnico, o *writ of certiorari* e a exigência de repercussão geral são institutos com algumas diferenças e semelhanças.

Qualquer parte de um litígio que se sentir prejudicada por uma decisão final, em qualquer causa civil ou criminal, pode entrar com uma petição junto à Suprema Corte. A parte contrária pode, sem estar obrigada, apresentar um memorial se opondo ao *writ*, argumentando que a instituição não deve conceder um *certiorari*, e o peticionário pode apresentar uma resposta a esse memorial (contraditar). Muito pode ser dito sobre as razões que tornam uma petição digna de *cert* ou, como dizem os advogados, "fazem jus ao *cert*", mas o principal ponto é demonstrar que há interesse público relevante nas questões apresentadas no processo.[12]

Outra diferença marcante entre os institutos, reside na discricionariedade ampla que a Corte americana possui para decidir quais causas aceitará.

A Suprema Corte, em geral, não presta contas dos motivos para atender a uma petição de *cert*, embora possa declarar que revisará somente certas questões apresentadas na petição ou aquelas que a própria Suprema Corte reformule com base na petição. Ela também normalmente não fornece os motivos de uma negativa.

Como o juiz Felix Frankfurter observou certa vez, o *writ* pode ser negado por inúmeras razões. Pode haver pequenas razões técnicas, como não-cumprimento de prazos, falta de finalidade do pedido ou existência de fundamentos adequados para justificar a decisão de juízos de instâncias inferiores. Por isso tudo, essa Corte enfatizou em inúmeras ocasiões que a negativa do *writ* não tem grande significado. A negativa significa apenas que a Suprema Corte recusou o caso.[13]

Para o Supremo Tribunal Federal, os limites são mais estreitos, não havendo discricionariedade, demonstrada a *repercussão geral* o recurso deve ter seguimento.

---

[11] BERMUDES, Sérgio. **Argüição de relevância da questão federal**. In: Enciclopédia Saraiva do Direito. São Paulo: Saraiva. 1978. v. 7. p. 435-448.
[12] MESSITTE, Peter J. Writ of certiorari: **decisão sobre que caso revisar**. http://usinfo.state.gov/journals, 2005.
[13] Ibid. Acesso em 19/09/2007

Outra diferença marcante reside na desnecessidade de fundamentação para a Corte americana. No Brasil, a fundamentação é requisito para a eficácia da decisão.

As diferenças basilares entre os institutos indicam que o único ponto de convergência possível está na funcionalidade.

Ambos buscam garantir a verticalidade das decisões, a unidade interpretativa na produção jurisprudencial, reforçando o papel dos Tribunais na ordem republicana. Além de representarem um anteparo que evita que questões menores sobrecarreguem as Cortes.

Partindo desses pontos de convergência, é possível vislumbrar o porquê do *writ of certiorari* causar tanto impacto sobre os que se dedicam ao estudo da *repercussão geral*.

De tudo, resta afirmar que o caráter democrático e republicano da complexa estrutura jurídica, consubstanciada no art. 112, § 3°, da Constituição Federal e nos arts. 543-A e 543-B do CPC, encontra-se na sua própria *práxis*.

A *práxis* sempre se dirige a um fim determinado se valendo de meios éticos.

A finalidade última da *práxis*, representada pelos institutos em estudo é efetivar e garantir o que o art. 5°, LXXVIII, da Constituição da República preceitua: "a todos, no âmbito judicial e administrativo, são assegurados a razoável duração do processo e os meios que garantam a celeridade de sua tramitação".

No ano de 2004, 45 teses jurídicas eram responsáveis por 58% dos processos no Supremo Tribunal Federal que tem julgado mais de 100 mil processos por ano.

Para alcançar fim tão nobre, no quadro caótico em que se encontra o Poder Judiciário, lançou-se mão, de meios de controle do acesso aos tribunais superiores a partir da detecção de temas que possam causar a multiplicação de recursos.

As regras têm por objetivo suspender o julgamento dos recursos, para aguardar o pronunciamento definitivo do Supremo Tribunal Federal, sobre a transcendência e relevância do tema tratado, para o conjunto da sociedade.

Pronunciando-se o Pretório Excelso, vincula-se a admissibilidade dos recursos extraordinários sobrestados, ao que foi decidido pela Corte. Tal expediente diminuirá drasticamente o número de recursos a serem julgados.

A verticalização das decisões permitirá maior uniformidade na interpretação legislativa e, conseqüentemente, maior celeridade e racionalidade aos procedimentos judiciais.

Ao homem, através da razão, é possível agir com virtude, pois para atingir o bem comum "ele tem que agir com razão, então tem que ser uma racionalidade que integre pensamento + vontade (de realizar o bem através da ação)".[14]

A *repercussão geral*, não há dúvida, representa um complexo de filtros reunidos sob um mesmo título, como *práxis*, como ação humana voltada para um fim, ela se apresenta como um grande avanço no sentido da consolidação das instituições republicanas.

4. O ethos

Embora todos os institutos de direito expressos na EC nº 45 surjam no universo jurídico, gestados no mesmo processo de evolução e reforma do Poder Judiciário, tal qual Hipnos e Thanatos[15], a *repercussão geral,* como tema, difere dos outros tratados no mesmo diploma. Mesmo servindo ao idêntico propósito de desafogar o Judiciário e dar maior eficiência e celeridade aos provimentos jurisdicionais.

Seu significado simbólico intrínseco vai além de sua aplicabilidade no campo da práxis processual, o instituto representa uma mudança de paradigma que aponta para a reafirmação do Pretório Excelso com órgão político, republicano e consonante com o Estado Democrático de Direito.

Em cada época, o direito como empreendimento do espírito humano, passou por inúmeras transformações, acompanhando a evolução das sociedades.

Com a consolidação dos Estados nacionais, tornou-se possível conhecer as mudanças sociais, políticas e institucionais, pelo estudo das constituições.

Embora pareça paradoxal, diria que a Constituição, como estrutura normativa essencial condicionadora de todos os demais esquemas ou posições normativas, é, ao mesmo tempo, base e cúpula do ordenamento jurídico-político do país. É base na medida em que ela delimita e determina os pressupostos lógicos e éticos do sistema jurídico global, assegurando a *congruência interna* de seus dispositivos (sem a qual não se poderia falar

---

[14] REALE, Miguel *apud.* VERISSIMO, Luis; **Introdução ao estudo da ética.** Rio de Janeiro:Ed. Vozes,1999 p. 10
[15] Gêmeos da mitologia helênica, sendo Hípnos a representação do sono e Thanatos a representação da morte, ambos elevam o homem a outro estado de consciência. A genealogia de ambos pode ser encontada na Teogonia de Hesíodo (Teogonia 211-212)

de sistema) e fixando as diretrizes morais e políticas a serem seguidas de maneira prioritária: sob este prisma, a Constituição é o fundamento do *ser* (da realidade ôntica) como do *deve ser,* ou da imperatividade ética da ordem jurídico-política promulgada. Mas, se a Constituição está na base, ela é, por sua vez *cúpula* do Sistema, no sentido de sua idealidade vetorial do ideal político almejado pelo povo – valendo, assim, como existência ideal que, na terminologia de Vico, "corre com o tempo" adaptando-se plasticamente às mutações (...)[16].

Sob a perspectiva do mestre, onde a Constituição representa, ao mesmo tempo, o depositário e o impulsionador das diretrizes morais e políticas, o Supremo Tribunal Federal, como órgão político encarregado da efetividade e guarda dos preceitos constitucionais, não fica alheio aos fatos sociais e aos traumas institucionais.

Assim, durante o período de exceção, de 1964 a 1988, o STF vivenciou a mais terrível das crises, a crise de identidade.

Para o regime militar autoritário, a existência de um órgão independente, representava um grave problema para o estabelecimento de sua hegemonia. Luciano Gruppi comenta: "a hegemonia é a capacidade de unificar através da ideologia um bloco social que não é homogêneo, mas sim marcado por profundas contradições de classe. Uma classe é hegemônica, dirigente e dominante até o momento em que através de sua ação política, ideológica e cultural consegue manter articulado um grupo de forças heterogêneas, consegue impedir que o contraste entre as forças exploda, provocando assim uma crise na ideologia dominante, fato que irá coincidir com a crise política das forças no poder".[17]

Com o propósito de impedir a implosão da hegemonia do regime, sistematicamente, o poder político do Supremo Tribunal foi sendo esvaziado, por intermédio dos famigerados Atos Institucionais. Em especial o nº 6, que retirou do Supremo a possibilidade de conhecer das causas políticas, incluindo as atinentes às garantias individuais.

Nesse contexto surgiu a *argüição de relevância,* como um meio de escapar da camisa de força imposta pelo regime e ampliar o leque de questões passíveis de abordagem.

Com a redemocratização do país, o STF buscou resgatar seu papel institucional e adequar-se a nova ordem, para tanto, teve que buscar um novo paradigma para atender as demandas de um Estado democrático.

---
[16] REALE, Miguel. **Aplicações da constituição de 1988**. São Paulo: Forense ,1991. p. 12
[17] GRUPPI, Luciano. **O conceito de hegemonia em Gramsci**. São Paulo: Graal, 1978. p. 67

A reorganização das instituições brasileiras coincidiu com a da nova ordem mundial e o início da globalização, assim, cabem para o caso brasileiro as sábias palavras de Cristiano Paixão, quando trata da mudança de paradigma no mundo: "A ênfase conferida ao paradigma emergente concentra-se na idéia de cidadania, compreendida em sentido procedimental, de participação ativa. Como seria de se esperar de uma mudança paradigmática, os direitos consagrados nos modelos anteriores de constitucionalismo são redimensionados".[18]

Animado por este *ethos*, calcado na idéia de cidadania, da prevalência do público sobre o privado, é que surge no mundo jurídico o conjunto de reformas constantes da Emenda Constitucional 45.

No Estado democrático de Direito, a dimensão do que é público, e do que é privado toma novas cores e as questões republicanas novo impulso.

"A questão do público e do privado é questão central, até porque esses direitos, denominados de última geração, são direitos que vão apontar exatamente para essa problemática: o público não mais pode ser visto como estatal ou exclusivamente como estatal e o privado não mais pode ser visto como egoísmo".[19]

No processo de engenharia social onde há a inversão do foco de convergência do privado para o público, é que vinga o filtro ético denominado *repercussão geral*.

O parágrafo terceiro, do art. 102, da Constituição da República, representa mais que um requisito para a interposição do recurso extremo, simbolicamente é a reafirmação do caput do artigo, do Supremo Tribunal Federal como órgão político, independente e capaz de atuar em consonância com a nova ordem social.

Toda *práxis* exige um *ethos*, toda ação voltada para um fim, exige um fundamento ético e lógico. No caso da *repercussão geral*, como *práxis*, o fundamento ético e lógico de sua existência é encontrado no espírito do STF, como órgão republicano e garante da ordem jurídico-institucional, dentro de um Estado democrático de Direito.

O florescimento da cultura helênica frutificou e deu origem ao antropocentrismo, o homem assume seu papel de agente transformador do mundo,

---

[18] PINTO, Cristiano Paixão Araújo. **Arqueologia de uma distinção**: o público e o privado na experiência histórica do Direito. In PEREIRA, Claudia Fernanda de Oliveira (Org.) O novo Direito administrativo brasileiro. Belo Horizonte: Fórum, 2003. p. 27
[19] Idem. p.84

não mais estando à mercê dos deuses, nas palavras de Pitágoras "o homem é a medida de todas as coisas".

Assim, se uma *práxis* supõe um *ethos*, este, por sua vez, pressupõe um homem ético e livre que lhe dê ânimo.

5. Início da vigência da repercussão geral

Não é de espantar que tenha sido o eminente Ministro Sepúlveda Pertence o primeiro a se pronunciar sobre a vigência da repercussão geral no voto proferido na Questão de Ordem em Agravo de Instrumento nº 664.567-2/RS, interposto de decisão que o tribunal de origem inadmitiu Recurso Extraordinário por falta de demonstração da repercussão geral.

A norma constitucional (art. 102 § 3º) que introduziu a repercussão geral é norma que dependia de regulamentação para ter eficácia. Tal regulamentação veio por intermédio da Lei nº 11.418 de 19 de dezembro de 2006, que introduziu os artigos 543-A e 543-B no Código de Processo Civil, com vigência a partir de 21 de fevereiro de 2006.

Além disso, era necessário regulamentar o novo requisito do recurso extraordinário no Regimento Interno do STF, o que acabou ocorrendo por intermédio da Emenda Regimental nº 21 de 03 de maio de 2007.

Havia certo temor na advocacia que não se consideraria como marco inicial de vigência do novo requisito o da entrada em vigor da emenda regimental, mas sim o da alteração no CPC, até porque a Lei 11.418/06 previu a aplicação das novas regras aos recursos interpostos a partir da sua vigência.

Importante observar que a partir de se considerar regulamentado o dispositivo constitucional, o recorrente teria que demonstrar no recurso interposto a partir de tal data, que existe *repercussão geral*.

No voto do Ministro Pertence, mencionado acima, em um primeiro momento ele defendeu a aplicabilidade da regulamentação pelo CPC e do Regimento Interno do STF, aos recursos extraordinários em geral, inclusive, no processo penal, já que esse é o intuito declarado na própria Lei 11.418/06 – regulamentar a repercussão geral.

Em um segundo momento analisou o momento de vigência da repercussão geral: "O equívoco da decisão agravada está, isto sim, em exigir, antes das normas regimentais implementadas pelo Supremo Tribunal Federal, que o recorrente buscasse demonstrar, na petição do RE, a repercussão geral da questão. É que a determinação expressa de aplicação da Lei nº 11.418/06 (art. 4º) aos recursos interpostos a partir do primeiro dia de sua vigência não significa a sua plena eficácia. Tanto é assim que ficou a cargo do Supermo Tribunal Federal a tarefa de estabelecer, em seu Regimento Interno, as normas necessárias à execução da Lei nº 11.418/06 (art. 3º). Na verdade, o objetivo do art. 4º da Lei nº 11.418/06 foi tão somente evitar a aplicação retroativa do requisito da repercussão geral: sem ele, com efeito, poderia surgir a tentadora interpretação de que a repercussão geral seria exigida quanto aos recursos interpostos antes da vigência da Lei, notadamente os recursos interpostos após a EC nº 45. Em tese, como a Lei nº 11.418/06 entrou em vigor 60 dias após a sua publicação (art. 5º), a edição, pelo Supremo Tribunal Federal, das normas regimentais necessárias a sua execução poderiam ter entrado em vigor nessa mesma data. Apesar dos esforços que se empreenderam, as alterações regimentais – 30 de abril de 2007 – somente entraram em vigor no dia 03.05.07 – data da publicação da Emenda Regimental nº 21 (art. 3º) -, após, portanto, a publicação do acórdão objeto do RE a que se refere este agravo. Parece fora de dúvida que, sendo imprescindível a referida emenda regimental para a execução da Lei nº 11.418/06, seria ilógico exigir que os recursos interpostos antes da vigência daquela contenham uma preliminar em que o recorrente demonstre a existência da repercussão geral (art. 543-A, § 2º, introduzido pelo art. 2º da Lei nº 11.418/06). ... Anote-se, por fim, que no artigo 327 do RISTF foi inserida norma específica tratando da necessidade de preliminar sobre a repercussão geral, acrescentando-se que, no Supremo Tribunal Federal, a Presidência do Tribunal ou o Relator sorteado podem negar seguimento aos recursos que não apresentem aquela preliminar, que deve ser "formal e fundamentada".[20]

O voto foi acolhido por unanimidade no STF, o que tranqüilizou a comunidade jurídica diante da surpresa que poderia causar aos que não tivessem deduzido a preliminar de repercussão geral antes do dia 03.05.2007.

Registre-se que nos filiamos à posição doutrinária que defende a exigência do requisito da repercussão geral nos processos em que as *decisões* sujeitas ao recurso extraordinário tenham sido proferidas após a entrada em vigência do RISTF. Isto porque o direito de recorrer se consolida quando é proferida a decisão. Vale dizer, *o novo requisito de admissibilidade do recurso só será exigível nos processos em que a decisão recorrida extraordinariamente tiver sido proferida a partir de 03.05.07.*

---

[20] Questão de Ordem em Agravo de Instrumento nº 664.567-2/RS.

6. Conclusão

O principal objetivo das normas regulamentadoras do novo requisito de admissibilidade do recurso extraordinário – a repercussão geral – é a de detecção de temas que possam causar a multiplicação de recursos e evitar que todos eles cheguem ao Supremo Tribunal Federal a impedir que este exerça plenamente a sua principal função de Corte Constitucional.

O acesso à justiça no novo Processo Civil Brasileiro

Mirna Cianci [(*)]

O tema do acesso à justiça, desde a notável obra de Cappelletti e Garth[1], vem ocupando o estudo do processo civil, revelando-se as recentes reformas como desdobramento da denominada "terceira onda" que rende ensejo a um novo "enfoque", melhor abrangido na leitura proporcional dos ditames constitucionais.

Essa última versão vai além das técnicas de resolução extrajudicial dos conflitos, para atingir também os procedimentos judiciais, de modo a considerar a qualidade da atividade jurisdicional e a sua tempestiva prestação como atributos do acesso à justiça e não somente a possibilidade de o jurisdicionado acorrer ao Judiciário.

A nova imagem (essa versão) constitucional do processo revela essa tendência, presente nas mudanças que vem sofrendo com as reiteradas alterações legislativas, sempre com atenção voltada à efetividade, agora positivada no Texto Magno.

Disso resulta que o acesso à justiça, que sempre andou na linha paralela da evolução do direito[2], com ele progrediu a ponto de merecer uma

---

[(*)] Procuradora do Estado de São Paulo. Associada Regular do IBAP n° 136.

[1] *Acesso à Justiça*, Cappelletti, Mauro e Garth, Bryan, trad. Ellen Gracie Northfleet, Sergio Antonio Fabris:PA, 1988

[2] José Mario Wanderley Gomes Nto, ao anotar a obra de Cappelletti (*O Acesso à Justiça em Mauro Cappelletti*, Sergio Antonio Fabris Editor:PA, 2005,p.19) menciona que, "diante do surgimento dos direitos sociais, os chamados direitos de segunda geração emerge da doutrina internacional, notadamente nos Estados Unidos e na Itália, no final da década de 70, uma nova concepção do processo como objeto de investigação da ciência do direito, consubstanciada no termo "acesso à justiça", propondo esse enfoque diferente das já saturadas investigações acerca dos vários institutos, provimentos e procedimentos que sustentam o processo como método voltado à realização material exterior dos direitos subjetivos garantidos pelos ordenamentos jurídicos, restritos a discussões e a reformas operantes unicamente na esfera do formalismo, exclusivas no campo do abstrato"

releitura agora mais sintonizada com a proporcionalidade consagrada na exegese da principiologia[3].

Nesse cenário situa-se hoje o novo desenho do processo civil brasileiro, agora sintonizado com a utilidade, ciente de que o direito subjetivo pode sofrer volatização em razão do tempo, do que a celeridade fundada na razoável duração do processo, a simplificação dos procedimentos e a efetividade são coroas básicas.

Assim, não basta ao processo instrumentalizar o acesso à justiça, mas o acesso ao justo, de modo a banir do sistema métodos capazes de retardar a fruição do direito material, ou, como na sempre moderna lição de Chiovenda[4], ao afirmar que "o processo deve proporcionar a quem tem um direito tudo aquilo e precisamente aquilo que ele tem o direito de obter". Ou mais, evoluiu o processo no sentido do que Cappelletti[5] muito oportuno mencionou ao concluir que "o acesso formal, mas não efetivo à justiça, corresponde à igualdade apenas formal, mas não efetiva".

O processo, na sua moderna versão instrumental deve, portanto, caminhar ao lado dos direitos substantivos consagrados, armados a favor das diversas categorias, servindo-se de técnicas adequadas e condizentes com a prestação da tutela jurisdicional[6].

Fundado nessas premissas, o reformador de 1.994 introduziu no sistema um dos mais importantes avanços traduzidos pelos artigos 273 e 461 do Código de Processo Civil, mas precisamente a antecipação de tutela e o sistema de coercibilidade, meios aptos a possibilitar ao detentor do direito material, diante da verossimilhança, não só o imediato gozo, como também

---

[3] Donaldo Armelin (Revista da Procuradoria Geral do Estado, Edição Especial, 30 anos de Processo Civil, jan/dez:2003, p. 44) alude aos valores em que se funda o sistema normativo, a justiça, a segurança jurídica e o bem comum, que se refletem, segundo afirma, com maior ou menor intensidade, merecendo destaque a forma de acomodação nesse sistema, que é composto por regras e princípios. Ressalta o autor que, no caso das regras, *"emergindo uma antinomia entre elas, uma delas será sacrificada, mediante sua exclusão do sistema"*, o mesmo não ocorrendo no que se refere aos princípios, pois estes se harmonizam, *"através da ponderação dos valores conflitantes"*, fundado na proporcionalidade.

[4] *Dell'azione nascente dal contratto preliminare n. 3, Saggi di Diritto processuale civile 1, 2ª ed.*, Roma, Foro Italiano, 1930, p. 110, por Cândido Rangel Dinamarco, *in Instrumentalidade do Processo*, SP:Malheiros, 12 edição.

[5] *Acesso à Justiça, ob.cit.,* p. 9

[6] Cappelletti afirma que "entre outras coisas, não aprendemos agora que esses novos direitos freqüentemente exigem novos mecanismos procedimentais que os tornem exeqüíveis. Menciona Jacob, para quem "são as regras de procedimento que insuflam vida nos direitos substantivos, são elas que os ativam, para torná-los efetivos" *(Acesso à justiça, ob.cit.,* p. 69)

técnicas adequadas à tutela das obrigações de fazer e não fazer, mas adiante estendidas às obrigações de dar (CPC, art. 461-A)[7].

O novo sistema revelou-se pródigo no cotidiano forense, pois, ao tempo em que proporcionou a adequada e tempestiva tutela jurisdicional, congestionou o Judiciário com recursos tirados contra tais medidas, dando azo à duplicidade que resulta da cognição sumária, seguida da exauriente, a respeito de um único e mesmo processo, em prejuízo da celeridade e da amplitude do acesso.

A experiência forense deveria – o que ainda não se verifica – dispor de critérios mais objetivos em especial na concessão de tutelas antecipadas e mesmo na imposição das *astreintes*, não o fazendo senão depois de ouvida ainda que em curto prazo a parte contrária, exceção feita aos casos em que essa oitiva possa resultar em ineficácia da medida, propiciando que fatos ou argumentos importantes e não trazidos, possam ser aquilatados, mesmo que num juízo sumário, ainda em primeiro grau e não somente após revelar-se o inconformismo recursal, onde raramente se verifica a retratação.

---

[7] Segundo um dos mentores da reforma, Kazuo Watanabe, para a perfeita compreensão dessas inovações, é de fundamental importância que se tenha presente que a modificação introduzida pelo legislador, através dos arts. 273 e 461, não se limitou apenas ao plano procedimental, para simplificação e agilização do processo. Houve também inovação nos tipos de provimentos jurisdicionais, com relevante repercussão nos poderes do juiz. Quanto o parágrafo 5º do artigo 461, por exemplo, enumerou, de forma não taxativa, as providências que o juiz poderá adotar para a efetivação da tutela específica ou para a obtenção do resultado prático equivalente ao do adimplemento da obrigação de fazer ou não fazer, não cuidou unicamente de mencionar simples medidas de apoio para a atuação do comando judicial contido na sentença. Procurou, mais que isto, deixar explícito que novos tipos de procedimentos jurisdicionais estão sendo adotados, além do provimento condenatório, com a feição e o alcance admitidos pela concepção tradicional, e que para sua atuação o juiz fica com poderes ampliados, a serem exercidos com equilíbrio, ponderação e perfeita adequação ao caso concreto. Semelhante conclusão se extrai não somente do parágrafo 5º mencionado, como também do teor de todo o dispositivo legal em análise (art. 461), considerados principalmente o disposto em seu *caput* e sua conjugação com o real alcance do princípio da inafastabilidade do controle jurisdicional, que assegura, conforme acima anotado, a tutela adequada, efetiva e tempestiva de direitos. A expressão "no que couber" contida no parágrafo 3º do artigo 273, também constitui uma sinalização nesse sentido. (*Reforma do Código de Processo Civil*, Teixeira, Sálvio de Figueiredo (Coord), Tutela Antecipatória e Tutela Específica das Obrigações de Fazer e Não Fazer (arts. 273 e 461 do CPC, SP:Saraiva 1996, p. 21). Concordando com a tese de ampliação dos poderes do juiz, mas considerando que os meios executórios encontram-se dispostos na seara da eficácia da sentença e não de seu conteúdo, que restringe-se à tradicional classificação em condenatória, constitutiva e declaratória, vide nosso Reflexões sobre o Cumprimento de Sentença, in *Temas Atuais da Execução Civil, Estudos em homenagem ao Prof. Donaldo Armelin*, SP:Saraiva 2007, Cianci,Mirna e Quartieri,Rita, Coord.).

Sob o enfoque do acesso à justiça, essa conduta conduz ao equilíbrio de tratamento às partes litigantes, o que normalmente resulta prejudicado na concessão *inaudita altera pars* de medidas antecipatórias e coercitivas, no mais das vezes irreversíveis, não obstante o expresso impedimento legal, posto que a impossibilidade de retorno ao *status quo ante* não tem prevalecido como argumento obstativo, num confronto de "irreversibilidades"[8].

---

[8] Essa orientação cuidadosa tem fundamento na absoluta impossibilidade de retorno ao estado primitivo, aliada à sua gravidade. Todavia, conquanto medida de caráter fático irreversível, pode ser concedida liminarmente, se a irreversibilidade posta a favor do requerente seja maior que aquela a ser produzida pela manutenção da edificação, como nos casos de danos à pessoa ou à saúde, por exemplo. A maioria quase absoluta dos doutrinadores tem se posicionado no sentido de se tratar de uma irreversibilidade dos efeitos da tutela pretendida e, portanto, uma irreversibilidade fática (Luiz Fernando Bellinetti, *Aspectos Polêmicos da Antecipação de Tutela – Irreversibilidade do provimento antecipado* – ed RT 1997, p. 246)
Nesse sentido: "No fundo, irreversível não é uma qualidade do provimento – na medida em que toda decisão num determinado sentido comporta decisão em sentido contrário –, mas da conseqüência fática que dele resulta, pois esta é que poderá correr o risco de não ser reposta ao "statu quo ante" ou não sê-lo em toda a sua inteireza, sê-lo somente a elevadíssimo custo, que a parte por ele beneficiada não teria condições de suportar" (Carreira Alvim, *A antecipação de Tutela na Reforma processual*, coletânea A Reforma do CPC, Saraiva 1996, p. 74). "Leia-se "irreversibilidade dos efeitos", não irreversibilidade do provimento, como consta nesse parágrafo. O provimento, enquanto decisão provisória, não será irreversível, posto que revogável, embora possa isto sim, produzir, no plano fático, efeitos irreversíveis" (Ovídio A. Baptista da Silva, A *Reforma do Código de Processo Civil*, ob. cit., p. 142). "Antecipar irreversivelmente seria antecipar a própria vitória definitiva do autor, sem assegurar ao réu o exercício de seu direito fundamental de se defender, exercício esse que, ante a irreversibilidade da "situação de fato" tornar-se-ia absolutamente inútil, como inútil seria, nesses casos, o prosseguimento do próprio processo". (Teori Albino Zavascki, *A Reforma do Código de Processo Civil*, p. 162-3).A norma fala da irreversibilidade da concessão da tutela antecipada, quando o provimento for irreversível. O provimento nunca é irreversível, porque provisório e revogável. O que pode ser irreversível são as conseqüências de fato ocorridas pela execução da medida" (Nelson Nery Junior, *Atualidades sobre o Processo Civil*, 2ª. Ed. Ed. RT, p. 77-8). Acrescenta Bellinetti que "nenhum provimento final pode ser antecipado (pois os provimentos finais, se enfrentarem o mérito, são satisfativos). Apenas os seus efeitos é que podem sê-lo. *(Ob.cit.*, p. 249). Como pressuposto, todavia, afirma Barbosa Moreira *(Repro 104* p. 106) que "tanto na doutrina, quanto na jurisprudência, se manifesta forte propensão a abrandar o aparente rigor da norma. Em alguns casos, realmente, a antecipação afigura-se imprescindível para salvaguardar um direito em jogo, e não deve bastar para excluir-lhe a possibilidade a circunstância de serem irreversíveis os respectivos efeitos".Em tema de irreversibilidade, o que toca ao julgador será o balanceamento dos interesses em questão ou a quem a irreversibilidade colhe de modo mais irreparável. Melhor ilustrando, a falta de transfusão de sangue, ditada liminarmente, levará o paciente à morte, conquanto, para o responsável pelo tratamento médico, poderá ser revertido em perdas e danos, caso ao final seja negado o pleito. Kazuo Watanabe *(ob.cit.,* p.40) muito oportuno invoca o princípio da proporcionalidade "que permita a correta identificação do interesse que deva prevalecer".

A par disso, e em especial nas hipóteses de dupla irreversibilidade, melhor seria adotar o regime da contra-cautela, apto a atender o resultado contrário àquele que figurava momentaneamente na lide.

Esse juízo restritivo adotado às antecipatórias, portanto, amplia o acesso à justiça na exata proporção do descongestionamento da máquina judiciária, sem conduzir ao desprestígio do Judiciário, posto que mantida para os casos de real adequação e acaba também por dar relevo ao devido processo legal e conseqüente contraditório (CF, artigo 5º, inciso LXV).

Na mesma oportunidade, por meio da Lei 8.952/1994, ampliou-se a responsabilidade civil decorrente da litigância de má-fé, o que torna a atuação das partes sujeita a severas penalidades, inibindo aventuras jurídicas que tão freqüentemente obstruem a Justiça, em desfavor da celeridade (CPC, artigos 14 a 18).

Importante notar que a partir da inovação, a medida poderá ser decretada *ex officio*, ao contrário do sistema anterior.

Vigora também amplamente em todos os campos do processo civil a sua aplicação, independente de previsão específica, como a indicada na última reforma da execução (CPC, art. 615-A, parágrafo 4º, art. 739-B, *e.g.*[9]) ou na seara recursal (art. 557, parágrafo 2º do CPC, *e.g.*), sendo o caso, por exemplo, de atingir quem exerça o abuso do direito de defesa, o que dará azo não só à antecipação de tutela, como também à reparação dos prejuízos em lato sentido[10].

O agravamento do regime sancionatório do Código de Processo Civil segue a orientação que aqui se direciona, no sentido da exegese restritiva da atividade individual, em prol do acesso à justiça visto sob o prisma da coletividade, que será beneficiada, no conjunto, pela utilização responsável da máquina judiciária.

Apenas para ilustrar o tema, o Ministro Sepúlveda Pertence, em sua atuação junto à Suprema Corte, não raro tem buscado inibir a atuação do

---

[9] Prevalecendo, a par da disposição genérica, o disposto nos artigos 599 a 601 do CPC, que tratam dos atos atentatórios à dignidade da justiça e vigoram ao lado do direito reparatório previsto para as hipóteses de deslealdade processual.

[10] Para Thereza Alvim (*Reforma do Código de Processo Civil*, A Responsabilidade por prejuízos causados no processo, Teixeira, Sálvio de Figueiredo (Coord), *ob.cit.*,p. 556) "a configuração dos pressupostos, através dos quais se caracteriza a má-fé, à luz do art. 17, e, por correlata infração aos deveres éticos, impostos ao litigante, no art. 14, poderá constar da própria decisão em que se profira a condenação nas perdas e danos, remetendo para liquidação por arbitramento, em face do atual texto do art. 18, todos do Código de Processo Civil".

recorrente na interposição de agravos "manifestamente infundados", como se verifica de inúmeros precedentes.[11]

---

[11] EMENTA: I. Recurso extraordinário: inadmissibilidade: controvérsia a respeito de prazo prescricional, dirimida pelo Tribunal a quo com base no princípio da *actio nata*, cuja possível má aplicação, quando muito, poderia configurar ofensa indireta ou reflexa aos dispositivos constitucionais invocados: incidência, *mutatis mutandis*, da Súmula 636. II. Agravo regimental manifestamente infundado: condenação ao pagamento de multa, nos termos do art. 557, § 2º, C. Pr. Civil. (DJE-101 DIVULG 13-09-2007 PUBLIC 14-09-2007 – DJ 14-09-2007 PP-00048 – EMENT VOL-02289-10 PP-01904)

Acórdãos no mesmo sentido

AI 648643 AgR
JULG-14-08-2007 UF-SC TURMA-01 MIN-SEPÚLVEDA PERTENCE N.PP-004
DJE-101 DIVULG 13-09-2007 PUBLIC 14-09-2007
DJ 14-09-2007 PP-00048 EMENT VOL-02289-10 PP-01912

AI 648726 AgR
JULG-14-08-2007 UF-SP TURMA-01 MIN-SEPÚLVEDA PERTENCE N.PP-004
DJE-101 DIVULG 13-09-2007 PUBLIC 14-09-2007
DJ 14-09-2007 PP-00048 EMENT VOL-02289-10 PP-01916

AI 648987 AgR
JULG-14-08-2007 UF-MS TURMA-01 MIN-SEPÚLVEDA PERTENCE N.PP-004
DJE-101 DIVULG 13-09-2007 PUBLIC 14-09-2007
DJ 14-09-2007 PP-00048 EMENT VOL-02289-10 PP-01920

AI 653136 AgR
JULG-14-08-2007 UF-MG TURMA-01 MIN-SEPÚLVEDA PERTENCE N.PP-004
DJE-101 DIVULG 13-09-2007 PUBLIC 14-09-2007
DJ 14-09-2007 PP-00048 EMENT VOL-02289-10 PP-01988

AI 653145 AgR
JULG-14-08-2007 UF-MG TURMA-01 MIN-SEPÚLVEDA PERTENCE N.PP-004
DJE-101 DIVULG 13-09-2007 PUBLIC 14-09-2007
DJ 14-09-2007 PP-00048 EMENT VOL-02289-10 PP-01992

AI 653201 AgR
JULG-14-08-2007 UF-SP TURMA-01 MIN-SEPÚLVEDA PERTENCE N.PP-004
DJE-101 DIVULG 13-09-2007 PUBLIC 14-09-2007
DJ 14-09-2007 PP-00048 EMENT VOL-02289-10 PP-01996

AI 653272 AgR
JULG-14-08-2007 UF-SP TURMA-01 MIN-SEPÚLVEDA PERTENCE N.PP-004
DJE-101 DIVULG 13-09-2007 PUBLIC 14-09-2007
DJ 14-09-2007 PP-00048 EMENT VOL-02289-10 PP-02000

AI 653324 AgR
JULG-14-08-2007 UF-RS TURMA-01 MIN-SEPÚLVEDA PERTENCE N.PP-004
DJE-101 DIVULG 13-09-2007 PUBLIC 14-09-2007
DJ 14-09-2007 PP-00048 EMENT VOL-02289-10 PP-02004

AI 653430 AgR
JULG-14-08-2007 UF-SP TURMA-01 MIN-SEPÚLVEDA PERTENCE N.PP-004
DJE-101 DIVULG 13-09-2007 PUBLIC 14-09-2007
DJ 14-09-2007 PP-00048 EMENT VOL-02289-10 PP-02013

AI 653468 AgR
JULG-14-08-2007 UF-SP TURMA-01 MIN-SEPÚLVEDA PERTENCE N.PP-004
DJE-101 DIVULG 13-09-2007 PUBLIC 14-09-2007
DJ 14-09-2007 PP-00048 EMENT VOL-02289-10 PP-02017

AI 653570 AgR
JULG-14-08-2007 UF-SP TURMA-01 MIN-SEPÚLVEDA PERTENCE N.PP-004
DJE-101 DIVULG 13-09-2007 PUBLIC 14-09-2007
DJ 14-09-2007 PP-00049 EMENT VOL-02289-10 PP-02021

AI 656488 AgR
JULG-14-08-2007 UF-MG TURMA-01 MIN-SEPÚLVEDA PERTENCE N.PP-004
DJE-101 DIVULG 13-09-2007 PUBLIC 14-09-2007
DJ 14-09-2007 PP-00049 EMENT VOL-02289-11 PP-02112

AI 656625 AgR
JULG-14-08-2007 UF-SP TURMA-01 MIN-SEPÚLVEDA PERTENCE N.PP-004
DJE-101 DIVULG 13-09-2007 PUBLIC 14-09-2007
DJ 14-09-2007 PP-00049 EMENT VOL-02289-11 PP-02134

AI 656801 AgR
JULG-14-08-2007 UF-SP TURMA-01 MIN-SEPÚLVEDA PERTENCE N.PP-004
DJE-101 DIVULG 13-09-2007 PUBLIC 14-09-2007
DJ 14-09-2007 PP-00049 EMENT VOL-02289-11 PP-02145

AI 657001 AgR
JULG-14-08-2007 UF-SP TURMA-01 MIN-SEPÚLVEDA PERTENCE N.PP-004
DJE-101 DIVULG 13-09-2007 PUBLIC 14-09-2007
DJ 14-09-2007 PP-00049 EMENT VOL-02289-11 PP-02155

AI 657153 AgR
JULG-14-08-2007 UF-SP TURMA-01 MIN-SEPÚLVEDA PERTENCE N.PP-004
DJE-101 DIVULG 13-09-2007 PUBLIC 14-09-2007
DJ 14-09-2007 PP-00049 EMENT VOL-02289-11 PP-02159

AI 657217 AgR
JULG-14-08-2007 UF-SP TURMA-01 MIN-SEPÚLVEDA PERTENCE N.PP-004

Nesse quadro, temos ainda as mais recentes reformas resultado da aproximação histórica entre os sistemas da *common law* e da *civil law*[12] e da necessidade de uniformização da conduta jurisprudencial. Essas sucessivas modificações processuais recentemente instaladas, com restrições de acesso ao Judiciário em favor da almejada efetividade, revelaram a tendência de valorização do entendimento jurisprudencial. Exemplos disso temos desde a edição da Lei 10.352/2001, que modificou o artigo 475, parágrafo 2º do Código de Processo Civil, tendo acrescentado em especial o parágrafo 3º, que impede o reexame necessário a propósito de sentença fundada em jurisprudência do plenário do Supremo Tribunal Federal ou súmula do mesmo Tribunal ou do tribunal superior competente; da Lei 8.038/90 (artigo 38), reiterada, sucessivamente pelas Lei 9.139/95 e 9.756/98 que deram nova redação ao artigo 557 do CPC, impedindo recurso colidente com súmula ou com jurisprudência dominante do respectivo tribunal, do Supremo Tribunal Federal ou de Tribunal Superior, a denominada súmula impeditiva de recurso; da Lei 11.277/2005, que deu redação ao artigo 285-A do CPC, tratando das ações repetitivas, a respeito das quais existente reiterado pronunciamento judicial, bem como da adoção da súmula vinculante (EC-45).

As modificações introduzidas no tema do reexame necessário não mereceram do legislador adequado tratamento, posto que não tem o instituto

---

DJE-101 DIVULG 13-09-2007 PUBLIC 14-09-2007
DJ 14-09-2007 PP-00049 EMENT VOL-02289-11 PP-02163

AI 657227 AgR
JULG-14-08-2007 UF-SP TURMA-01 MIN-SEPÚLVEDA PERTENCE N.PP-004
DJE-101 DIVULG 13-09-2007 PUBLIC 14-09-2007
DJ 14-09-2007 PP-00049 EMENT VOL-02289-11 PP-02167

AI 657302 AgR
JULG-14-08-2007 UF-PA TURMA-01 MIN-SEPÚLVEDA PERTENCE N.PP-004
DJE-101 DIVULG 13-09-2007 PUBLIC 14-09-2007
DJ 14-09-2007 PP-00049 EMENT VOL-02289-11 PP-02175

[12] Mancuso afirma que "a inserção *(rectius* ampliação) da súmula vinculante em nosso desenho constitucional permite intuir que nosso modelo jurídico-político, antes restrito ao primado da norma legal, fica agora de certo modo postado entre o regime da *civil law* (prioridade à norma legislada) e o regime da *common law* (prioridade ao precedente judiciário ou à norma judicada)" – in *Divergência Jurisprudencial e Súmula Vinculante*, SP: RT 2001, p. 344. Na verdade, há apenas inspiração, pois que o *stare decisis* americano não tem força vinculativa externa ao Judiciário e, conquanto guarde referência com a vinculação de precedentes *(binding precedents)* os juízes têm a seu alcance meios de superar os entendimentos jurisprudenciais, o denominado *overrruling*.

natureza recursal[13], de modo que não poderia ter sido regrado no mesmo molde.

Aparentemente o legislador desconsiderou tratar-se de garantia – e não privilégio, o que convém ressaltar desde logo –, que convive harmoniosamente com o princípio da isonomia constitucionalmente consagrado no artigo 5º, *caput* e inciso I da Magna Carta.[14]

Há inúmeras passagens no *Codex* e em outros textos legais que revelam a preocupação do legislador, como, *e.g.*, no caso do parágrafo 4o. do artigo 20, que exclui a Fazenda, na condenação, do limite mínimo na fixação dos honorários advocatícios ou ainda nos casos em que dilata prazos, como os da contestação e dos recursos (art. 188); de ineficácia da sentença sujeita ao reexame necessário (art. 475) e da sujeição da execução ao rito dos artigos 730 do CPC e 100, da CF; do procedimento para a execução fiscal (Lei 6830/80), do arresto independente de justificação judicial (art. 816,I); da reintegração de posse (art.928); entre outras.

Nelson Nery Junior[15], ao tratar do tema afirma que "o que o princípio constitucional quer significar é a proteção da igualdade substancial e não a isonomia meramente formal". Trata-se da igualdade efetiva, de fato, e não apenas e tão-somente a igualdade jurídica como trata o autor, na lição de Fritz Baur[16].

Resulta desse entendimento que, na verdade, a preocupação do legislador processual anterior à reforma foi a de impedir a execução provisória contra a Fazenda Pública enquanto uma decisão desfavorável não tiver sido afirmada e reafirmada pelo Judiciário, como indubitável forma de garantia do interesse público.

---

[13] A doutrina, de modo reiterado admite que o reexame necessário não tem natureza recursal, porque não se encontra topologicamente previsto no artigo 496 do CPC ou em leis especiais, mas no tópico relativo à coisa julgada. Inexiste inconformismo recursal ou a sucumbência do julgador, a quem incumbe a iniciativa do recurso *ex officio* e ainda, não há prazo previsto para a remessa, nem preclusão a respeito. RITA GIANESINI (Aspectos Polêmicos e Atuais dos Recursos Cíveis – Ed. RT 1999 – pg. 918) afirma que "*o duplo grau de jurisdição necessário tem a natureza jurídica de condição de eficácia da sentença*", o que admite acompanhada de larga doutrina e baseada em especial na Súmula 423 do STF, segundo a qual "*não transita em julgado a sentença que houver omitido o recurso ex officio, que se considera interposto ex lege.*"
[14] **Artigo 5º** – Todos são iguais perante a lei, sem distinção de qualquer natureza, garantindo-se aos brasileiros e aos estrangeiros residentes no País a inviolabilidade do direito à vida, à liberdade, à igualdade, à segurança e à propriedade, nos termos seguintes:
I – homens e mulheres são iguais em direitos e obrigações, nos termos desta Constituição.
[15] Princípios do Processo Civil na Constituição Federal, 6ª edição, Ed. RT – pg. 45
[16] La socialización del proceso. Salamandra, 1980, n. 5,p.16

Portanto, nada tem a ver o instituto com a possibilidade de omissão recursal, mas, muito além, com a necessidade de evitar dano irreparável ou de incerta reparação que decorre de decisões a respeito das quais não se estabeleceu o indispensável debate jurídico[17].

Com a edição da Lei 10352/01 e o parágrafo 4º acrescentado ao artigo 475 do CPC, permite-se agora a imediata eficácia da decisão singular, quando o prolator a considere consonante com a jurisprudência do plenário do Supremo Tribunal Federal ou com súmula do mesmo Tribunal ou do tribunal superior competente.

Essa disposição vem corroborar o vigor que se deu à adoção da súmula vinculante, cuja adesão irrestrita enfrentou sérios posicionamentos desfavoráveis. É mesmo inaceitável qualquer limitação intelectual aos operadores do direito, sejam eles advogados, promotores ou juízes. O próprio Judiciário não admite a cristalização de entendimento e constantemente vem modificando posicionamentos que eram considerados definitivos.

A doutrina admite que o entendimento sumulado sofre constantes evoluções. Rodolfo Camargo Mancuso[18] afirma que os dois extintos Tribunais de Alçada Civil de São Paulo editaram expressivo número de súmulas e alerta para o fato de que várias delas já foram alteradas, revogadas ou

---

[17] Nesse passo, a reforma processual acabou por restringir o espectro do reexame necessário e o fez em confronto com a evolução interpretativa que vinha sendo conferida ao tema. Apenas para exemplificar, no julgamento da matéria o II Tribunal de Alçada Civil, conquanto considere que o Estado atua como particular e encontra-se sujeito às regras de direito privado nas relações locatícias, tem ordenado sistematicamente a aplicação do artigo 475 às ações de despejo. "Tal como constou do despacho inicial, é dos princípios que, por se submeter a necessário duplo grau de jurisdição, a sentença proferida contra a Fazenda Pública só produz efeitos depois de confirmada pelo tribunal (CPC, art. 475,II). O Superior Tribunal de Justiça também vinha admitindo como indispensável o reconhecimento da ineficácia da sentença em ação cautelar, por força do mesmo dispositivo. Resp 267073/RS – Processual Civil – Ação Cautelar – Suspensão – Exigibilidade de crédito tributário e depósito judicial – Reexame necessário de todo o conteúdo sentencial. Artigo 475,II do CPC – 27.11.2000 – 1ª Turma – Rel. Min. José Delgado. Conquanto se verifique certa dissidência jurisprudencial, o mesmo Tribunal também já admitiu a aplicabilidade do artigo 475 do CPC na fase de execução e não apenas de conhecimento. "Ocorre que, a teor do artigo 475, da lei processual, está sujeita ao duplo grau de jurisdição, não produzindo efeito senão depois de confirmada pelo Tribunal, a sentença proferida contra a Fazenda..... *omissis* ......Assiste-lhe razão. Se submetida a sentença ao duplo grau de jurisdição, são ineficazes os atos tendentes à sua liquidação antes do pronunciamento do Tribunal, conforme o Min. Eduardo Ribeiro – TRF-6ª. Turma, referido por Theotônio Negrão, a expedição de ofício requisitório deve aguardar o julgamento de segundo grau" (RE 166.793, de 17.08.98)

[18] Divergência Jurisprudencial e súmula vinculante – Ed. RT 2ª edição – pg. 376

substituídas, revelando-se uma "constante predisposição dos tribunais em se manterem alertas quanto à preservação da atualidade dos assentos que emitem."[19]

Pois bem: justamente com base nesse argumento doutrinário, que considera o direito sumular adequado, porque sensível às evoluções exegéticas, é que se deve inadmitir a apregoada vinculação. O Poder Judiciário atua por provocação. A exigência que se traduz na sedimentação do pensamento inibe a manifestação jurisprudencial e provoca a cristalização do entendimento, porque não se pode atingir qualquer evolução senão por conta da liberdade jurisprudencial. As mudanças de postura resultam inconciliáveis com o atrelamento à vinculação[20].

Portanto, tal qual a lei, a súmula ou o entendimento dominante dos tribunais superiores dependem de interpretação, o que demonstra não só que a vinculação não será a experiência apropriada para a garantia perseguida, como pode não ser absoluta a convicção trazida pela sentença.

Ainda, "só após a tramitação da controvérsia por todos os graus de jurisdição e esgotados todos os recursos se chegará ao resultado sobre sua aplicação" argumenta João Carlos Pestana de Aguiar Silva *apud* Mancuso[21] com o que dificilmente a adoção desse sistema viria a atingir o objetivo de desafogar a pletora de demandas judiciais.

A simples existência de Súmula ou de entendimento dominante, na verdade, funciona como elemento inibidor de aventuras jurídicas, pois não será razoável supor que alguém tenha disposição para uma batalha judicial fundado em tema superado e contra o qual não possa lançar argumentos renovadores.

Mas, temos aí o direito posto e a reforma trazida pela EC-45 introduziu em nosso sistema a súmula vinculante ao menos na esfera constitucional

---

[19] O II TAC Civil de São Paulo deu o exemplo, passando em revista o rol de suas súmulas: de um total de 26 enunciados, devidamente examinados pelos juízes relatores, resultou que 12 súmulas receberam proposta de *revogação*, 12 de *manutenção* e duas de *modificação*.
[20] Luiz Flávio Gomes (Súmulas Vinculantes e Independência Judicial, RT p. 739, nota 25) traz a lume o exemplo de duas súmulas, as de números 171 e 174 do STJ, que dizem respeito ao direito penal, tratam de temas ainda bastante controvertidos e que foram precocemente sumulados, pois existem ainda várias interpretações a respeito. Afirma o autor que "nem sequer existe a garantia de que foi eleita a melhor. Se fossem vinculantes, estaríamos diante de um dirigismo judicial sem precedentes."Ainda exemplificando: O Supremo Tribunal Federal manteve a coexistência de duas Súmulas – 121 e 596 – ambas a respeito do mesmo tema , o anatocismo. Foi necessário o *labor interpretativo* a que se referiu MANCUSO (Obra citada, pg. 387)
[21] *Obra citada*, pg. 357

e com sua regulamentação, a Lei 11.417/2006, um novo regime dos meios processuais de controle da vinculação (art. 7º). A novidade fica por conta do parágrafo 1º do art. 7º da Lei 11.417/2006, que condiciona a utilização da reclamação, em se tratando de omissão ou ato da administração pública, ao esgotamento das vias administrativas.

Previsível que a inovação renovará a discussão acerca da constitucionalidade do dispositivo, na medida em que condiciona o acesso à justiça. Em reiteradas oportunidades tem decidido o Superior Tribunal de Justiça que "nos termos dos precedentes jurisprudenciais desta Corte de Justiça, não se faz necessário o esgotamento da via administrativa para se ingressar na via judicial[22]".

Esse dispositivo confirma a tendência à relativização do princípio em questão, por força da proporcionalidade aqui já revelada, resultado da onda de reformas processuais que limitam o acesso à justiça em favor da efetividade, o que certamente será levado em conta na renovação do entendimento jurisprudencial, sendo de todo conveniente oportunizar à Administração a revisão do ato contrário à súmula vinculante, capaz de evitar a demanda.

Adiante, e ainda no tema das reformas, o art. 285-A do Código de Processo Civil permite ao juiz, nos casos de matéria unicamente de direito, a respeito da qual já tenha sido proferida sentença de total improcedência em outros casos idênticos, dispensar a citação e reproduzir o entendimento por ele consagrado.

Esse dispositivo recebeu severas críticas doutrinárias, sendo objeto de Ação Declaratória de Inconstitucionalidade proposta pela Ordem dos Advogados do Brasil (ADIn 3.595) ainda não julgada, e nela se discute justamente o comprometimento do acesso à justiça por conta da precoce restrição da demanda[23].

---

[22] REsp 664.682/RS, Rel. Ministro JOSÉ ARNALDO DA FONSECA, QUINTA TURMA, julgado em 18.10.2005, DJ 21.11.2005 p. 282

[23] Cássio Scarpinella Bueno, atuando em nome do Instituto Brasileiro de Direito Processual, como *amicus curiae*, argumenta a respeito que o Supremo Tribunal Federal tem afastado o caráter absoluto desse princípio em inúmeras oportunidades, dando ao instituto o contorno adequado, como a exemplo destaca:
"Bem demonstram o acerto deste entendimento os seguintes excertos da jurisprudência deste Col. Supremo Tribunal Federal, colacionados em "A Constituição e o Supremo", disponíveis em www.stf.gov.br, acesso em 11 de abril de 2006:
"A garantia de acesso ao Judiciário não pode ser tida como certeza de que as teses serão apreciadas de acordo com a conveniência das partes." (RE 113.958, Rel. Min. Ilmar Galvão, DJ 07/02/97, sem os destaques).

Os temas do direito de ação, devido processo legal e contraditório, da maneira como enfocados pelo autor da Ação Declaratória de Inconstitucionalidade, revelam tratamento entrosado, como se de uma única hipótese se tratasse, na medida em que considera ele o direito de ação como direito ao processo e ao procedimento, estes significativos do devido processo legal e por conseqüência do contraditório.

Tocante ao direito de ação, todavia, ainda que extinto o processo sem a triangularização da relação jurídica, terá sido ele exercido à plenitude.

Desde a mais antiga e enraizada doutrina, a imanentista, para a qual a ação seria o *"direito de pedir em juízo o que nos é devido"*[24], revelando a teoria civilista de apego da ação ao direito que visa tutelar, sofreu o conceito revolucionária evolução originada pela polêmica Windscheid-Muther, que outorgou relativa autonomia ao direito de ação, sujeitando-o porém à efetiva tutela positiva (sentença favorável), para finalmente atingir a teoria abstrata, que desvincula totalmente a ação do bem jurídico protegido, reconhecendo o seu exercício, ainda que improcedente o pedido.

Todavia, a evolução doutrinária que levou à abstração estabeleceu nítida diferença entre o direito subjetivo substancial e o direito processual (ação), constatada por Humberto Theodoro Junior[25] ao demonstrar que o primeiro tem por objeto uma prestação do devedor; a ação, por seu turno, visa a provocar a atividade jurisdicional. Poderá haver, como no dizer de Rodrigo da Cunha Lima Freire[26], direito sem ação, *v.g..*, como no caso de prescrição da ação e ação sem direito, *v.g.*, como no caso de ação declaratória negativa. Conclui ser portanto um direito abstrato, na medida em que

---

"Não há confundir negativa de prestação jurisdicional com decisão jurisdicional contrária à pretensão da parte." (AI 135.850-AgR, Rel. Min. Carlos Velloso, DJ 24/05/91, sem os destaques).

"Os princípios constitucionais que garantem o livre acesso ao Poder Judiciário, o contraditório e a ampla defesa, não são absolutos e hão de ser exercidos, pelos jurisdicionados, por meio das normas processuais que regem a matéria, não se constituindo negativa de prestação jurisdicional e cerceamento de defesa a inadmissão de recursos quando não observados os procedimentos estatuídos nas normas instrumentais." (AI 152.676-AgR, Rel. Min. Maurício Corrêa, DJ 03/11/95, sem os destaques)

"Esta Corte já firmou o entendimento de que a prestação jurisdicional, ainda que realmente seja errônea, não deixa de ser prestação jurisdicional, inexistindo, assim, ofensa ao artigo 5º, XXXV, da Constituição Federal." (AI 157.933-AgR, Rel. Min. Moreira Alves, DJ 18/08/95, sem os destaques)

[24] ADA PELEGRINI GRINOVER, ANTONIO CARLOS ARAÚJO CINTRA, CÂNDIDO RANGEL DINAMARCO, *Teoria Geral do Processo*, Editora RT, 1973, p. 213.
[25] *Curso de Direito Processual Civil*, Forense, 1987, p. 51
[26] *Condições da Ação,* SP:RT 2ª edição, p. 55

não se trata de direito a uma sentença favorável, mas o de expor pretensão e obter a prestação jurisdicional, favorável ou não.

Em contrapartida, a posição do Estado na prestação jurisdicional decorre precipuamente do interesse que tem na proteção do direito objetivo e sua correta aplicação.

O Estado efetivamente assumiu o monopólio da função jurisdicional e com isso a obrigação de exercê-la, especialmente quando provocado. O interesse nesse exercício não exclui a obrigação, sendo irrelevante o conflito.

Com isso, podemos concluir pela natureza abstrata do direito (poder) de ação, desapegada do direito material tutelado; pela sua autonomia, em face da efetiva existência do direito correlato; pela sua instrumentalidade, em face da conexão que guarda com o direito material.

Dinamarco[27] coloca como hábito latino metodológico a colocação da ação ao centro da teoria geral do processo, assentados na idéia da ação como direito à tutela jurisdicional, quando na verdade "ação é o poder de exigir do Estado o exercício da jurisdição", em face do princípio da inércia da jurisdição.

Assim, transfere a jurisdição naturalmente ao centro do sistema, já que o contraditório integra o procedimento (no bojo do processo), dirigindo as partes ao Estado.

A doutrina revolucionária de Bullow iniciou a evolução do processo como relação jurídica que se instaura entre as partes e o juiz (Estado) e não apenas autor-Estado, embora não se excluam as relações meramente lineares. Mas será a partir da regra e não da anomalia que se constroem as teorias.

Temos então que, ao invocar o Judiciário, o autor estará sujeito a um provimento jurisdicional, positivo ou negativo. Ainda que negativo e mesmo que proferido numa relação linear, estará concretizada a prestação jurisdicional.

O direito ao procedimento está sujeito às normas legais que o regem e, nos termos do artigo 285-A, este se dará na forma ali preconizada, ou seja, ao juiz será dado, diante de uma questão já reiteradamente decidida em desfavor da tese trazida no exórdio, o seu imediato desacolhimento, independente do reforço que as razões de defesa pudessem acrescentar.

Nem será de modo surpreendente, em nosso direito processual, essa possibilidade. Enquadra-se a hipótese ao disposto como caso de indeferimento da inicial, ainda que com exame de mérito, como será no caso de

---

[27] Cândido Rangel Dinamarco, *A Instrumentalidade do Processo*, Editora RT 1987, p.75/6

ser admitida a decadência (não quanto à prescrição, que depende da oitiva das partes).

O direito de ação e o direito ao devido processo legal estará, desse modo, plenamente realizado, ainda que, como da inicial consta, pretenda o autor estabelecer uma equivalência entre o direito de ação e o direito ao processo, como sinônimo de relação jurídica processual.

O direito, todavia, convive com regramento que possibilita – e isso são exceções, dentre as quais o artigo 285-A se encaixa – mediante as quais se estabelece a relação puramente linear e mercê da qual há o pleno exercício do direito de ação.

Aliás, a formação é gradual: primeiro autor – Estado-Juiz (propositura da ação – direito de ação – art. 263, CPC); a citação amplia a relação e integra o réu (direito de defesa – art. 219, CPC), completando-se a relação.

A propósito, interessante a doutrina de Glauco Gumerato Ramos[28] para quem a possibilidade de dispensa de citação não induz ausência de pressuposto processual de existência. Afirma o autor que "a dispensa da citação que prevê o art. 285-A obviamente não poderá ser considerada uma hipótese de falta de pressuposto processual, seja de existência, seja de validade – do contrário, ter-se-á de aceitar que a *resolução imediata* do processo terá ocorrido sem que tenha havido processo, o que é absurdo.

O contraditório como argumento decorrente da falta de citação não diz respeito ao autor, contra quem seria proferida a sentença, mas ao réu e este, no caso, não teria interesse de relevo, na medida em que não poderia alegar prejuízo.[29]

---

[28] *Reforma do CPC* – SP:RT 2006, p. 386-7. Menciona o autor, com acerto, que "nunca conseguimos ver a citação como pressuposto de *existência* do processo. O art. 269 prevê em seu inciso IV que haverá *resolução de mérito* e efetivo termo do *processo*. Logo, não é possível admitir a citação como verdadeiro pressuposto de existência. Essa afirmativa é agora reforçada pelo artigo 285-A, que prevê a dispensa de citação para que o processo recebe *resolução imediata*".

[29] Situação semelhante ocorria quando extinto o processo por indeferimento da inicial, ocasião em que o Superior Tribunal de Justiça reiteradamente decidia: PROCESSUAL CIVIL. EMBARGOS DE DECLARAÇÃO. AUSÊNCIA DE NULIDADE. INDEFERIMENTO DA INICIAL SEM CITAÇÃO. RELAÇÃO PROCESSUAL NÃO-ANGULARIZADA. DESNECESSIDADE DE INTIMAÇÃO PARA APRESENTAÇÃO DE CONTRA-RAZÕES. PRECEDENTES.1. O indeferimento da inicial sem a citação do réu, extinguindo o processo sem julgamento do mérito, não angulariza a relação processual, não havendo necessidade de intimação da parte adversa para oferecimento de contra-razões ao recurso especial. 2. Ausência de nulidade e de violação dos princípios do contraditório e da ampla defesa. 3. Embargos de declaração rejeitados. (EDcl no AgRg no Ag 537.381/RS, Rel. MIN. JOÃO OTÁVIO DE NORONHA, SEGUNDA TURMA, julgado em 11.05.2004, DJ 28.06.2004 p. 257)

Na verdade, a citação como pressuposto de existência diz respeito ao réu e não ao autor da demanda. No caso sob exame, a ausência de citação não induz nulidade, já que plenamente dispensável.

Glauco Gumerato Ramos[30] reforça o argumento, mencionando que "se o réu não será prejudicado, já que a sentença de improcedência imediatamente lhe prestará tutela jurisdicional, então realmente não teria sentido a consumação da citação cuja definição legal, inclusive, está assentada na idéia de ato através do qual se chama o réu para se defender em juízo (CPC, art. 213). Se haverá *resolução imediata* é porque será decretada a improcedência do pedido, não sobrando ao réu sequer interesse para estar em juízo tendo em vista que não haverá nada do que se defender. Vale lembrar que para propor ou contestar uma ação é necessário ter interesse (CPC. Art. 3º), e o interesse maior do réu – a improcedência do pedido – já foi alcançado mesmo sem sua participação na relação processual.

Nem se diga que ao réu poderia ter sido dada oportunidade de apresentar argumentos novos, matérias preliminares, já que o artigo 285-A autoriza a extinção do processo *com* exame de mérito, ou seja, pela improcedência, de modo que inexiste prejuízo juridicamente relevante capaz de ensejar violação ao contraditório.[31-32].

---

[30] *Ob.cit.,* p. 384

[31] O STJ tem afastado o decreto de nulidade ante a ausência de prejuízo. A propóstio: PROCESSUAL. NULIDADE. PREJUÍZO. AUSÊNCIA. AFERIÇÃO. TRASLADO. PEÇAS ESSENCIAIS.SÚMULA 288/STF. MÉTODO. PERÍCIA. SÚMULA 7/STJ. Não há falar em nulidade ou ofensa aos princípios do contraditório e da ampla defesa, se não houve demonstração de gravame à parte, em razão do indeferimento da nova oitiva da perita judicial, mormente quando o tribunal de origem considerou completamente suficientes os primeiros esclarecimentos prestados.II – Nos termos da Súmula 288 do Supremo Tribunal Federal, cabe à parte efetuar o traslado de todas as peças essenciais à controvérsia, mesmo que não elencadas no rol do art. 544, § 3º, do Código de Processo Civil. III – Inviável a aferição de método de elaboração de laudo pericial em sede de recurso especial, dado o óbice da Súmula 7 do Superior Tribunal de Justiça.Agravo improvido.(AgRg no Ag 549.875/RJ, Rel. MIN. CASTRO FILHO, TERCEIRA TURMA, julgado em 29.03.2005, DJ 25.04.2005 p. 334)

[32] O ordenamento processual brasileiro adotou o princípio da inexistência de nulidade sem prejuízo. Ovídio A. Baptista da Silva afirma que a regra do artigo 244 aplica-se também às nulidades absolutas, pois o contrário somente se poderia concluir através de interpretação *contrario sensu* do dispositivo, o que considera inaceitável Teoria Geral do Processo Civil, ed. RT 3ª. Edição, p. 235). O STJ, em decisão colacionada por Theotônio Negrão, anotando o artigo 244 do CPC, considerou que "em tema de nulidade no processo civil, o princípio fundamental que norteia o sistema preconiza que para o reconhecimento da nulidade do ato processual é necessário que se demonstrem, de modo objetivo, os prejuízos conseqüentes, com influência no direito material e reflexo na decisão da causa"(Código

O dispositivo em tema não dispensa o contraditório, apenas e tão somente o relega para o segundo grau de jurisdição. Humberto Theodoro Junior[33] afirma que "a previsão de um juízo de retratação e do recurso de apelação assegura ao autor, com a necessária adequação, um contraditório suficiente para o amplo debate em torno da questão de direito enfrentada e solucionada *in limine litis*". Prossegue constatando que nem o réu estará despido de defesa, pois, se o pedido do autor for rejeitado liminarmente e este não recorrer, nenhum prejuízo terá ele suportado, o que reforça nosso anterior argumento. Se houver reconsideração ou recurso, destaca o autor que será assegurada a participação no contraditório por meio das contra-razões de apelação.

Finalmente, as recentes reformas ampliaram a atuação do juízo monocrático e os poderes do relator, trazendo novos contornos ao princípio da colegialidade dos julgamentos, compatibilizando, assim, a regra constitucional que exige a conferência, por parte do órgão colegiado, da atuação isolada de um dos seus integrantes. A redação atual do inciso II do art. 527 do CPC não mais prevê essa possibilidade.

Parte da doutrina considera que a resistência de alguns magistrados a tão eficiente forma de julgar um recurso, alegando que a parte tem o direito de ver sua irresignação apreciada por órgão colegiado, revela exacerbado conservadorismo.

Para esse entendimento, facultado o julgamento monocrático, quando a decisão recorrida se afasta do pensamento uniforme da corte julgadora, não há como reputar infringido qualquer direito da parte. A diretriz política de adotar o sistema colegiado de julgar, quando a lei impõe o singular, não cria exceção ao princípio, dando origem a uma interpretação restritiva de tal faculdade. Ao contrário. Nessa hipótese, o julgamento coletivo não é simples abrir mão de uma faculdade legal, mas, sim, o descumprimento de um dever decorrente de lei.

Ainda para essa doutrina, o fato de a lei ter adotado uma nova modalidade de julgamento não violenta o princípio do devido processo legal. Athos Gusmão Carneiro[34] observa que o relator, em casos tais, não estará decidindo por 'delegação' do colegiado a que pertence, mas sim exerce poder jurisdicional que lhe foi outorgado por lei.

---

de Processo Civil e Legislação Processual Civil em vigor, Saraiva 37ª edição, p. 331, nota 3 ao artigo 244: RSTJ 119/621)

[33] *As Novas Reformas do Código de Processo Civil* – SP:Forense 2006, p. 18
[34] *Poderes do Relator e Agravo Interno: arts 557, 544 e 545 do CPC* – *RePro* 100/14, vol 25, SP: RT, out-dez/2000

O Supremo Tribunal Federal, por sua vez, também deixou clara a adequação da norma pelo ordenamento constitucional vigente, em decisão proferida nos autos do mandado de segurança nº 23.990-5, publicado no DOU de 08.08.2001, pp. 26/27, de onde se extraem os seguintes trechos:

> "(....) Cumpre acentuar, neste ponto, que o Pleno do Supremo Tribunal Federal reconheceu a inteira validade constitucional da norma legal que inclui, na esfera de atribuições do Relator, a competência para negar trânsito, em decisão monocrática, a recursos, pedidos ou ações, quando incabíveis, intempestivos, sem objeto ou que veiculem pretensão incompatível com a jurisprudência predominante do Tribunal. (....) Nem se negue que esse preceito legal implica transgressão ao princípio da colegialidade, eis que o postulado em questão sempre restará preservado ante a possibilidade de submissão da decisão singular ao controle recursal dos órgãos colegiados no âmbito do Supremo Tribunal Federal, consoante esta Corte tem reiteradamente proclamado."

José Alexandre Manzano Oliani[35] a respeito afirma que "não obstante a colegialidade seja de nossa tradição constitucional, como assentou-se acima, crê-se que, para prestigiar outros princípios, pode o legislador infraconstitucional, em determinadas hipóteses, afastar esse requisito das decisões dos tribunais, autorizando decisões unipessoais" e prossegue: "essa diminuição do peso do princípio da colegialidade das decisões dos tribunais, não é, em regra, inconstitucional, uma vez que os princípios constitucionais consubstanciam valores que, conflitando, admitem que um dos valores contrapostos seja privilegiado em detrimento do outro, sem que isso implique abolição ou afronta ao valor desprestigiado".

A respeito Cássio Scarpinella Bueno[36] inicialmente afirma compartilhar do entendimento que acabou por prevalecer na doutrina e na jurisprudência de que não agride nenhum princípio constitucional a circunstância de a lei, rente à realização de outros valores constitucionais do processo – celeridade e racionalidade dos julgamentos, por exemplo – dispor que,

---

[35] *Processo e Constituição – Estudos em homenagem ao Prof. Donaldo Armelin – Considerações sobre a (in) constitucionalidade da irrecorribilidade da decisão liminar do relator que atribui efeito suspensivo ou antecipa tutela recursal no agravo de instrumento e do juízo de reconsideração, positivados pela Lei 11.187, de 19.10.2005* – Luiz Fux, Nelson Nery Jr e Teresa Arruda Alvim Wambier, Coord., SP:RY 2006, p. 1.027

[36] *A Nova Etapa da Reforma do Código de Processo Civil*, SP:Saraiva, 2006, pg 224 e seguintes

no âmbito dos Tribunais, decida-se de forma isolada (monocraticamente) *desde* que a lei preveja uma forma suficiente de contraste desta decisão perante o órgão colegiado. Considera o autor tratar-se o duplo grau de jurisdição de princípio com berço constitucional, afirmando que no âmbito dos Tribunais, sua incidência só pode significar a possibilidade de contraste das decisões tomadas isoladamente pelos seus membros perante o órgão colegiado respectivo.[37]

---

[37] Teresa Arruda Alvim Wambier (*ob.cit.,*p. 345) a respeito menciona que não há, contudo, regra expressa na Constituição Federal da qual se possa inferir que o duplo grau de jurisdição constitua uma garantia constitucional, daquelas que não se pode afastar. A própria Constituição contém regras que revelam julgamentos "únicos", contra os quais não cabe recurso ordinário (102,III e 105,III da CF) . Mas, em outra oportunidade (*Processo e Constituição, ob.cit.*, "O Novo Recurso de Agravo, na perspectiva do amplo acesso à Justiça, garantido pela Constituição Federal,* p. 1082) mencionou que "parece de uma evidência a toda prova que, se a Constituição Federal consagra, dentre outros, o princípio da ampla defesa, consagra, igualmente, o da recorribilidade, dele clara e inexoravelmente decorrente".
A jurisprudência, não raro, tem afastado o princípio como garantia constitucional A exemplo: RECURSO ESPECIAL. PROCESSUAL PENAL. CRIME DE HOMICÍDIO QUALIFICADO. ACUSADO QUE, À ÉPOCA DOS FATOS, ERA JUIZ DE DIREITO. FORO ESPECIAL. CONTRARIEDADE AOS PRINCÍPIOS CONSTITUCIONAIS DO CONTRADITÓRIO, AMPLA DEFESA E DUPLO GRAU DE JURISDIÇÃO. INEXISTÊNCIA. ANÁLISE. DESCABIMENTO. MATERIALIDADE DO CRIME. DESCONSTITUIÇÃO DE PERÍCIA. INSUFICIÊNCIA DOS INDÍCIOS E TESTEMUNHOS. REEXAME DE MATÉRIA FÁTICO-PROBATÓRIA. VIA IMPRÓPRIA. SÚMULA N ' 7 DO STJ. DEFICIÊNCIA DA DEFESA TÉCNICA NÃO DEMONSTRADA. AUSÊNCIA DE PREJUÍZO. SÚMULA N.° 523 DO STF.
1. A via especial, destinada à uniformização do direito federal, não se presta à análise de possível violação aos dispositivos da Carta Magna, tornando-se, assim, inviável a abertura da via eleita, nos termos do disposto no art. 105, inciso III, do permissivo constitucional.
2. Ademais, à guisa de complementação, está pacificado no Supremo Tribunal Federal que o foro especial, por prerrogativa de função, não ofende a ampla defesa e o contraditório uma vez que não há, no ordenamento jurídico brasileiro, a garantia do duplo grau de jurisdição.
3. O recurso especial, mesmo quando interposto contra ação penal originária, não pode, como se fosse um recurso de apelação, analisar a argüida inocência do acusado ou a pretensa falta de provas da materialidade e autoria do crime para efeito da sua condenação, pois descabida na via eleita ampla dilação probatória. Precedentes.
4. O reconhecimento, como almeja o Recorrente, de falhas na confecção do laudo de exumação e identificação do cadáver, implicaria não só em reexame de prova, impossível na via estreita do recurso especial, mas também encontra óbice no fato que inexiste nos autos qualquer elemento concreto que indique sua deficiência.
5. Na espécie, a condenação está embasada em amplo contexto probatório, não sendo a prova técnica exclusiva para a comprovação da materialidade do crime. Precedentes.
6. O acerto da decisão condenatória que, de forma devidamente fundamentada, repeliu todas as teses defensivas, não pode ser alvo de discussão na via especial, porque implica, necessariamente, na reapreciação do substrato probatório produzido nos autos.

A discussão, segundo menciona, reside na vedação expressa do cabimento do agravo *interno*. Mas, prossegue o autor, o duplo grau de jurisdição, como princípio, deve ser entendido como valor, mutável ao longo do tempo. Desse modo, afirma que "enquanto for preponderante o entendimento (..) de que toda decisão interlocutória proferida monocraticamente é contrastável pelo colegiado, a vedação imposta pelo parágrafo único do art. 527 é inconstitucional. Ela agride o que em geral é chamado de "duplo grau de jurisdição" e, por isto, não pode prevalecer".

Em conclusão, convém admitir que o novo processo civil brasileiro traz diferenciado enfoque ao tema do acesso à justiça, agora com contornos apropriados à efetividade, prestigiando o acesso substancial e não simplesmente formal, resultado da prestação jurisdicional tempestiva e adequada.

Bibliografia

ALVIM, Thereza – *Reforma do Código de Processo Civil*, A Responsabilidade por prejuízos causados no processo, Teixeira, Sálvio de Figueiredo (Coord),), SP:Saraiva 1996
ARMELIN, Donaldo – *Revista da Procuradoria Geral do Estado*, Edição Especial, 30 anos de Processo Civil, jan/dez:2003
BARBOSA MOREIRA, José Carlos, *Repro 104*
BAPTISTA DA SILVA, Ovídio – *Teoria Geral do Processo Civil*, ed. RT 3ª. Edição
BAUR, Fritz – *La socialización del proceso*. Salamandra, 1980
BELLINETTI, Luiz Fernando, *Aspectos Polêmicos da Antecipação de Tutela – Irreversibilidade do provimento antecipado* – ed RT 1997
CAPPELLETTI, Mauro e GARTH, Bryan *Acesso à Justiça*, trad. Ellen Gracie Northfleet, Sergio Antonio Fabris:PA, 1988

---

7. A alegação de nulidade do processo-crime, em razão da deficiência da defesa técnica anterior não merece acolhida, se não restam configurados, de forma concreta e efetiva, os prejuízos ocasionados pela participação do defensor primitivo no processo. Incidência da Súmula n.º 523 do STF.
8. Não comporta análise na instância especial "emenda ao recurso em razão do surgimento de provas novas, supervenientes à decisão recorrida", porquanto além de ultrapassado o prazo legal, é impossível a análise de novas provas em sede de recurso especial.
9. Recurso não conhecido.
(REsp 768.197/SP, Rel. MIN. LAURITA VAZ, QUINTA TURMA, julgado em 21.03.2006, DJ 02.05.2006 p. 380)

CARNEIRO, Athos Gusmão – *Poderes do Relator e Agravo Interno: arts 557, 544 e 545 do CPC – RePro* 100/14, vol 25, SP:RT, out-dez/2000
CARREIRA ALVIM, José Eduardo – *A antecipação de Tutela na Reforma processual*, coletânea A Reforma do CPC, Saraiva 1996
CIANCI, Mirna – Reflexões sobre o Cumprimento de Sentença, *in Temas Atuais da Execução Civil, Estudos em homenagem ao Prof. Donaldo Armelin*, SP:Saraiva 2007, Cianci,Mirna e Quartieri,Rita, Coord.
DINAMARCO, Cândido Rangel – *Instrumentalidade do Processo*, SP:Malheiros, 12 edição.
GIANESINI , Rita – *Aspectos Polêmicos e Atuais dos Recursos Cíveis* – Ed. RT 1999
GOMES NETO, José Mario Wanderley, *O Acesso à Justiça em Mauro Cappelletti*, Sergio Antonio Fabris Editor:PA, 2005
GOMES, Luiz Flávio – *Súmulas Vinculantes e Independência Judicial*, RT
GRINOVER, Ada Pelegrini, ARAÚJO CINTRA, Antonio Carlos, DINAMARCO, Cândido Rangel *Teoria Geral do Processo*, Editora RT, 1973, p. 213.
LIMA FREIRE, Rodrigo da Cunha – *Condições da Ação,* SP: RT 2ª edição
MANCUSO, Rodolfo Camargo – *Divergência Jurisprudencial e Súmula Vinculante*, SP: RT 2001
MANZANO OLIANI, José Alexandre – *Processo e Constituição – Estudos em homenagem ao Prof. Barbosa Moreira – Considerações sobre a (in) constitucionalidade da irrecorribilidade da decisão liminar do relator que atribui efeito suspensivo ou antecipa tutela recursal ao agravo de instrumento e do juízo de reconsideração, positivados pela Lei 11.187, de 19.10.2005* – Luiz Fux, Nelson Nery Jr e Teresa Arruda Alvim Wambier, Coord., SP:RT 2006
NEGRÃO, Theotônio – *Código de Processo Civil e Legislação Processual Civil em vigor*, Saraiva 37ª edição
NERY JUNIOR,Nelson – *Atualidades sobre o Processo Civil*, 2ª. Ed.- SP: RT
_____ – *Princípios do Processo Civil na Constituição Federal*, 6ª edição, SP:RT
RAMOS. Glauco Gumerato – *Reforma do CPC* – SP:RT 2006
SCARPINELLA BUENO, Cássio – *A Nova Etapa da Reforma do Código de Processo Civil*, SP:Saraiva, 2006
THEODORO JUNIOR, Humberto – *Curso de Direito Processual Civil*, Forense, 1987
_____ – *As Novas Reformas do Código de Processo Civil* – SP: Forense 2006

WAMBIER, Teresa Arruda Alvim – O Novo Recurso de Agravo, na perspectiva do amplo acesso à Justiça, garantido pela Constituição Federal – *Processo e Constituição, Constituição – Estudos em homenagem ao Prof. Barbosa Moreira* – Luiz Fux, Nelson Nery Jr e Teresa Arruda Alvim Wambier, Coord., SP:RT 2006

WATANABE, Kazuo – *Reforma do Código de Processo Civil*, Teixeira, Sálvio de Figueiredo (Coord), Tutela Antecipatória e Tutela Específica das Obrigações de Fazer e Não Fazer (arts. 273 e 461 do CPC, SP:Saraiva 1996

ZAVASCKI, Teori Albino, Antecipação da Tutela e Colisão de Direitos Fundamentais *A Reforma do Código de Processo Civil*, Teixeira, Sálvio de Figueiredo (Coord), SP:Saraiva 1996

Convênios e Contratos Administrativos: Análise Jurídico-Econômica dos Instrumentos Pactuais

O homem é aquilo que sabe.
(Francis Bacon)

Pedro Durão [*]

Resumen: La presente investigación trata sobre el contenido de los convenios de cooperación y contratos administrativos respecto a algunas acepciones económicas, con la finalidad de trazar sus aspectos singulares y sus concepciones distintivas, ante las dimensiones generales y análisis económica de sus límites, costos y resultados.

Palabras-claves: Convenios integrativos. Contratos administrativos. Analisis iuseconomica. Costos.

1. O surgimento da cooperação no conflito e nas crises econômicas – 2. Evolução do Estado: redimensionalização econômica de paradigmas – 3. Integração regional: política redutora de gastos públicos – 4. Aspectos distintivos entre convênios integrativos e contratos administrativos – 5. Ferramentas para tomada de decisão na escolha do instrumento – 6. Aporte conclusivo – 7. Bibliografia.

1. Surgimento da Cooperação no Conflito e Crises Econômicas

Impõe-se considerar a necessidade de apoiar o presente estudo sobre convênios de cooperação e contratos públicos nas lições propedêuticas e distintivas, e ainda, nas peculiaridades e no surgimento da cooperação

---

[*] Procurador do Estado/SE, Especialista, Mestre (UFPE) e Doutorando em Direito Administrativo (UBA – Argentina). Associado Regular do IBAP nº 691.

no conflito, como meio de alcançarmos uma visão construtiva econômica destes atuais modelos administrativos.

Inicialmente, levantamos algumas dúvidas para fins de esclarecimento do objeto delimitado. Como se apresentam o contratualização, a interação e a cooperação? Como se perfaz a origem dos conflitos na sociedade contemporânea? Seus conflitos podem ser solucionados pela interação e pela cooperação? Em outras palavras, quais os significados atualmente existentes entre conflito, interação e cooperação? A experiência dos convênios de cooperação e contratos administrativos existentes pode ser eficiente nos gastos públicos? Qual o instrumento mais vantajoso diante de uma visão econômica de seus custos e resultados?

Tais inquirições denotam meditação e ampla análise para alcance de suas respostas diante do confronto de institutos pertinentes e da própria preocupação de atender ao estudo dos infortúnios e soluções de equilíbrio econômico. É neste panorama propício que o conflito persegue o meio: a tentativa de viabilizar a cooperação a fim de alçar a interação entre as sociedades ou a contratualização para a consecução dos fins públicos.

Em alusão anterior, referimos que o conflito é capaz de manifestar-se no "sentir-se desigual", na percepção das carências mais intrínsecas de um grupamento social. Estes são os momentos de pico da manifestação de um conflito no meio. Entremostra-se que a cooperação se opera como uma possibilidade a mais de neutralização deste estágio de inquietação social. Seria a cooperação o laço benéfico que uniria as comunidades, com o objetivo de consagrá-la à integração.

Não obstante, seja a cooperação um meio ainda muito requisitado para a neutralização de conflitos, esta tem passado por uma redimensionalização que, em várias situações, tem exigido uma maior diligência tanto dos grupamentos de apoio à integração social (ONGs, associações, cooperativas, cooperações administrativas etc.), como do próprio Direito.

Vale ratificar: o que temos vivenciado é uma completa modificação no "sentir-se desigual", que nos tem levado às novas crises sociais, novos focos de tensão, postos em xeque, principalmente, em tempos de globalização.

Atualmente, as crises de caráter mundial têm afetado a todos, tornando-nos cada vez mais vulneráveis. Assim, o conflito, que até então encontrava em guerras (1ª e 2ª Grandes Guerras) a única alternativa de driblar os focos de tensão, condicionou o mundo à outra maneira de pensar nas crises. Sim, significava uma redimensão do conflito, até então, por nós nunca vivido.

Douglas Gerson Braga, comentando a negociação dos conflitos em época de escassez de recursos, principalmente no que tange aos problemas de saúde pública, diz:

No atual contexto de crise econômica, além de buscar novas formas de organização em rede, em face dos recursos de saúde existentes em um espaço população, procura-se provocar um novo perfil de gestão desconcentrada que permita reorientar a atuação para a integração de todos os atores sociais em nível local, regional e nacional, em função dos objetivos comuns de produção de saúde pessoal e comunitária[1].

Do contexto, apura-se que, em momentos de crise econômica ou social, é necessária uma articulação intersetorial com participação social como forma de buscar alternativas para a solução dos conflitos existentes.

Em verdade, o encadeamento e o pleno entendimento dos assuntos só proporcionariam um pleno esclarecimento com uma abordagem genérica sobre os conceitos relativos à cooperação. É o que faremos agora.

Observa-se, de logo, que, ao contrário do egoísmo que incrementa relações competitivas, o altruísmo e a solidariedade favorecem a cooperação, modo pelo que os indivíduos atuam para alcançar um fim comum em benefício próprio ou do grupo.

O conceito de cooperação atende a união de pessoas para os mesmos fins. Esta concepção colhida sobre a cooperação converge para solidariedade ou capacidade de integração. Neste último sentido, a cooperação seria uma força latente em qualquer organismo social, capaz de conduzí-lo à completa satisfação dos seus interesses, em obedecimento ao princípio da separação dos poderes.

Nesse sentido, em relatoria encetada pelo Ministro **Sepúlveda Pertence**, a Corte do Supremo Tribunal Federal[2] tem se posicionado favorável pela inconstitucionalidade de normas que estabeleçam a obrigação de autorização desses ajustes administrativos às suas respectivas Casas Legislativas, por serem absolutamente desnecessárias e ferirem a independência do executivo, bem como o equilíbrio entre os poderes municipais[3]. Tal

---
[1] BRAGA, Douglas Gerson. **Conflitos, eficiência e democracia na gestão pública.** Rio de Janeiro: Fiocruz, 1998. p. 145-156.
[2] STF – RTJ-94/9995; ADIn. 165-5/MG; ADIn 342-9/PR; ADIn. 177-9/RS; ADIn. 462-0-BA, ADIn. 342/DF.
[3] MUKAI, Toshio. Inconstitucionalidade de aprovação prévia pela câmara municipal de convênio a serem celebrados pelo executivo municipal. *In*: **Boletim de Direito Municipal** – **BDM**, São Paulo, ago./89, 1989. p. 374.

assertiva projeta-se, também, nas legislações estaduais onde o STF decidiu que essa exigência ofende a Norma ápice[4]. Observe-se:

> *Separação e independência dos poderes: submissão de convênios firmados pelo Poder Executivo à prévia aprovação ou, em caso de urgência, ao referendo de Assembléia Legislativa: inconstitucionalidade de norma constitucional estadual que a prescreve: inexistência de solução assimilável no regime de poderes da Constituição Federal, que substantiva o modelo positivo brasileiro do princípio da separação e independência dos poderes, que se impõe aos Estados-membros: reexame da matéria que leva à reafirmação da jurisprudência do Tribunal. (STF-ADI n° 165/MG, Rel. Min. Sepúlveda Pertence).*[5]

Em verdade, a cooperação está intimamente ligada à participação consciente e à própria liberdade de consenso para solução dos problemas comuns. Neste sentido, Valdiki Moura esclarece com veemência:

> Cooperação implica liberdade, traduz participação consciente, voluntária e justa da coletividade em um empreendimento comum. Dentro desta interpretação, que nada tem de novidade, torna-se mais compreensível o reparo de certo comentarista ao desclassificar o trabalho realizado em comum, pelos sentenciados das galeras, como um esforço cooperativo. Disso resulta que a cooperação tem sua sede no arbítrio individual, no foro íntimo da vontade [...].[6]

É, entretanto, no contexto sociopolítico que encontramos maior permeabilidade científica e adequação ao propósito real da cooperação, em que nas correntes partidárias, sobretudo as oriundas dos movimentos socialistas, elegeram o cooperativismo[7] como uma forma de amenizar as dificuldades enfrentadas no meio. Esta teoria foi preconizada de maneira não muito elaborada antes dos movimentos que questionaram o capitalismo.

---

[4] RP 1.024/GO – RTJ-94, p. 995-1002; RP 1.210/RJ – RTJ-115, p. 597-602.
[5] Cf. Relatoria do Ministro **Sepúlveda Pertence**. STF-ADI n° 165/MG. Disponível em <http://www.stf.gov.br>. Acesso em: 10. set. 2007.
[6] MOURA, Valdiki. **Democracia econômica**: introdução à economia cooperativa. São Paulo: Companhia Editora Nacional, 1942. p. 4.
[7] Aliás, não devemos confundir a cooperação e o próprio cooperativismo, este, fruto da entrega da produção do associado com venda do seu produto diretamente, pelo custo real, recebendo pelo pagamento da contraentrega. Cf. Isa MAIA (1985, p. 23-25).

De modo geral, a maneira de cooperação preconizada por Adam Smith[8] tem mais a ver com uma maneira de driblar as intempéries trazidas pelo capitalismo do que com um meio eficaz de neutralizar as forças de "dispersão social".

Assim, do ponto de **vista econômico,** mais do que uma força de coesão político-partidária, seria a cooperação um processo de tornar mais desafogadas as condições de existência coletiva e com vistas a elevar o padrão econômico de um povo.

Temos visto, portanto, que a cooperação está diretamente vinculada aos interesses humanos. Em todas as etapas construtivas e reformistas da vida dos povos, o movimento coletivo de solidariedade assume o papel congregador e consolidador.

Na época atual, em que presenciamos um mundo em ebulição ideológica, batendo-se cada grupo pelo primado do seu sistema econômico, não devemos esquecer o conceito humanitário da cooperação, no sentido de significar **solidariedade econômica** em base moral. E ela se torna indispensável, sobretudo nas camadas populares, urbanas ou rurais, que têm problemas de produção, distribuição, crédito e consumo, os quais não podem ser resolvidos isoladamente.

Gerald Richardson explica a forma simples de estabelecer a cooperação:

"A cooperação é a coisa mais simples do mundo para se entender. Não há nada complicado. A cooperação, no senso do trabalho em conjunto, para um resultado comum, é tão velha como a natureza humana. No mundo moderno, cooperação é juntar o povo para realizar seus próprios negócios, com o seu próprio dinheiro, para o seu próprio benefício mútuo"[9].

A palavra cooperativismo tem a ver com o movimento de cooperação experimentado não só pelo Brasil, através das cooperativas, mas também por outros países, como os EUA. Assim, pode-se dizer que estes movimentos significaram a institucionalização das diversas cooperações empreendidas nos setores de integração de classes, sob uma apreciação econômica.

---

8 SMITH, Adam. **La riqueza de las naciones.** V. I. biblioteca de economia. Buenos Aires: Orbis, 1983. p. 9-11.
[9] RICHARDSON, Gerald. **ABC of cooperative – longmans.** New York: Green & Co., 1940. p. 47-48.

As iniciativas dos cooperativistas mantêm-se à margem de toda atividade estatal, e a intervenção desta se perfaz pelo desenvolvimento dos cooperados e suas instituições para concessão de privilégios e subvenções[10].

Enfim, digno de nota é apontar a responsabilidade daqueles envolvidos no ajuste administrativo que patrocinam o desejo da coletividade com desvio ou desonestidade, com o fito de penalizar o ofensor dos princípios gerais da pública administração e para que não haja prejuízo patrimonial ao erário.

Após perlustrarmos as considerações preliminares, iniciaremos o traçado dos institutos correlatos com a evolução do Estado e algumas preocupações de economia.

2. Evolução do Estado: Redimensionalização de Paradigmas Econômicos

Busca-se, neste item, analisar as formas de evolução do Estado em função da teoria do Tamanho do Estado diante de modelos flexionais econômicos. Pretende-se, portanto, extravasar os interesses utilitários do Estado, da maneira como foi preconizado originariamente, favorecendo a construção de um Estado mínimo capaz de implementar formas de gestão associada de serviços públicos, com redução de custos e gastos públicos.

O Estado tolerável é o Estado mínimo. A idéia de redução do Estado não pode sacrificar a prestação de serviços públicos e as formas de cooperação e contratação administrativa.

Por outro lado, percebemos que o Estado em mudança permitiu a eliminação excessiva de funções básicas para que fossem transferidas a terceiros devidamente autorizados e sob gerência da Administração Pública, sem se afastar do seu escopo originário e a visão construtiva econômica.

Não podemos esquecer que nessa nova estruturação estatal, o novo Estado mínimo permitiu a dinamização de institutos jurídicos como: desestatização e privatização, e ainda, a maior fixação dos atuais convênios de cooperação.

Escoa-se, nessa vertente, a necessidade de apurarmos a influência do instituto da globalização, visualizando um novo conceito de cooperação e integração regional para traçar o regime jurídico de cooperação, a partir da definição do Estado mínimo, declarando sua evolução e existência de

---

[10] Cf. Recaredo F. de Velasco CALVO (1931, p. 67-68), Waldirio BULGARELLI (2000, p. 15) e Marco Túlio de ROSE (1988, p. 37-39).

um Estado modesto dentro da atual concepção de acordos entre os entes estatais.

Impende observar que se vive em um momento de profunda redimensionalização de paradigmas. Nesse sentido, os governos nacionais galgaram de um referencial que por muito tempo norteara sua perspectiva de identidade cultural (o excessivo nacionalismo), uma transmodificação que, ainda hoje, sente-se de maneira contundente.

Adaptar-se às exigências de mercado, aos avanços do progresso da cultura, dos valores econômicos ou acompanhá-los paralelamente não tem sido nada fácil para as nações, principalmente, as menos desenvolvidas, ou ainda, aquelas em estágio de desenvolvimento.

Isto ocorre porque as conquistas sociais logradas com o advento do novo pensamento liberal, trazido pela onda revolucionária francesa, colocaram todas as nações em uma situação similar ao novo modelo econômico que pretendia instalar-se, sobrepujando os resquícios do absolutismo monárquico que remanescia em plena era contemporânea.

Difícil, decerto, foi situar os países de desenvolvimento tardio ou em vias de desenvolvimento a esta estrutura que tanto lhes parecia estranha e tanto se insistia em adentrar-lhe as suas complexidades econômicas, políticas e, de maneira irreversível, sociais.

Daí surgem as políticas incentivadoras do desfacelamento das atividades estatais com o fito de desafogá-lo que só foram estimuladas com o crescimento do Estado (no sentido de ampliação e distribuição de tarefas), com o objetivo de torná-lo *mínimo*.

Parece um paradoxo; todavia, quando se analisam as estruturas de distribuição de tarefas que preconizaram a Revolução Francesa, percebe-se que o Estado era grande em suas dimensões de acúmulo de atividades (ausência de setorização de atividades que melhor atendesse aos objetivos sociais do Estado) e pequeno em sua complexidade dinamizadora.

É pertinente a alusão à revisão do papel do Estado a que se referem Arnold Wald, Luzia Rangel de Moraes e Alexandre de M. Wald, citada por Ivo Dantas:

> Uma ampla literatura oriunda de políticos, sociólogos, economistas e até juristas se insurge contra o Estado megalômano, onipresente, o Estado hipertrofiado e superdesenvolvido, defendendo-se uma ampla redução do seu papel e exigindo simultaneamente maior eficiência no exercício de suas funções básicas. Desenvolve-se assim, a tese de que precisamos de menos Estado e de mais Justiça comutativa e distributiva, devendo ser

anotada a fórmula que assegure a existência do Estado Mínimo, do Estado Moderno, que é o Estado modesto.[11]

Com a difusão das idéias iluministas, o pensamento de origem privada, que deriva, em última análise, do pensamento de minorar o tamanho do Estado, começou a ser divulgado com uma roupagem ainda estranha aos parâmetros atuais de Estado mínimo.

O embasamento do Estado mínimo consiste na idéia de enxugamento das atividades estatais, com o fito de tornar este mesmo Estado mais ágil, mais eficiente e mais provedor das atividades que assim se fazem imprescindíveis para a manutenção da sociedade como um todo.

Com efeito, estas idéias são contemporâneas aos princípios aludidos pela ascensão do Estado liberal que tanto preconizava a extensão das atividades privadas e a possibilidade sempre crescente de seu alastramento por todo o globo.

Assim, tornando-se o Estado mais atuante e centrado nas **preocupações econômicas,** poderia tornar o cidadão mais participativo das demais atividades que tanto o absorviam. Nesse toar, Átila Brilante afirma em sua obra:

"o Estado mínimo (seja por razões políticas, seja por razões econômicas) admite que o âmbito de ação do Estado é inversamente proporcional à extensão da liberdade humana. Entre eles há um certo consenso de que o Estado deve reduzir-se à promoção da defesa externa, da segurança pública e à manutenção da justiça"[12].

A idéia que se auferia era a de encontrar um caminho que neutralizasse as inquietações de um povo que não tinha incutido o princípio norteador da atividade privada: o princípio da autodeterminação. Além disso, era necessário que se encontrasse um meio de facilitar a busca para o progresso social no plano interno.

Percebe-se, à conta disso, que as idéias norteadoras dos principais paradigmas que informam a sociedade contemporânea só foram suscitadas com o advento da intervenção privada na sociedade como um todo.

---

[11] DANTAS, Ivo. **Direito constitucional econômico**: globalização & constitucionalismo. Curitiba: Juruá, 1999. p. 158-159.
[12] BRILANTE, Átila Amaral. **Liberalismo e ética**: a crítica de John Stuart Mill ao Estado mínimo. Fortaleza: EUFC, 1998. p. 134.

Nota-se, nesse aspecto, a clara decisão de desafogar o Estado de tantas atividades que poderiam torná-lo menos apto à luta pela conquista de mais mercados e de outras estruturas para consolidar de vez a atividade privada em suas dimensões.

Nesse sentido, fica claro que a diminuição do Estado implica, necessariamente, medidas em que, por uma questão de carência de alguns países, seja tão difícil permear-lhes a idéia que pouco a pouco recebeu as insígnias de neoliberalismo e globalização.

Países como o Brasil, mais acostumados com as políticas assistencialistas estatais, que tanto se desdobraram nos governos da "Nova República", têm, sem dúvidas, dificuldades para adaptar-se a estas políticas de conclamação social e de reivindicação participativa.

Não é à toa que Carlos Garcia Oviedo, examinando o conceito de direito administrativo e a sua ação pública dita:

> Es el 'laissez faire, laissez passer', mas, en rigor, su 'laissez faire' no debe entenderse en el sentido de no hacer nada, sino mejor en el acepción inglesa del 'fair play', es decir, dejar el campo libre. La acción pública debe limitarse a remover todos los obstáculos que se oponnen al libre juego de la actividad privada.[13]

As garantias individuais tão festejadas na maioria das Constituições liberais encontram os primeiros entraves nos antagonismos trazidos pelo próprio monopólio capitalista. Assim, podemos indagar: como é possível ter direito à aludida felicidade que enseja a Constituição dos Estados Unidos, se não é possível ter acesso aos bens que esta sociedade oferece?

Nesse rol de contradições, as doutrinas socialistas encontram espaços para penetrarem em terreno liberal e assinalar suas deficiências, além de evidenciar, de maneira contumaz, as crises do sistema liberal.

É de se notar que as paridades entre as conquistas sociais e a documentação constitucional de seus postulados guardam uma identidade, principalmente no tocante aos direitos que consubstanciam o sistema econômico da época.

Nessa perspectiva, Joan Vicente Sola expressa que a Constituição, como contrato social, legitima o indivíduo dentro do Estado, admitindo argumentos baseados na economia:

---

[13] OVIEDO, Carlos Garcia. **Derecho administrativo**. 6. ed. Madrid: Imprenta Provincial Murcia, 1957. p. 6.

> Una visión económica de la Constitución parte de una base contractualista. De esta manera la Constitución es el cálculo que hace cada persona al ingresar en el contrato social. Este cálculo sobre el equilibrio entre los beneficios y los costos de integrar el Estado, de separar lo que es una decisión individual y lo que es una decisión colectiva y los límites que tiene cada una de ellas, conforma la decisión constitucional. Este cálculo y esta decisión son individuales, y son las razones por las cuales aceptamos y cumplimos el contrato social, y por las que permanecemos dentro del Estado.[14]

Assim, tornar-se-ia muito difícil se conceber um Estado imaturo de consciência social e, principalmente, de carência no que se refere à consciência política cidadã. Portanto, essa visão de Estado mínimo consubstancia-se no desafogamento das atividades, consoantes com a dinâmica de seu tempo e com o recrudescimento dos ideários que tornam um Estado verdadeiramente organizado como nação, capaz de autogerir-se e, por fim, facilitar sua proximidade com os demais Estados e motivar o real sentido de cooperação.

As políticas que bem orientam esta nova perspectiva vêm ora tendendo a um desafogamento que põe o cidadão em uma ampla parceria com o Estado, ora desfacelando as atividades que insuflavam a máquina estatal em pequenas ações com o fito de torná-las mais efetivas e dinâmicas aos olhos da sociedade, em um matiz de redução de gastos públicos.

Trata-se de uma perspectiva que põe o Estado em uma situação capaz de canalizar esforços para uma possível diminuição de atividades. Desse modo, as desestatizações por privatizações ainda têm sido uma opção possível. Vale ressaltar que o Estado desafogado é sempre um bom estágio que precede uma sociedade capaz de cooperar-se. Ora, bem se sabe que a cooperação administrativa indica esforços para uma possível integração entre os Estados-membros e outros entes da pública administração. Esta integração é plenamente possível quando se tem por base uma sociedade com atividades mínimas e eficientes.

Apresenta-se, assim, a cooperação administrativa como meio de integração regional e de associação de serviços públicos:

> *"Do modelo de cooperação ao comunitário, temos várias fases de integração, nas quais os Estados que pretendem formar um grupo regional escolhem, a partir de seus interesses, o grau pretendido. De se destacar*

---

[14] SOLA, Juan Vicente. **Derecho constitucional**. Buenos Aires: Abeledo-Perrot, 2006. p. 16.

que cada nível de integração corresponde a uma renúncia crescente de competências inerentes à soberania nacional".[15]

Temos, por conseguinte, uma redefinição de cooperação, de convênios entre países, uma nova perspectiva de redesenhar-se o mapa de maneira que as integrações sociopolíticas sejam o ponto determinador destas alianças.

Sob o ponto de vista de viabilizar a formação crescente de convênios de cooperação, temos uma perspectiva otimista. Ora, ao que vamos assistir é um verdadeiro incentivo a estas práticas, percebe-se a **redução de gastos públicos**, pelo compartilhamento de despesas entre seus partícipes diante da aquisição de bens e serviços desejados pela coletividade.[16]

Nessa menção, os convênios de cooperação seriam instrumentos de uma etapa micro de neutralização de divergências e carências regionais, com diminuição de gastos públicos.

3. Integração Regional: Política Redutora de Gastos Públicos

É preciso, de logo, insistir que "*as integrações econômicas, portanto, acompanham as necessidades regionais de cada grupo de Estados, que estabelecem [...] temas que por vezes fogem ao conceito quadro das fases de integração preestabelecidas*".[17]

O fato é que os convênios de cooperação possibilitariam uma microintegração. Do ponto de vista regional, seria também plausível considerar os núcleos que as mesmas tocariam.

Como se sabe, os governos na intenção de facilitar estes processos de integração, não aventaram as possibilidades de cooperação interestaduais. Esse posicionamento fortifica-se na afirmação:

---

[15] DANTAS, Ivo; LIMA, Marcos Costa; MEDEIROS, Marcelo de Almeida. **Processo de integração regional**: o político, o econômico e o jurídico nas relações internacionais. Curitiba: Juruá, 2001. p. 16.

[16] Nessa esteira, **Sepúlveda Pertence** entende que meros obstáculos aos repasses conveniais não podem afetar ou paralisar serviços necessários. Cf. AÇÃO CAUTELAR – LIMINAR – INSCRIÇÃO DE ESTADO – SIAFI – INADIMPLÊNCIA – CONVÊNIOS E REPASSES – ÓBICE. A concessão de liminar em ação cautelar faz-se com base nos valores envolvidos, buscando-se definir o prejuízo maior. É de se afastar a inscrição do Estado no Sistema Integrado de Administração Financeira do Governo Federal – SIAFI, ante a inviabilidade de formalizar convênio e receber repasses, com a paralisação de serviços essenciais. (Precedentes: Ação Cautelar nº 235-4, Relator Ministro Sepúlveda Pertence). Disponível em <http://www.stf.gov.br>. Acesso em: 10. set. 2007.

[17] *Ibidem*, p. 37.

Os governos nacionais buscam corrigir essas assimetrias mediante políticas compensatórias. Mas, por outro lado, à medida que se avança para estágios mais elevados de integração, quando se busca a harmonização de políticas, os governos nacionais têm instrumentos de intervenção reduzidos. É nessa perspectiva que os processos de integração são prejudicados às regiões problemáticas.[18]

É perceptível que os mecanismos de intervenção dos quais os governos utilizam-se, não raro, demandam esforços muitas vezes desgastantes para o próprio Estado e as aflições do nacionalismo. Assim, analisar o processo de regionalização que o Brasil, em especial, desenvolve é compreender as dimensões de sua estrutura dinâmica, social e econômica.

Atenuar, portanto, as disparidades que os Estados-membros apresentam frente ao país é tentar entender suas carências em profundo. É importante observar de que maneira os macro-processos de integração podem dificultar a percepção de suas dimensões, ou até mesmo, complicar sua integração frente ao Estado.

O próprio Josaphat Ramos Marinho já identificava conclusivamente que "*o regime de cooperação entre a União e os Estados-membros, inclusive no plano financeiro, deve objetivar o desenvolvimento integrado, sem mutilação dos poderes próprios das entidades congregadas*".[19]

Daí um dos problemas econômicos fundamentais é a escassez de recursos, associada às necessidades do homem. Fatores que tocam também aos entes estatais, sobremaneira pela crescente densidade demográfica e os serviços públicos que devem ser prestados à sociedade. Assim, as funções econômicas do Estado vem se ampliando diante de ingressos regulares e remotos, por efeito, restando uma eficiente aplicação de gastos públicos ou seu compartilhamento.

Nessa vereda, os impostos financiam os gastos sociais,[20] fornecendo os recursos que necessitam para seus bens e serviços públicos. É evidente que com o aumento das necessidades coletivas para aquisição de bens públicos e manutenção de diversos serviços gerais, esses recursos se apresentam sempre reduzidos.

---

[18] LAVINAS, Lena; CARLEIAL, Liana Maria da Frota; NABUCO, Maria Regina (Orgs.). **Integração, região e regionalismo**. Rio de Janeiro: Bertrand Brasil, 1994. p. 71.
[19] MARINHO, Josaphat Ramos. **Estudos constitucionais**: da Constituição de 1946 à de 1988. Salvador: Centro de Estudos Baianos da Universidade Federal da Bahia, 1989. p. 200.
[20] SAMUELSON, Paul. **Curso de economia moderna**. 9ª. ed. Madrid: Aquilar, p. 196-197.

Em abordagem do gasto público, Juan Vicente Sola afirma:

> Puede imaginarse que en algunos casos los programas públicos han empeorado tanto porque han elevado la demanda de recursos escasos o porque han reducido las presiones para que se controlen los costas, ya que en general es el Estado el que paga la mayor parte de ellos.[21]

Essa escassez de recursos, por vezes, advinda de dívida pública provoca uma redução forçosa de gastos públicos. A fórmula é simples: troca-se impostos por serviços e bens públicos. O maior problema reside em operacionalizar uma escalada continua de necessidades coletivas para obtenção e manutenção de serviços e bens coletivos.

A luz desse comento, explicita Martín Krause:

> Cuando el gobierno se endeuda no sucede nada distinto que cuando cualquier persona lo hace: el endeudarse le permite un mayor nivel de gasto ahora, pero como deberá devolver eso, esto significa que habrá de reducir su gasto en el futuro. En otros términos, deuda hoy son impuestos mañana y la deuda que hoy se paga es lo que han gastado otros antes.[22]

É verdade que o particular ou instituições privadas facilmente percebem que só se deve gastar na medida de seus recursos, sob risco de endividar-se. Essa noção na administração privada é forte, por outro lado, os administradores públicos têm passado por diversos problemas de gestão de gastos, como por exemplo: não gastar mais que recebe; manejo de recursos por sua carência em função das prioridades; e redução da eficiência na execução dos serviços públicos. Não obstante, algumas alternativas estão visíveis e plenamente viáveis para superação e restrição de estorvos econômicos, simplesmente, pelo aumento de compartilhamento de gastos públicos na consecução de objetos comuns.

Repita-se, é nesse particular que a experiência dos convênios de cooperação facultaria uma integração que lograria ao Estado a sua ampla e autêntica capacitação de atendimento de serviços públicos em uma perfeita política pública de redução de gastos públicos, bem como, em menor escala, a perfeita e eficiente utilização de contratos administrativos.

---

[21] SOLA, Juan Vicente. **Constituición y economia**. Buenos Aires: Abeledo-Perrot, 2004. p. 785.
[22] KRAUSE, Martín. **Análisis económico del derecho**: aplicación a fallos judiciales. Buenos Aires: La Ley, 2006. p. 93.

Afinal, um Estado capaz de ingressar neste sistema de aldealização é aquele que se proporcionou, internamente, um estágio de harmonia e de atenuação de carências peculiares a sua constituição. Só um Estado resolvido em seus antagonismos é hábil de lograr êxito no mundo globalizado.

Em linhas gerais, expomos alguns institutos correlatos à colaboração administrativa e aos gastos públicos; agora, pautaremos nosso estudo sobre as principais distinções entre convênios integrativos e contratos administrativos para fins de posterior análise econômica dos institutos.

4. Aspectos Distintivos entre Convênios Integrativos e Contrato Administrativo

Ponto que tem levantado muitas dúvidas refere-se à aparente similitude entre o contrato e o convênio administrativos. Embora tenha delineado os traços mais característicos dos convênios e, por si, manifestando sua singularidade neste rol de ajustes firmados pelos entes públicos com a finalidade de dinamizar as atividades públicas, neste item, cabe dedicação exclusiva a traçar os contornos que distanciam os contratos administrativos dos convênios, para posterior estudo e compreensão de seus custos e resultados.

Por ocasião, as iniciais e reveladoras diferenças entre ambas as figuras, se tratam do objetivo pretendido por tais acordos: nos **contratos administrativos**, há a oposição de objetos, exteriorizados pela prestação e contraprestação que envolve o liame contratual; nos **convênios de cooperação**, não há tal contraposição, e sim, uma convergência de esforços para o atingimento da meta final, que é a satisfação do interesse público.

Traçando as primeiras considerações sobre o assunto, nota-se que as diferenças iniciais encontram-se entre os entes integrantes dos acordos. Nos contratos administrativos, é de fato imprescindível a presença dicotômica entre particular e ente da Administração Pública, enquanto nos convênios, poderá haver a presença de entes da Administração Pública, entre entes da pública administração e o particular.

Quando se referir o acordo que envolva ente público e particular, a diferenciação residirá no objeto pactuado. Assim, será necessária a averiguação sobre a natureza do acordo. Caso se trate de convergência de esforços para o atendimento da finalidade pública, entende-se que está exteriorizado o atributo cooperacional, e, portanto, tratar-se-á de convênio administrativo.

Assim, é patente que não haverá lugar aqui para a contraposição de interesses, o que ocasionaria a dualidade da prestação/contraprestação.

Haverá sim, reitere-se, a eleição do propósito público corroborado pela atuação direta de entes de sua própria constituição, sem negar que nos contratos administrativos haverá, outrossim, a mesma finalidade pública.

Por esta razão, a nomenclatura utilizada para designar os atuantes na formação dos convênios seja a de partícipes. Evita-se, dessa forma, qualquer comparação aos contratos com designação calcada na natureza dúplice que encerra seus objetos: contratantes.

Quando se concebe que a atuação dos convenentes é de partícipe, indubitável está o exato destino de sua função, qual seja: o de participar de obra, serviço ou qualquer realização que tenha como lastro a satisfação com o mesmo objeto.

Na execução dos contratos administrativos, acaso efetuados pelo contratante (particular), a Administração Pública atuará de maneira oblíqua, velando pela satisfação de sua finalidade, contudo, a cargo do particular, estará o sucesso da empresa.

Dentro dessa concepção, Agustín Gordillo[23] afirma que os contratos administrativos têm regime primordialmente de direito público, diametralmente opostos aos contratos da administração do regime civil, todos sem qualquer sacrifício dos princípios norteadores do Estado.

Feitas essas considerações iniciais que satisfazem a idéia de formação dos convênios, faz-se necessário o estudo de sua constituição formal, absolutamente distinta dos contratos administrativos.

Como é sabido, os convênios resultam, em grau de formação, da anuência expressa dos entes autorizados para iniciar a sua consecução. Desse modo, atos complexos que são, necessitarão não só da declaração volitiva dos partícipes.

Os contratos administrativos têm um procedimento próprio para inserirem-se na regularidade administrativa que reclama o princípio da legalidade. Então, submeter-se-ão os particulares ao procedimento licitatório como meio hábil e legitimado com o fito de os administrados entrarem em acordo com a Administração Pública.

Assim, a celebração do convênio constitui-se pela forma de ajuste, no qual estarão elencados todos os dispositivos norteadores dos rumos dos partícipes na realização da cooperação administrativa.

Nesse contexto, indispensável se faz a menção de que a natureza jurídica de um ajuste está intrinsecamente voltada à convergência de esforços

---

[23] GORDILLO, Agustín. **Contratos administrativos**: regímenes de pago y atualización. Buenos Aires: Astrea, 1988. t. 1., p. 17-18.

para o interesse público. Se, por exemplo, determinado ente público entra em acordo com uma empresa particular, e ambos, com a finalidade de construção de um hospital, integram de um lado, mão-de-obra e do outro, material para a construção, sem que haja a prestação pecuniária como forma de pagamento para o alcance do trabalho, estar-se-ia diante de um autêntico convênio administrativo.

O contrato, por sua vez, caracterizar-se-ia, para a construção dessa obra, em um acordo no qual se dispusesse que sua edificação estaria a cargo do pagamento à outra parte. Como haveria a expressa contratação (haja vista ao ajuste de vontades opostas: construção de obra e pagamento) estar-se-ia diante de um verdadeiro contrato administrativo.

Ressalte-se: ninguém contrata para não cumprir o que convencionou. Os contratantes estão sujeitos aos ajustes do instrumento de acordo e a este se submeterão em homenagem ao *pacta sunt servanda*, corolário das disposições observadas no ajuste. Em alusão a natureza contratual dos instrumentos em estudo, **Sepúlveda Pertence** afirma:

> *A distinção ontológica pretendida entre contratos – aos quais alude a lei – e convênios – qual seja a denominação dada ao acordo entre o instituto e o município – não se suporta. Malgrado reservado na doutrina e na prática administrativa aos ajustes das entidades públicas entre si, com vistas a objetivos comuns de interesse público, sua utilização para rotular ato convencional de acerto de obrigações recíprocas, entre município e sociedade civil de direito privado, não lhe subtrai a natureza contratual, da qual, aliás, lato sensu, não se despem sequer os convênios em sentido estrito.*[24]

Já o convênio reclama amparo diverso. Conforme foi verificado, em face da presença das cláusulas exorbitantes e da própria rigidez que o contrato administrativo oferece aos contratantes, estes se ressentem de mais coerção na observância de suas cláusulas.

O convênio, como não oferece a referida rigidez, por não impor as devidas advertências, que, em última análise, remonta às responsabilidades do ajuste, desobriga aos partícipes a devida observância e a sua permanência no feito, provocando, assim, certa insegurança dos próprios administrados e dos convenentes.

---

[24] Cf. Relatoria do Ministro **Sepúlveda Pertence**. Acórdão n. 20.069 – Recurso Especial Eleitoral – Campo Grande – MS. Disponível em <http://www.tse.gov.br>. Acesso em: 10. set. 2007.

Esta tem sido uma das questões mais discutidas quando está em vista a responsabilidade contratual asseguradora do cumprimento da finalidade pública ao contratante, e a vacância de tratamento legal ou doutrinário ao partícipe que dirima esforços não pactuados para a conquista do interesse público, ou que de qualquer forma obste a sua realização.

Por fim, enquanto nos contratos administrativos o desfazimento de sua execução implica em sua extinção, há nos convênios, a denúncia como forma própria de diluição do ajuste, entendida aqui como a satisfação do interesse público ou diante da causa de completa impossibilidade de consecução dos trabalhos, até para impedir cláusula sancionadora ou de permanência dos partícipes.

A cada instituto correspondem características que lhe são peculiares:

INSTITUTOS	CONTRATOS ADMINISTRATIVOS	CONVÊNIOS DE COOPERAÇÃO
PARTES OU PARTÍCIPES	Contratantes ou Ente Contratante / Entes vinculados por contrato administrativo	Partícipes ou Ente Convenente / Convenentes não vinculados contratualmente
PARTICIPANTE	Pessoas Jurídicas Públicas e Privadas e Particulares	Pessoas públicas de qualquer espécie (podendo ter pessoa jurídica privada ou particular) União + Estado; União + Município União + Estado + DF; Estado + Município Estado + Associação Beneficente; etc
FORMA	Contrato Comutativo	Ajuste (acordo ou pacto de cooperação administrativa)
CELEBRAÇÃO	Termo de Contrato Administrativo	Termo de Convênio de Cooperação
VISA	Realização dos interesses dos contratantes (Interesse público) – COM LUCRO	Realização dos interesses dos partícipes (Interesse público) – SEM QUALQUER LUCRO
OBJETO	Diversos e contrapostos	Comuns
EXEMPLO	Qualquer coisa (obra pública, serviço, atividade, uso de bem, concessão, fornecimentos, compras e alienações)	Qualquer coisa (obra, serviço, atividade, uso de bem)
INTERESSES	Públicos e particulares	Públicos (podendo existir também os particulares)
DESFAZIMENTO	Extinção	Denúncia

Esse quadro permite identificar as formas de cooperação e contratação administrativa admitida pelo Direito Positivo, declarando suas principais diferenças e a posição geral dos problemas relacionados à sua identificação, que corretamente aplicados permitirão a redução de gastos públicos e efetivos resultados.

A partir dessas reflexões sobre seus elementos caracterizadores, doravante partiremos para uma analise econômica de sua possível utilização.

5. Ferramentas para Tomada de Decisão na Escolha do Instrumento

A perspectiva de tomada de decisão do gestor público e eleição do instrumento administrativo nos permitem algumas digressões: A admissão do convênio integrativo permite menor custo de transação que o contrato administrativo? Qual instrumento que permitiria um resultado mais eficiente? O contrato admite maior controle? Qual eleição mais econômica para os cofres públicos?

Tome-se como exemplo a situação do município (M1) que diante da necessidade de dispor de um hospital para atender seus municipalizados que dependerá de grandes cifras para sua construção, com escassez de receita, o que faria? Em realidade, o gestor público teria duas opções: a **primeira,** eleger o convênio integrativo que poderá compartir com outros municípios circunvizinhos, também carecedores do mesmo bem (M2 e M3) dividindo o resultado do intento, e por efeitos, seus gastos; ou uma **segunda** opção, optar pelo contrato administrativo assumindo o total das despesas geradas para obtenção do bem público, neste caso um hospital, possuindo maior controle sobre sua efetividade e propriedade.

Para melhor entendimento, observe-se a figura abaixo:

Figura 1 – Exemplo distintivo

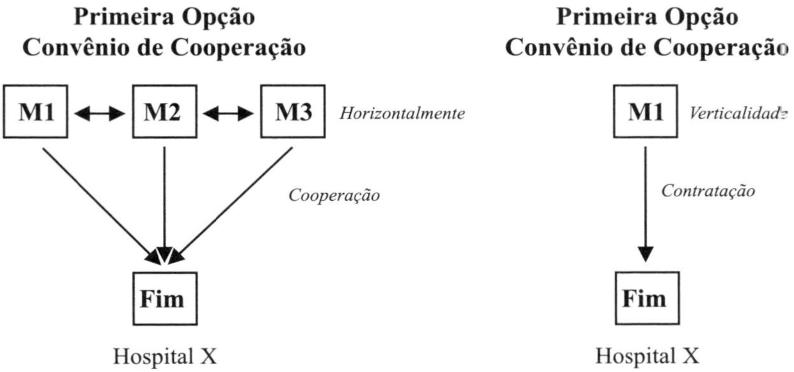

Primeira Opção
Convênio de Cooperação

M1 ↔ M2 ↔ M3 *Horizontalmente*

Cooperação

Fim

Hospital X

Primeira Opção
Convênio de Cooperação

M1 *Verticalidade*

Contratação

Fim

Hospital X

A figura acima permite visualizar que no convênio integrativo existe uma horizontalidade em que os municípios partícipes (M1+M2+M3) estariam no mesmo plano, sem qualquer hierarquia, compartilhando despesas e resultados, enquanto que no contrato administrativo, um único município (M1) assumiria todos os encargos e custos com a produção do bem contratando terceiros particulares para a construção do bem público.

Claro que o convênio integrativo permitirá sempre uma eleição mais econômica, onde se diminui custos compartilhados em busca do resultado. Neste caso, a aquisição de um hospital em um espaço geográfico comum aos partícipes. O primeiro problema consiste, por exemplo, quando da construção de um bem a quem pertenceria? E esse bem pertenceria a todos os partícipes? A questão seria facilmente equalizada pelo entendimento que se trata de propriedade comum a todos os partícipes (M1+M2+M3), melhor ainda, se integralizasse seu valor em cotas, conforme a aplicação de recursos oferecidos no resultado pretendido. Ao contrario disso, o contrato administrativo permite um gasto público total e único pelo contratante (M1), entretanto, com garantia de propriedade do bem pelo município empreendedor.

Ademais, não haveria dúvida sobre o bem público pertencente à coletividade com deferência ao bem ser comum, por efeito, encontro no convênio, repito, uma decisão economicamente mais viável para consecução de bem ou serviços públicos, analisando logicamente as escalas valorativas e outros questionamentos.

Percebe-se que nos convênios integrativos, os partícipes (atores) sofrem custos menores, em um jogo compartilhado, com uma posição negociadora múltipla de maior complexidade em respeito aos interesses dos outros membros, permitindo um controle mais complexo. Diferente disso, os contratos administrativos a parte (M1) sofre custo maior, em formato unitário, em pleito único, sem necessidade de conciliação de anseios políticos.

Figura 2 – Critérios comparativos

Critérios	Convênios integrativos	Contratos administrativos
Atores	Partícipes	Contratante + Contratado
Custos	Menores e compartidos	Maiores e únicos
Jogo	Compartilhado	Não tem (único)
Decisão	Conciliada de pleitos	Unitária
Posição negociadora	Múltipla	Única

Vale lembrar no convênio integrativo o fator imprescindível é que os membros tenham confiança entre si na consecução do fim, e que o número menor de atores possibilitaria um resultado mais palpável e eficiente. Entretanto, a solução aconselhável para um controle operativo seria a criação de uma junta formada por representantes de cada município partícipe para que em conjunto acompanhassem todo o evento desejado, e não simplesmente aguardassem – pacificamente – o resultado.

Ação implica em incertezas, até porque se conhecêssemos tudo seria reação. O que se pretende conhecer são parâmetros minimizadores dos riscos com estabelecimento mais preciso dos custos de decisão e ampliar a eficiência dos resultados. Sobre o assunto, vale lembrar a expressão de Lynch: *"La acción implica un costo, trabajo, esfuerzo o sacrificio que es el valor que se debe renunciar para obtener el ingreso o entrada del valor que se prefiere."*[25]

Assim, todas as ferramentas econômicas que pudessem impedir imperfeições aos instrumentos em estudo seriam aceitas para viabilizar a tomada de decisão. Nesse segmento, elegemos cinco questões que julgamos mais relevantes para uma equilibrada tomada de decisão: 1. racionalidade limitada; 2. oportunismo; 3. informação impactada; 4. identificação de recursos; e 5. complexidade do processo.

Por **racionalidade** entende-se pelos fatores ou as condições de incerteza, bem como a complexidade da decisão tomada, analisando se todos os caminhos alternativos são conhecidos. A racionalidade está limitada ao rol de informações obtidas a tomada de decisão. Nesse sentido, a hierarquia nos contratos administrativos ajuda a reduzir alguma incerteza através da formalidade e decisão unitária, com planos de longo prazo. O que se vê aos convênios é a necessária elaboração de um rigoroso plano de trabalho, e aos contratos administrativos uma descrição precisa do objeto. Melhor ainda, para ambos, é razoável um acompanhamento de todo um procedimento para fins de rejeição de vícios e controle de corrupções.

A par disso, o **oportunismo** se apresenta como uma promessa autodesacreditada por informações distorcidas. O oportunismo pode ter uma vantagem pela informação normal quando era preexistente e totalmente exposto da realidade. Nesta vereda, o número reduzido de partícipes possibilita uma melhor interação dos atores, cada qual com interesse próprio no objeto comum. Por outro lado, no contrato administrativo, em função da verticalidade, esmera uma auditoria mais eficiente e a facilidade de

---

[25] LYNCH, Alberto Benegas. **Fundamentos de analisis economico**. 11ª. ed. Buenos Aires: Abeledo-perrot, 1994. p. 36.

resolução de vícios e eventuais disputas advindas da relação contratual em face das sanções preceituadas ao contratante.

A **informação impactada** aborda a questão principal das circunstâncias básicas verdadeiras, conhecidas pelos entes partícipes ou partes, ou por aquela que não possui capacidade de discernir. De igual forma quando a informação for sabida e incompleta, e que cada ator teria diferente suposição, ampliando as possibilidades de discussão que posteriormente elevaria nos custos do evento. Na visão do contrato administrativo, por sua verticalidade, este permite uma superior habilidade de operar como contratante para impedir exploração com melhor controle da atividade, serviço ou obra contratada.

Outro critério econômico importante é a **especificidade de recursos**. Essa descrição deve ser precisa com vistas a evitar uma alocação posterior de recursos não esperados, ou seja, quanto mais específico o bem desejado, mas eficiente será seu resultado. Por essa observação, se analisa a capacidade de cada ator em suportar o investimento da transação, como por exemplo, se o município (M1 ou M2 ou M3) sustenta os gastos com a construção de hospital X, fato comum aos partícipes do convênio integrativo, bem como os problemas de necessidade de controle adicional e a margem de incertezas do evento.

Em seguida, a definição da **complexidade do produto** se perfaz essencial a descrição detalhada do produto ou serviço para a verificação dos investimentos da transação, necessários à seleção *pos post*. O problema comum reside nas descrições complexas não intercambiáveis, estas devem ser superadas com a presença de especialistas e detalhamento das informações. Inclusive nos contratos administrativos a vantagem da verticalização aparece favorável pela hierarquia, já que se pode exercer maior controle com menos coordenação que os convênios integrativos.

Em análise dessa questão, sendo os acordos administrativos, uma forma de atividade da Administração Pública, com finalidade própria, distinta de outros pactos do direito privado, estes geram custos de transação e efeitos que lhes são específicos, sejam pelos convênios integrativos ou contratos administrativos. É o que a seguir apresentamos.

6. Aporte Conclusivo

Traçar o regime jurídico de cooperação e contratação administrativa, a partir do estudo de sua expressão doutrinária diante de uma visão econômica, é estabelecer a natureza jurídica dos institutos pertinentes em busca da eficiência. Sobremais, conforme notas introdutórias, este estudo foi elaborado com o escopo de analisar a atuação da pública administração perante os atuais convênios integrativos e contratos administrativos estabelecendo suas distinções diante dos ensinamentos respeitantes e alguns aspectos da economia e do direito.

No momento em que o Estado evolui, passa por transformações, na medida em que busca o atendimento das necessidades coletivas com o fito de lograr mais eficiência na prestação de serviços públicos. Faz-se necessário estabelecer, portanto, critérios para tomada de decisão de eleição das formas de ajustes administrativos. Destarte, justifica-se que este compacto estudo buscará contribuir para o exame das formas de cooperação e contratação administrativa à luz da análise das ferramentas e custos econômicos.

Finalmente, de tudo que foi cuidadosamente analisado, firmamos as seguintes conclusões a respeito do título proposto:

1. A cooperação, como fenômeno social, advém do conflito, ou como uma forma de neutralizar seus efeitos. Em todas as manifestações, e onde a cooperação encontrou permeabilidade, percebemos os frutos que a mesma produziu. Cooperação é o ínterim entre o conflito e a integração, como alternativa de obtenção econômica e democrática da paz social.
2. A cooperação é um veículo que conduz as populações à paz social, esta se sedimenta em solidariedade, no reconhecer-se vulnerável e da necessidade de coexistência. Portanto, sua nova face deve-se em suma relevância às inovações tecnológicas e à sofisticação de reconhecimento de novas formas de inteligência, que tanto reclamam os tempos atuais.
3. A transformação do Estado absolutista em Estado liberal implica o desafogamento das atividades estatais. Nesse sentido, tem-se a progressiva *diminuição do Estado*, fenômeno que se estende aos dias atuais, condicionando a busca de novas formas de sanear suas carências. Consiste a idéia de *Estado mínimo* em enxugamento das atividades estatais, com o fito de torná-lo mais ágil, eficiente, econômico e provedor das suas funções que assim se fazem imprescindíveis para a manutenção da sociedade.
4. Com a *globalização*, surge um novo conceito de *cooperação* que visa aglomerar núcleos de produção para a formação de blocos unidos com características culturais e econômicas em situação de similaridade que

a simples abalo em um dos seus integrantes provoque repercussão nos demais. Nessa menção, as *cooperações administrativas* seriam uma etapa de micro-neutralizações de divergências e carências regionais em que a *integração regional* implicaria um estágio de harmonia concebida após a reunião de entes no sentido de suprimirem as suas peculiares divergências e dificuldades.

5. O ato convenial nitidamente difere dos contratos por representar uma convergência de interesses, não aleatórios ou individuais, mas públicos, visando ao atendimento do bem comum, sempre com vistas ao cumprimento dos princípios norteadores da atuação da Administração Pública, além da necessária existência de resultado comum entre os partícipes.

6. Os necessários atos de constituição dos ajustes administrativos e a representação dos partícipes, e ainda, a finalidade institucional pública e privada serão sempre voltados ao interesse público e à mútua colaboração entre os entes convenentes em uma visão econômica de controle do resultado.

7. É evidente que nos convênios integrativos, os partícipes (atores) sofrem custos menores, em um jogo compartilhado, com uma posição negociadora múltipla de maior complexidade em respeito aos interesses dos outros membros, permitindo um controle mais complexo. Diferente disso, nos contratos administrativos a parte contratante sofre custo maior, em formato unitário, em pleito único, sem necessidade de conciliação de anseios políticos.

8. A nosso viso, todas as ferramentas econômicas possíveis de impedir imperfeições aos instrumentos em estudo seriam aceitas para viabilizar a tomada de decisão. Nesse segmento, elegemos cinco questões que julgamos mais relevantes para uma equilibrada tomada de decisão: 1.racionalidade limitada; 2.oportunismo; 3.informação impactada; 4.identificação de recursos; e 5.complexidade do processo.

9. Nota-se imperioso que a Administração Pública busque considerar os condicionantes econômicos e sociais para concluir que a cooperação e contratação, dentro de um aspecto geral e como fenômeno social, advém do conflito, ou surge como uma forma de neutralizar seus efeitos negativos. Em síntese, toda perquirição empreendida parece revelar a necessidade de robustecer-se uma formação real com exame dos gastos públicos e os resultados alcançados.

Da perspectiva abordada, podemos ver que o assunto não se esgota neste compacto estudo, requerendo uma constante diligência e análise profunda dos reclames da sociedade como forma de solução dos conflitos da Administração Pública.

Em últimas palavras, emerge a necessidade de aprimoramento do tecnicismo jurídico aplicado à gestão associada e contratação de serviços públicos, apoiado nos princípios econômicos e no regime legal da matéria.

7. Bibliografia

ALESSI, Renato. **Principi di diritto amminitrativo**. Milão: Giuffré, 1974. v. 1.
ALEXY, Robert. **Teoría de los derechos fundamentales**. Madrid: Centro de Estudios Constitucionales, 1993.
AMARAL, Diogo Freitas. **Curso de direito administrativo**. Coimbra: Livraria Almedina, 1992. v. 1.
BRAGA, Douglas Gerson. **Conflitos, eficiência e democracia na gestão pública**. Rio de Janeiro: Fiocruz, 1998.
BRILANTE, Átila Amaral. **Liberalismo e ética**: a crítica de John Stuart Mill ao Estado mínimo. Fortaleza: EUFC, 1998.
BULGARELLI, Waldirio. **As sociedades cooperativas e sua disciplina jurídica**. 2. ed., rev. e atual. Rio de Janeiro: Renovar, 2000.
CALVO, Recaredo F. de Velasco. **Resumen de derecho administrativo y de ciencia de la administración**. 2. ed. Barcelona: Librería Bosch, 1931. t. 2.
CASSAGNE, Juan Carlos. **Los principios generales del derecho en el derecho administrativo**. Bueno Aires: Abeledo-Perrot, 1992.
_____. **Derecho Administrativo**. 4. ed., amp. y actua. Buenos Aires: Abeledo-Perrot, v. 1, 1993.
CASTOR, Belmiro Valverde Jobim et alii. **Estado e administração pública**: reflexões. Brasília: FUNCEP, 1987.
COASE, Ronald H. **The Nature of the Firm**. Económica, 4 Nueva Serie, (1937), p. 88. Reproducído en Raadings in Price Theiry, (1952).
_____. Ronald H. **The problema of social cost**. Jornal of law and economics. Chicago. V.3 p. 1-44, 1960.
CUESTA, Rafael Entrena. **Curso de derecho administrativo**. 10. ed. Madrid: Tecnos, 1994.
DANTAS, Ivo. **Direito constitucional econômico**: globalização & constitucionalismo. Curitiba: Juruá, 1999.
DANTAS, Ivo; LIMA, Marcos Costa; MEDEIROS, Marcelo de Almeida. **Processo de integração regional**: o político, o econômico e o jurídico nas relações internacionais. Curitiba: Juruá, 2001.

ESCOLA, Héctor Jorge. **El interés público**: como fundamento del derecho administrativo. Bueno Aires: Depalma, 1989.

FALLA, Fernando Garrido. **Tratado de derecho administrativo**. 90. ed. Madrid: Tecnos, 1991. v. II.

FRANKE, Walmor. **A interferência estatal nas cooperativas**: aspectos constitucionais, tributários, administrativos e societários. Porto Alegre: Sérgio Antonio Fabris, 1988.

GORDILLO, Agustín A. **Tratado de derecho administrativo**. Buenos Aires: Macchi.

GORDILLO, Agustín et al. **Contratos administrativos**: regímenes de pago y atualización. t. 1. Buenos Aires: Astrea, 1988.

KRAUSE, Martín. **Análisis económico del derecho**: aplicación a fallos judiciales. Buenos Aires: La Ley, 2006. .

LAVINAS, Lena; CARLEIAL, Liana Maria da Frota; NABUCO, Maria Regina (Orgs.). **Integração, região e regionalismo**. Rio de Janeiro: Bertrand Brasil, 1994.

LYNCH, Alberto Benegas. **Fundamentos de analisis economico**. 11ª. ed. Buenos Aires: Abeledo-perrot, 1994.

MAIA, Isa. **Cooperativa e prática democrática**. São Paulo: Cortez, 1985.

MARINHO, Josaphat Ramos. **Estudos constitucionais**: da Constituição de 1946 à de 1988. Salvador: Centro de Estudos Baianos da Universidade Federal da Bahia, 1989.

MOURA, Valdiki. **Democracia econômica**: introdução à economia cooperativa. São Paulo: Companhia Editora Nacional, 1942.

OVIEDO, Carlos Garcia. **Derecho administrativo**. 6. ed. Madrid: Imprenta Provincial Murcia, 1957.

PERTENCE, Sepúlveda. Relatoria em ação cautelar nº 235-4 e ADI nº 165/MG. Disponível em <http://www.stf.gov.br>. Acesso em: 10. set. 2007.

PIGOU, A.C. Economics of welfare 4.ed. 1932.

RICHARDSON, Gerald. **ABC of cooperative – longmans**. New York: Green & Co., 1940.

ROSE, Marco Túlio de (Org.). **A interferência estatal nas cooperativas**: aspectos constitucionais, tributários, administrativos e societários. Porto Alegre: Sérgio AntonioFabris, 1988.

SAMUELSON, Paul. **Curso de economia moderna**. 9ª. ed. Madrid: Aquilar, 1998.

SÁNCHEZ, Manuel Díaz. **Ética pública e estado do benestar**. Santiago de Compostela: Escola Galega de Administración Pública, 1994.

SMITH, Adam. **La riqueza de las naciones.** V. I. biblioteca de economia. Buenos Aires: Orbis, 1983.

SOLA, Juan Vicente. **Constituición y economia**. Buenos Aires: Abeledo-perrot, 2004.

_____. Juan Vicente. **Derecho constitucional**. Buenos Aires: Abeledo-perrot, 2006.

ZALDUENDO, Eduardo A. **Breve historia del pensamiento económico**. 2ª. ed. Buenos Aires: Macchi, 1994.

Sepúlveda Pertence e a Reserva de Mercado no Setor de Informática

Ricardo Antônio Lucas Camargo (*)

Quando organizei a coletânea ***Desenvolvimento econômico e intervenção do Estado na ordem constitucional***, destinada a homenagear o Professor Washington Peluso Albino de Souza, no biênio 1994/1995, busquei para a prefaciar um de seus antigos alunos, então presidindo o Supremo Tribunal Federal: o Ministro José Paulo Sepúlveda Pertence. Este culto e corajoso mineiro de Sabará aquiesceu generosamente ao convite, e produziu um comovedor tributo ao caríssimo Mestre de todos nós que desbravou a selva do Direito Econômico, iniciando-nos nos mistérios da disciplina.

Para o presente livro, entretanto, resolvi reportar-me a um episódio de atuação do ora homenageado anterior à sua assunção da cadeira no Supremo Tribunal Federal: trata-se do exame feito pelo então Procurador-Geral da República acerca da constitucionalidade da Lei 7.232, de 1984, que introduzira no Brasil a reserva de mercado no setor de informática. Este episódio tem sido, normalmente, estudado à luz da questão processual que se colocava acerca da possibilidade de, na vigência da Constituição de 1967, o então único legitimado a propor ao Supremo Tribunal Federal ação objetivando o controle abstrato de normas infraconstitucionais em face da Constituição, deixar de provocar a Corte, caso estivesse convencido da improcedência da argüição. Por sinal, a representação deixou de ser conhecida exatamente por este fundamento[1]. Contudo, sob o ponto de vista do mérito, o tema da representação mereceria, também, ser estudado, quando nada, tendo em vista que se trata de uma medida adotada há vinte e três anos da redação deste ensaio, quando não era tão disseminado o uso

---

(*) Doutor em Direito pela Universidade Federal de Minas Gerais – Associado Regular do Instituto Brasileiro de Advocacia Pública – IBAP n° 929 e membro da Fundação Brasileira de Direito Econômico.
[1] MENDES, Gilmar Ferreira. ***Direitos fundamentais e controle de constitucionalidade.*** São Paulo: Celso Bastos, 1999, p. 287-288.

da informática e, por outro lado, vinha a se colocar numa filosofia voltada à necessidade de se reconhecer o conhecimento tecnológico enquanto instrumento do poder econômico e, pois, apto a conformar as relações de troca.

Tecnologia, como se sabe, é bem imaterial que se compõe de conhecimentos e técnicas não amparados por direito de propriedade industrial, aplicados à produção de bens de consumo e insumos[2]. Este bem é fornecido mediante contrato. A tutela do fornecimento da tecnologia pressupõe esteja o contrato de acordo com os critérios de seleção prioritária, baseados na natureza do produto ou processo, bem como sua importância para o desenvolvimento econômico e tecnológico do País. Também pressupõe que a tecnologia, em cotejo com outras disponíveis para o mesmo fim, guarde correspondência a níveis inexistentes no País. No setor, há de a tecnologia produzir vantagens ao desenvolvimento nacional a curto prazo. O produto resultante da aplicação da tecnologia há de ser passível de exportação, por um lado e, por outro, há de se possibilitar a substituição do produto e dos respectivos componentes[3]. Tutela-se, ainda, o desenvolvimento tecnológico pela proibição de cláusulas que sejam passíveis de limitar, regular, alterar, interromper ou impedir atividades de pesquisa e de desenvolvimento tecnológico por parte de quem receba o licenciamento para a exploração de patente, recordando-se, aqui, os Tratados mediante os quais a industrialização lusitana foi impedida enquanto se processava a Revolução Industrial na Inglaterra[4]. Note-se que, nos EUA, há exemplos abundantes sobre a vetustez da preocupação com o desenvolvimento tecnológico, referindo

---

[2] OLIVEIRA, Fernando Albino de. Aspectos comerciais e fiscais da transferência de tecnologia. **Revista de Direito Público**. São Paulo, v. 18, n. 76, p. 269, out/dez 1985; SILVA, A. C. Fonseca e. Transferência de tecnologia, "royalties" e correlatos: aspectos fiscais. **Revista de Direito Público**. São Paulo, v. 22, n. 89, p. 263, jan/mar 1989; TEIXEIRA, Egberto Lacerda. Tecnologia estrangeira no Brasil – regime jurídico-fiscal – a intervençao do Instituto Nacional de Propriedade Industrial. **Revista de Direito Mercantil, Industrial, Econômico e Financeiro**. São Paulo, v. 13, n. 13, p.55, 1974; COMPARATO, Fábio Konder. A transferência empresarial de tecnologia para países subdesenvolvidos: um caso típico de inadequação dos meios aos fins. **Revista de Direito Mercantil, Industrial, Econômico e Financeiro**. São Paulo, v. 21, n. 47, p. 50, jul/set 1982

[3] ANDRADE JÚNIOR, Áttila de Souza Leão. *O capital estrangeiro no sistema jurídico brasileiro*. Rio de Janeiro: Forense, 1979, p. 114-115.

[4] SOUZA, Washington Peluso Albino de. **Minas do ouro e do barroco**. Belo Horizonte: Barlavento, 2000, p. 136; ANDRADE JÚNIOR, Attila de Souza Leão. op. cit., p. 106-107; SOARES, Guido Fernando da Silva. Antecedentes internacionais da regulamentação de transferências internacionais de tecnologia. **Revista de Direito Mercantil, Industrial, Econômico e Financeiro**. São Paulo, v. 24, n. 57, p. 20, jan/mar 1985.

João Barbalho[5] lei federal de 1862 – em plena Guerra Civil, no Governo de Lincoln – que destinou terras a institutos de mecânica e agricultura que se propusessem ao ensino de exploração de minas. A relação entre a tutela do desenvolvimento tecnológico e o regime jurídico referente à informática é intuitiva, por se tratar de relação entre o todo e a parte.

Informática, como se sabe, é o setor relacionado à organização e armazenamento de dados em computadores, permitindo, por outro lado, o acesso pelos usuários respectivos[6]. O direito positivo francês definiu-a como ciência do tratamento racional, notadamente por máquinas, da informação considerada como suporte dos conhecimentos humanos e das comunicações nos domínios técnico, econômico e social[7]. A Política Nacional de Informática teve suas bases estabelecidas na Lei 7.232, de 29 de outubro de 1984 e, mais tarde, no Decreto-lei 2.203, de 27 de dezembro de 1984. O I Plano Nacional de Informática e Automação – PLANIN – foi veiculado pela Lei 7.463, de 27 de abril de 1986. A Lei 8.248, de 1991, marca a extinção da reserva de mercado no setor informático, e a substituiu pelo regime de preferência: entendeu-se mais necessária a atração de capitais estrangeiros para o setor do que a criação de uma indústria nacional, com tecnologia própria[8].

Fora levada ao ora homenageado, então à testa do Ministério Público Federal, representação por inconstitucionalidade, firmada por um grupo de Parlamentares das duas Casas Legislativas encabeçado pelo então Senador Roberto de Oliveira Campos, contra a Lei 7.232, de 1984, aos argumentos básicos de que, ao ser estabelecida a denominada "reserva de mercado", estaria ela agredindo a livre iniciativa, a igualdade de todos perante a lei, caracterizando intervenção do Estado no domínio econômico fora dos pressupostos constitucionais, ante a inequívoca intenção de privilegiar o capital nacional em face do estrangeiro. É importante salientar que, à época, estava em vigor a Constituição de 1967, com a redação que lhe

---

[5] **Constituição Federal brasileira – comentários.** Rio de Janeiro: Typographia da Companhia Litho-Typographica, 1902, p. 136.
[6] BITTAR, Carlos Alberto. Os contratos de comercialização de "software". In: PLURES. **Novos contratos empresariais.** São Paulo: Revista dos Tribunais, 1990, p. 24.
[7] BAPTISTA, Luiz Olavo. Direito e informática – reflexão sobre as novas fronteiras. **Revista de Direito Público.** São Paulo, v. 21, n. 86, p. 159, abr/jun 1988.
[8] CHAVES, Antônio. **Direitos autorais na computação de dados – software, circuitos integrados, videojogos, embalagem criativa, duração dos direitos conexos.** São Paulo: LTr, 1996, p. 261-262; ADIERS, Leandro Bittencourt. Valores mobiliários, especulação e conseqüências jurídicas. **Revista de Direito Bancário, do Mercado de Capitais e da Arbitragem.** São Paulo, v. 3, n. 9, p. 63-64, jul/set 2000.

dera a Emenda Constitucional n. 1, de 1969, na qual não havia dispositivo explícito acerca da distinção entre empresas brasileiras e empresas brasileiras de capital nacional, como existia no texto originário da Constituição de 1988 e que restringia a legitimação para a propositura da ação direta de inconstitucionalidade ao Procurador-Geral da República.

Como bem resumiu José Paulo Sepúlveda Pertence[9], "trata-se, não há dúvida, de todo um sistema normativo de intervenção do Estado em determinado setor da economia. Certo, as atividades de informática foram confiadas preferencialmente à iniciativa privada, prevendo-se apenas a participação do Estado em caráter supletivo (art. 2º, II). Não obstante, a lei autoriza que sobre elas interfira a União, não apenas com medidas de controle normativo e de polícia administrativa (v.g., art. 2º, IV, VIII e IX e art. 10), mas também mediante prestações positivas de estímulo e fomento às empresas nacionais da área (v.g., art. 2º, IIII, VI e IX), seja através da reserva transitória de segmentos do mercado (Art. 9º), da preferência na aquisição de bens e serviços de informática pela administração pública (art. 11) ou de uma rede múltipla de incentivos fiscais (Arts. 13 a 15) e creditícios (art. 13, VII)".

Fora de dúvidas que o pressuposto nuclear da representação apresentada fora a leitura da Constituição de 1967 como tendo consagrado, em sua pureza, o princípio da subsidiariedade, segundo o qual a entidade maior não deveria atuar onde a entidade menor poderia atuar e, em sede de Direito Econômico, diria respeito à atuação estatal em caráter suplementar à iniciativa privada – intervenção direta no domínio econômico –, quando a atividade fosse de interesse coletivo mas não estivesse em condições de se desenvolver em regime de livre concorrência ou não rendesse retorno imediato[10].

Lastreado nas lições de Eros Roberto Grau, José Afonso da Silva, Modesto Carvalhosa, Geraldo de Camargo Vidigal, Fábio Konder Comparato, Miguel Seabra Fagundes, Carlos Ayres de Brito, Fernando Albino de Oliveira e Celso Antônio Bandeira de Mello, após delimitar as distinções entre a atuação estatal no domínio econômico dentro da moldura do Estado de Direito e a atuação arbitrária, observou Sepúlveda Pertence[11]:

---

[9] Constitucionalidade da lei de informática. *Revista de Direito Público*. São Paulo, v. 22, n. 91, p. 220, jul/set 1989.
[10] SOUZA, Washington Peluso Albino de. *Teoria da Constituição Econômica*. Belo Horizonte: Del Rey, 2002, p. 415; BARBALHO, João. *Op. cit.*, p. 135.
[11] Op. cit., p. 223.

"40. Em síntese, portanto, tem razão J. Afonso da Silva (*Curso*, cit., p. 517), ao acentuar que, a fora a hipótese de monopólio – condicionada às motivações mais específicas do art. 163, *in fine* – o parâmetro do interesse 'para a intervenção e para a participação não monopolizada' – objetos, respectivamente, do art. 163, 1ª parte, e do art. 170, § 1ª - serão o desenvolvimento nacional e a justiça social, com a aplicação dos princípios arrolados no art. 160 da Constituição.

41. De resto, como igualmente têm observado autores de tomo, a Constituição mesma outorgou à União – além da de legislar sobre produção e consumo (art. 8º, XVII, d) e sobre política de crédito, câmbio, comércio exterior e interestadual, transferência de valores para fora do país (Art. 8º, l) – competência explícita para planejar e promover o desenvolvimento nacional (art. 8º, V), e para estabelecer e executar planos regionais de desenvolvimento (art. 8º, XIV) e, mais, previu, com relação aos Estados membros, não apenas a competência supletiva para legislar sobre produção e consumo (art. 8º, parágrafo único), mas também a adoção e execução de planos econômicos (art. 10, V, c).

42. São, como se vê, normas de competência que conduzem, consciente e necessariamente, a uma intervenção permanente, sistemática e racionalizada do Estado sobre o domínio econômico, ordenando, restringindo, dirigindo ou induzindo os agentes econômicos privados".

Outra tese concernente à alegada inconstitucionalidade da lei de informática foi com relação à definição da nacionalidade da pessoa jurídica que se submeteria ao regime mais benéfico, de tal sorte que haveria malferimento da tutela constitucional da igualdade. Seria fastidioso enumerar aqui a bibliografia copiosa que já se produziu sobre esta, razão por que não faremos aqui um comentário mais aprofundado quanto a este tópico da representação. Reduzindo-o, contudo, somente para o efeito de se manter a pertinência com o tema deste ensaio, ao campo das relações entre o Direito e a Economia, teremos suas manifestações no que tange aos diferenciais nas relações de trabalho, nas relações de consumo e nas relações que se travam entre os concorrentes no mercado. Passa-se, então, ao debate de um "universo no qual se movimentam sujeitos jurídicos dotados de igualdade (perante a lei) da prática da liberdade de contratar".[12]

---

[12] GRAU, Eros Boberto. O discurso neoliberal e a teoria da regulação. In: PLURES. *Desenvolvimento econômico e intervenção do Estado na ordem constitucional – estudos jurídicos em homenagem ao Professor Washington Peluso Albino de Souza*. Porto Alegre: Sérgio Antônio Fabris, 1995, p. 70.

Claro que, aqui, a questão da igualdade se colocava principalmente no que tange à posição dos concorrentes nacionais e estrangeiros no mercado. E, neste sentido, ao contrário do que sustentavam as doutrinas construídas no século XVIII, "em lugar da tendência de equilíbrio, pela equalização das quantidades ligadas por uma interdependência geral e recíproca, a observação da realidade econômica atual revela que há situações permanentes de 'irregularidades provocadas' pela 'força', pelo 'poder' e pela 'violência'. Daí a idéia de 'dominação', que nos apresenta o verdadeiro quadro dessas relações. Deduz-se naturalmente dessa teoria o que Perroux denominou 'Efeito de Dominação', para designar o conjunto de fatos econômicos específicos e conduzidos, direta ou indiretamente, por uma situação de irregularidade de forças, na qual se encontram, reciprocamente, duas unidades econômicas. Assim sendo, o 'Efeito de Dominação' consiste em uma influência irreversível ou parcialmente reversível, exercida por uma unidade sobre outra"[13].

Forte nas lições de San Tiago Dantas, Pinto Ferreira e Celso Antônio Bandeira de Mello, o elenco que este último apresentou acerca das hipóteses em que o princípio da igualdade é violado foi incorporado ao posicionamento expresso por José Paulo Sepúlveda Pertence[14]:

"104. Do primeiro dos vícios arrolados, não há sequer cogitar, dado o caráter geral e abstrato dos critérios legais de nacionalidade das empresas de informática, aos quais pode satisfazer um número indeterminado de sociedades, ao tempo da lei, agora ou no futuro.

"105. Quanto ao segundo, é patente que o fator de discriminação eleito pela norma impugnada – que se desdobra em requisitos objetivos de aferição de titularidade nacional dos controles decisório, tecnológico e de capital (art. 12, I a IIII) – não são arbitrários, nem estranhos à empresa, mas elementos característicos de sua própria realidade.

"106. Sob outro prisma, é inequívoco que os critérios de distinção adotados – vinculação à maior integração da empresa com a economia **nacional** – guardam relação de 'pertinência lógica' com o regime protecionista que, em consequência, é deferido à empresa nacional: em outros termos, ainda na expressão do autor citado (ibid., p. 49) existe 'adequação racional entre o tratamento diferenciado e a razão diferencial que lhe serviu de supedâneo'.

---

[13] SOUZA, Washington Peluso Albino de. **Primeiras linhas de Direito Econômico.** 6ª ed. São Paulo: LTr, 2005, p. 302-303.
[14] Op. cit., p. 231.

"107. Finalmente, como já visto, há 'consonância da discriminação com os interesses protegidos na Constituição', na medida em que a proteção legal dispensada às empresas sob controle de grupos inseridos na economia pátria tende à promoção do desenvolvimento nacional, em setor emergente e prioritário, o que se insere dentre os objetivos principais da ordem econômica (art. 160)."

Colocavam-se aqui, em realidade, conceitos como os de empresa estrangeira, empresa nacional, capital nacional e capital estrangeiro, tema que foi amplamente enfrentado na doutrina e em relação ao qual, a despeito da conhecida dificuldade de tratamento no âmbito teórico, disse com razão Washington Peluso Albino de Souza[15] que, por conta da sua importância, "já mereceu destaque até na 'Carta de Direitos e Deveres Econômicos dos Estados' da ONU (art. 2)."

Por inexistir à época um conceito constitucional de nacionalidade da pessoa jurídica, é que disse Sepúlveda Pertence[16], com lastro em lições de Edgar Amorim e Barbosa Lima Sobrinho, bem como em Kelsen e Ferrara, que "nada impede que uma lei ordinária, para determinados efeitos, considere nacional determinada categoria de sociedade comercial, enquanto outra lei ordinária, para efeitos diversos, assim não a considere".

Empresa brasileira é a empresa constituída no território nacional, de acordo com as leis do país, que nele tem sua sede e administração. Tal a definição posta no artigo 60 do Decreto-lei 2.627, de 1940. Carlos Fulgêncio da Cunha Peixoto[17] refere projeto de lei que fora apresentado por Gabriel Passos, sem, contudo, lograr aprovação, no sentido de somente se considerar brasileira a sociedade que preenchesse os seguintes requisitos: ser constituída no Brasil e ter neste sua sede, mais de 50% do seu capital constituído por ações nominativas de propriedade de brasileiros, residentes permanentemente no país, direção por brasileiros, ausência de laços de subordinação ou dependência com firmas, grupos, trustes ou indivíduos estrangeiros.

Empresa estrangeira é a constituída de acordo com as leis do país de origem e cuja atuação se sujeita, por isto mesmo, a autorização pelos poderes competentes, assim como tem a necessidade de proceder ao registro do capital estrangeiro junto ao Banco Central.

Empresa multinacional é a constituída de tal sorte que seu centro de decisões tem a nacionalidade que se mostrar mais conveniente para c

---

[15] *Teoria da Constituição Econômica*, cit., p. 496-497.
[16] Op. cit., p. 228.
[17] *Sociedades por ações*. São Paulo: Saraiva, 1972, v. 2, p. 221.

desenvolvimento de suas atividades. Uma empresa multinacional pode ser considerada brasileira, mas ter capital estrangeiro e, portanto, remeter seus resultados para fora do país. Fran Martins[18] caracteriza-as como grupos societários com amplo campo de ação, capacitadas a abusar do poder econômico em face das empresas nacionais.

Capital, como se sabe, é o conjunto de bens e direitos afetados à produção de riquezas. Compõem-no os bens de produção ou insumos, os recursos financeiros e a tecnologia. Sendo afeto à geração de riqueza, não se confunde com a riqueza gerada[19].

Capital social, segundo Aloysio Lopes Pontes[20], é o conjunto de bens que garante as operações sociais e os credores da sociedade.

Capital nacional é o conjunto de bens e direitos adquiridos e investidos no próprio país em que a empresa tem a sua sede e administração.

Capital estrangeiro é, nos termos do artigo 1º da Lei 4.131, de 1962, daquele que ingressa no país na forma de investimento direto ou de financiamento, sem dispêndio inicial de divisas. O Decreto 434, de 4 de julho de 1891, determinava que, para o funcionamento da sociedade anônima estrangeira no País, fosse feito depósito no Banco do Brasil no valor de 10% (dez por cento) do capital reservado ao desempenho da atividade no País, ao passo que o artigo 65 do Decreto-lei 2.627, de 1940, exigiu o depósito de todo o capital a ser investido no País no Banco do Brasil, sendo indispensável à instrução do pedido de arquivamento na Junta Comercial da autorização em questão o recibo do depósito[21]. Manifesta-se como Investimento direto – dinheiro e demais bens provenientes do exterior voltados a serem aplicados diretamente à atividade econômica a ser desenvolvida no território nacional[22] – ou como financiamento. A proteção ao investimento estrangeiro constitui conteúdo mínimo das Cartas de Intenções com o FMI[23].

---

[18] *Comentários à lei das sociedades anônimas.* Rio de Janeiro: Forense, 1979, v. 3, p. 450-451; LAFER, Celso. Empresas transnacionais. *Revista de Direito Público.* São Paulo, v. 22, n. 89, p. 244, jan/mar 1989.

[19] THEODORO JÚNIOR, Humberto, DERZI, Misabel de Abreu Machado & COELHO, Sacha Calmon Navarro. *Direito Tributário contemporâneo.* São Paulo: Revista dos Tribunais, 1997, p. 107

[20] *Sociedades anônimas.* Rio de Janeiro: Forense, 1954, v. 1, p. 78.

[21] PEIXOTO, Carlos Fulgêncio da Cunha. op. cit., p. 246

[22] CHIARA, José Tadeu de. Capitais estrangeiros. Revista de Direito Mercantil, Industrial, Econômico e Financeiro. São Paulo, v. 16, n. 26, p. 69, 1977.

[23] MAZZUOLI, Valério de Oliveira. Os acordos stand-by com o FMI e a competência internacional do Ministério da Fazenda. *Revista Forense.* Rio de Janeiro, v. 99, n. 370, p. 204, nov/dez 2003.

Na ordem constitucional posterior, tal discussão, até 1995, não se colocaria, diante do conceito de empresa brasileira de capital nacional, a empresa brasileira com sede e administração no país, cujo controle efetivo, em caráter permanente, estivesse sob titularidade, tanto direta como indireta, de pessoa física domiciliada e residente no país ou de pessoa de direito público interno, de acordo com o artigo 171, II, da Constituição brasileira de 1988, dela extirpado pela Emenda Constitucional 6, de 1995[24]. A tese prevalecente no âmbito da Consultoria Jurídica da Administração Federal é a da incompatibilidade com a Emenda Constitucional nº 6, de 1995, das distinções feitas com base na nacionalidade do capital ou dos acionistas[25].

Outro conceito relevante que se vem a colocar é o de "reserva de mercado", que aparentemente viria a chocar-se com a idéia liberal da economia sujeita ao regime auto-corretivo da concorrência, com o mercado convertido em espaço franqueado a qualquer sujeito.

Reserva de mercado é a admissão a este somente daqueles que preencham determinadas condições. Normalmente, destinada à proteção da atividade econômica nacional. Assim foi com as leis de navegação de Cromwell[26]. Eros Roberto Grau[27] refere exemplos da reserva de mercado adotada nos EUA, mesmo durante a denominada "Era Reagan", nos Países da CEE e no Japão. O Decreto-lei 3.192, de 9 de abril de 1941, consoante recorda Arnoldo Wald[28], dando concreção ao artigo 145 da Constituição de 1937, somente permitia o exercício da atividade bancária a empresas cujo capital pertencesse inteiramente a pessoas físicas de nacionalidade brasileira. No que tange à exploração do subsolo, o caráter nacionalista do Decreto-lei 1985, de 1940, veio a ser mitigado pelo Decreto-lei 227, de 1967 e pelo artigo 168 da Emenda Constitucional nº 1, de 1969, ao autorizarem a atividade somente a brasileiros ou a sociedades constituídas no

---

[24] CAMARGO, Ricardo Antônio Lucas. Uma introdução à problemática jurídica des capitais estrangeiros. In: PLURES. *Desenvolvimento econômico e intervenção do Estado na ordem constitucional – estudos jurídicos em homenagem ao Professor Washington Peluso Albino de Souza.* Porto Alegre: Sérgio Antônio Fabris, 1995, p. 175.
[25] ERVILHA, Lúcia Maria Pereira. Lei 6.019, de 3 de janeiro de 1974, art. 6º, alínea "a" – revogação parcial quanto à nacionalidade brasileira dos sócios das empresas de trabalho temporário – incompatibilidade com a Constituição de 1988. *Síntese Trabalhista.* Porto Alegre, v. 8, n. 99, p. 59-61, set 1997.
[26] SOUZA, Washington Peluso Albino de. *Teoria da Constituição Econômica,* cit., p. 6.
[27] Op. cit., p. 64-69.
[28] Banco. In: PLURES. *Enciclopédia Saraiva de Direito.* São Paulo: Saraiva, 1978, v. 10, p. 174.

país[29]. No âmbito dos serviços de engenharia, houve a experiência dos Decretos Federais 64.346, de 10 de abril de 1969, e 66.717, de 15 de junho de 1970[30]. O homenageado mesmo apresentou, em sua manifestação, outros exemplos: "lembrem-se, a título meramente exemplificativo, do art. 6º do Código de Minas de 1940;da Lei 4.131/62, arts. 37 a 39, com restrições ao financiamento oficial de empresas cuja maioria do capital votante pertença a não residentes no País ou que sejam filiais de sociedades estrangeiras; da Lei 6.813/80, tornando o transporte rodoviário de cargas privativo de sociedades com 4/5 do capital votante pertencente a brasileiros; do Código Brasileiro do Ar (Dec. Lei 33/66 art. 69, § 1º) e, para encerrar, da Lei nº 7.444/85, oriunda de projeto do Tribunal Superior Eleitoral, cujo art. 7º, parágrafo único, só permite a contratação de serviços eletrônicos de recadastramento de empresas privadas 'cujo capital seja exclusivamente nacional'".[31].

Caberia, ainda, registrar se o setor teria ou não teria o caráter estratégico, vinculado à segurança nacional[32]. Quanto a este particular, eis as ponderações do então Procurador-Geral da República:

"141. Não se trata de subscrever ou endossar a exacerbação de certo conceito de segurança nacional, de abrangência totalitária, do qual a Carta vigente veio impregnada

"142. Mas é impossível deixar de reconhecer a evidência de que, ainda quando reduzida a temática da segurança à preservação da soberania do Estado em face da eventualidade de agressões externas, o caráter total da guerra moderna não permite dissociá-la da necessidade de certo controle do Estado sobre a economia nacional.

"143. Não é, aliás, por acaso que, historicamente, a origem da intervenção do Estado no domínio econômico privado e sua disciplina jurídica, o Direito Econômico, sejam estreitamente vinculados à guerra contemporânea.

"144. 'O direito econômico' – lê-se em Fábio Comparato (*Enciclopédia Saraiva*, v. 27/1) – 'nasce com a I Guerra Mundial, que representa, de fato, o fim do século XIX e o superamento de uma certa concepção clássica da guerra e da economia'. E explica:

---

[29] AUGUSTO, Ana Maria Ferraz. Subsolo-II. In: PLURES. *Enciclopédia Saraiva de Direito.* São Paulo: Saraiva, 1982, v. 71, p. 78-79.
[30] OLIVEIRA, Fernando Albino de. op. cit., p. 269.
[31] PERTENCE, José Paulo Sepúlveda, op. cit., p. 229.
[32] CAMARGO, Ricardo Antônio Lucas. *Direito Econômico, direitos humanos e segurança coletiva.* Porto Alegre: Núria Fabris, 2007, p. 39-41.

'Até então, a guerra era uma atividade marginal, que interessava a alguns grupos sociais por tradição ou profissão. A partir de 1914, a guerra é um fenômeno social totalitário, que submete a seus fins todas as tarefas e ocupações, que interessa diretamente todas as classes sociais, sem exceção.(...)
'A economia, mais do que qualquer outra atividade tradicionalmente civil, transformou-se sob a ação do novo fenômeno bélico. Demonstrado que a guerra não se ganha somente nas frentes de combate, mas também e sobretudo nos campos, nas usinas, nas fábricas e nos laboratórios, ao Estado não era mais indiferente a evolução das atividades econômicas ou as decisões dos agentes da economia privada'
"145. Claro, a partir daí, a intervenção estatal na economia não só se universalizou mas também ganhou outras motivações, particularmente as vinculadas ao desenvolvimento e à justiça social, complementares entre si. Mas o imperativo do desenvolvimento nacional, se é certo que transcende à área das preocupações de segurança, tem neles um de seus motores constantes, particularmente, quando se volta para setores de manifesta implicação estratégica".
"146. Desses, muito provavelmente, nenhum supera a informática.
"147. Basta considerar a evidência, enfatizada por Manoel G. Ferreira F^c, no parecer em que se apóiam os argüentes, de que controlar as atividades de informática é controlar toda a economia. E, certamente, não apenas a economia.
"148. Da informática, por isso, pôde dizer o saudoso Presidente Tancredo Neves que 'jamais houve uma tecnologia que oferecesse uma arma tão poderosa na consolidação do Poder, num processo que afetará a toda a organização da sociedade, o seu controle, o trabalho, os direitos fundamentais, a começar pela privacidade dos cidadãos'.
"149. De resto, no campo estritamente militar, raia pelo óbvio lembrar a dependência dos recursos de informática de todo o equipamento bélico moderno
"150. A preciosa informação da Assessoria Jurídica da SEI traz dados irretorquíveis da constância, nos países desenvolvidos, da conexão entre informática e segurança.
"151. Lê-se, por exemplo, transcrito do boletim da embaixada brasileira em Washington, de 1981: 'o Departamento de Defesa e a NASA, por exemplo, não só contribuíram financeiramente para as primeiras pesquisas como asseguraram as primeiras encomendas de circuitos integrados produzidos comercialmente nos **Estados Unidos**. Nessa mesma filosofia, o

Pentágono iniciou, recentemente, um projeto orçado em 200 milhões de dólares para o desenvolvimento da tecnologia VHSICS – Very High Speed Integrated Circuits – a ser usada em funções eletrônicas de alta velocidade, empregadas em certos equipamentos do sistema de defesa'

"152. Compreende-se, por isso, na justificação do projeto 'High Technology Trade Act', de 1983, a peremptória afirmação de que 'a força, a vitalidade, as inovações das indústrias de tecnologia de ponta dos EUA são essenciais para a segurança e a defesa nacionais'.

"153. E não surpreende a prática, na indústria privada de informática nos Estados Unidos, de exigir cidadania americana aos candidatos a empregos técnicos no setor.

"154. Preocupações da mesma natureza influem, mostra a SEI, na política de informática da Alemanha, da França, da Inglaterra, do Japão, inclusive, para determinar a intervenção estatal de controle e de protecionismo, sobre toda a atividade empresarial da área, ainda que privada"[33].

Note-se que o objetivo do presente texto não é o debate sob o viés político, no sentido kelseniano de se lançar mão do senso subjetivo de justiça como parâmetro, acerca da posição adotada pelo homenageado em relação à Lei 7.232, de 1984, ou sobre a necessidade ou não de se proteger o capital nacional, tema que não se comportaria no bojo de um trabalho científico em Direito – saber como o Direito deveria ser e não como efetivamente é ou era no passado não é próprio da Ciência Jurídica –. Também não é o momento de se travarem debates sobre conceituações, como, por exemplo, o traduzir ou não mera manifestação do poder de polícia a repressão ao abuso do poder econômico. Muito menos seria o caso de se ingressar no debate de como as questões concernentes à Lei 7.232, de 1984, foram aportar aos Tribunais, tema já examinado em outra oportunidade[34]. O que se quis, aqui, foi apenas registrar uma contribuição dada por José Paulo Sepúlveda Pertence em termos de aplicação prática dos conceitos desenvolvidos em sede de Direito Econômico, mediante o estabelecimento de uma ligação com o tema que escolhi para homenagear nosso Mestre comum, Washington Peluso Albino de Souza: o da problemática jurídica dos capitais estrangeiros. Sirvo-me das palavras que Sepúlveda, modestamente, dirigiu ao Mestre, para, manifestando a consciência das minhas

---

[33] PERTENCE, José Paulo Sepúlveda, op. cit., p. 234-235.
[34] CAMARGO, Ricardo Antônio Lucas. *O capital na ordem jurídico-econômica.* Porto Alegre: Sérgio Antônio Fabris, 1998, p. 90-91.

limitações, referir-me ao ora homenageado: "o homem e sua obra merecem a homenagem deste livro de amigos, à qual me comove trazer, com a sinceridade deste testemunho, a colaboração mais humilde".[35]

---

[35] PERTENCE, José Paulo Sepúlveda. Prefácio. In: PLURES. *Desenvolvimento econômico e intervenção do Estado na ordem constitucional – estudos jurídicos em homenagem ao Professor Washington Peluso Albino de Souza.* Porto Alegre: Sérgio Antônio Fabris, 1995, p. 8.

As Principais Modificações no Regime da Penhora trazidas pela Lei 11.382/2006 (Execução de Títulos Extrajudiciais)

Rita Quartieri [*]

1. Introdução. 2. Impenhorabilidades. 3. Nova ordem de bens penhoráveis. 4. Substituição de bens penhorados. 5. Substituição de bens penhorados pelo executado. 6. Penhora *on line*. 7 Intimação da penhora. 8 Intimação do terceiro garantidor e do cônjuge. 9. Conclusão. 10. Bibliografia.

1. Introdução

A Lei 11.382/2006, na onda reformista, trouxe importantes inovações que prestigiam o direito constitucional à tutela jurisdicional efetiva, contemplando, dentre outras novidades, mecanismos efetivos e céleres para garantir a responsabilidade patrimonial do executado, a qual se tem por concretizada com a captação de bens de seu patrimônio para a conversão em dinheiro e pagamento do credor, dando assim desfecho à prestação da atividade executiva.

O aperfeiçoamento da técnica processual vem de encontro ao escopo da tutela jurisdicional buscada nesse campo, que é a satisfação de obrigação insatisfeita consubstanciada em título executivo. E isso se adapta à moderna concepção de tutela jurisdicional, a reclamar o oferecimento, pelo sistema, de meio processual adequado para alcançar o tipo de proteção reclamada do Estado.[1]

---

[*] Procuradora do Estado de São Paulo. Mestranda em Direito Processual Civil pela PUC/SP. Membro da Academia Brasileira de Direito Processual Civil. Associada Regular do IBAP nº 1118.

[1] Sobre o tema, Marinoni entende que a jurisdição deve atender ao direito material, não apenas no sentido da idoneidade do processo para atender aos direitos. Seu pensamento é no sentido de que "deve haver preocupação com a tutela dos direitos, e de conseqüência com as técnicas processuais, que devem ser capazes de propiciar ou garantir essa tutela. Nesse contexto, há o direito a uma técnica processual adequada, que tem por escopo o ajustamento

Dando relevo às principais modificações implementadas pela reforma sobre o tema objeto de estudo, temos que o legislador modificou o conteúdo das normas que tratam do patrimônio inexpropriável, alterou a ordem de gradação de bens penhoráveis, priorizou o exeqüente quanto à indicação de bens, autorizou o uso de meios eletrônicos para a penhora de dinheiro e de ativos financeiros, etc.

2. Impenhorabilidades

Como a execução para pagamento de soma obedece ao princípio da patrimonialidade, a invasão do patrimônio do executado para a satisfação da execução é autorizada pela norma do art. 591 do CPC, a qual dispõe que "o devedor responde, com seus bens presentes e futuros, pelo cumprimento das obrigações".

No entanto, a responsabilidade patrimonial não é ilimitada, prevendo o legislador, tendo em conta o princípio da proteção da dignidade humana, que alguns bens estão fora do espectro de incidência da responsabilidade patrimonial.

Ao mesmo tempo em que a lei indica, exemplificativamente, quais bens podem estar sujeitos à penhora (CPC, art. 655); aponta, num rol taxativo, outros bens que estão à margem do âmbito da responsabilidade executiva (CPC, art. 649).

O legislador reformista atualizou o rol de bens impenhoráveis contemplados pelo ordenamento anterior, procedendo a exclusão de bens que desmereciam proteção legal e a inclusão de outros que já eram protegidos pela Lei do Bem de Família (Lei 8.090/90).

O art. 649, compatibilizando-se com o parágrafo único do artigo 1º da Lei 8.090/90, considera agora impenhoráveis os "móveis, pertences e utilidades domésticas que guarnecem a residência do executado, salvo os

---

do processo à sua missão de dar tutela, ou seja, dar efetividade aos direitos proclamados" (Da ação abstrata e uniforme à ação adequada à tutela dos direitos. In :MACHADO, Fábio Cardoso; AMARAL, Guilherme Rizzo (coords), *Polêmica sobre a ação*, pp.197-252). No mesmo sentido, Bedaque afirma que "a técnica processual tem por o objetivo de "conferir segurança ao instrumento, no sentido de proporcionar absoluta igualdade de tratamento aos sujeitos parciais do processo, possibilitando-lhes influir substancialmente no resultado; e de garantir seja a tutela jurisdicional, na medida do possível, resposta idêntica à atuação espontânea da regra de direito material, quer do ponto de vista da justiça da decisão, quer pelo ângulo da tempestividade". E conclui que a técnica processual visa assegurar o justo processo, ou o processo adequado, tendo em vista seu caráter instrumental (*Efetividade do processo e técnica processual*, p. 77).

de elevado valor ou que ultrapassem as necessidades comuns correspondentes a um médio padrão de vida" (inc. II).

A lei trouxe *conceitos vagos,* permitindo adaptação às várias realidades regionais; mas ao que parece, será mantido o enfoque dos Tribunais no sentido de só excluir do campo da responsabilidade patrimonial bens indispensáveis a manutenção da família, e não aqueles destinados ao adorno ou que ostentem natureza suntuária.

Com o mesmo propósito do inciso anterior, o art. 649 trouxe a impenhorabilidade dos "vestuários, bem como os pertences de uso pessoal do executado, salvo se de elevado valor" (inc. III).

Ainda são considerados impenhoráveis os "vencimentos, subsídios, soldos, salários, remunerações, proventos de aposentadoria, pensões, pecúlios e montepios; as quantias recebidas por liberalidade de terceiro e destinadas ao sustento do devedor e de sua família, os ganhos de trabalhador autônomo e os honorários de profissional liberal, observado o disposto no § 3º " (inc. IV). Relevante a inclusão dos honorários de profissional liberal, na linha de tendência jurisprudencial que considera tal verba de natureza alimentar. [2]

Em razão da prevalência do crédito do alimentante exeqüente, a penhora de salários não está absolutamente excluída, oportunizando o texto as *constrições de natureza alimentar* sobre os salários (§ 2º).

Em adaptação ao tratamento conferido à pequena propriedade rural pela Constituição Federal, o ordenamento ainda prevê a impenhorabilidade "da pequena propriedade rural, assim definida em lei, desde que trabalhada pela família".

Visando priorizar os princípios da continuidade do serviço público e da vinculação orçamentária de receitas aplicadas em convênios celebrados com entidades privadas com a finalidade de prestar, em caráter complementar, serviços de assistência social, educação e saúde, o inciso IX do art. 649 estabelece a impenhorabilidade de recursos públicos recebidos por essas instituições para aplicação compulsória naqueles serviços.

Por fim, a Lei 11.382/06 traz a impenhorabilidade da quantia mantida em caderneta de poupança (inciso X) até o limite de 40% (quarenta por

---

[2] O texto remete de modo equivocado ao disposto no § 3º, objeto de veto. De acordo com a proposta, contida no Anteprojeto do Instituto Brasileiro de Direito Processual – IBDP, seria "penhorável até 40% (quarenta por cento) do total recebido mensalmente acima de 20 (vinte) salários mínimos, calculados após efetuados os descontos de imposto de renda retido na fonte, contribuição previdenciária oficial e outros descontos compulsórios."

cento). Muito embora o legislador privilegie o patrimônio mínimo indispensável, considerando que esse tipo de aplicação não reflete especulação, a previsão viola o princípio da isonomia, uma vez que outras espécies de aplicações financeiras não estão excluídas da penhorabilidade. Aliás, há expressa previsão no art. 655 de penhora de ativos e aplicações financeiras. E há ainda acesso ao meio eletrônico para implementá-la (CPC, art. 655-B).

A matéria merecerá o devido enfretamento jurisprudencial com o fim de coibir abusos, já que o executado poderá direcionar todo o seu dinheiro para poupanças (o texto não coloca um limite), que não poderão ser alcançadas pela penhora até o montante de 40% (quarenta por cento), diante do texto legal.

3. Nova ordem de bens penhoráveis

Muito embora na antiga sistemática a ordem de nomeação de bens à penhora já fosse relativizada pela jurisprudência, a desobediência à seqüência legal trazia como efeito a ineficácia da nomeação, o que não mais ocorre no novo ordenamento.

Antes, o executado era citado para pagar ou nomear bens no prazo de 24 (vinte e quatro) horas, oportunidade em que deveria observar o rol legal sob pena de ineficácia do ato, a menos que conviesse ao credor. Também quando a faculdade de nomeação fosse àquele devolvida diante da omissão do executado, não havia obrigatoriedade de observância da seriação do art. 655, já que instituída em favor do credor e com o propósito de facilitar a futura excussão dos bens penhorados.

No novo sistema não há mais o regime de ineficácia, perdendo relevância debate dessa natureza. A preferência quanto à indicação de bens foi instituída em favor do exeqüente (CPC, art. 652, § 2º), e a inobservância da ordem legal tem por eventual conseqüência apenas deflagrar o incidente de substituição de bens (CPC, arts. 656 e 668), como forma de ajustar a penhora aos princípios da efetividade e menor onerosidade, que regem a execução em paralelo.

O artigo 656, tendo como norte o critério da liquidez, atualiza o elenco dos bens penhoráveis. A ordem estabelecida é a seguinte: (I) dinheiro, em espécie, ou em aplicação em instituição financeira; (II) veículos de via terrestre; (III) bens móveis em geral; (IV) bens imóveis; (V) navios e aeronaves; (VI) ações e quotas de sociedades empresárias; (VII) percentual do faturamento de empresa devedora; (VIII) pedras e metais preciosos; (IX) títulos da dívida pública da União, Estados e Distrito Federal, com cotação em mercado; (X) títulos e valores mobiliários com cotação em mercado e; (XI) outros direitos.

Novidade trazida pela reforma é a penhora de depósitos em aplicações financeiras. Para concretizar o ato, o sistema prevê a requisição de informações à autoridade supervisora do sistema bancário sobre a existência de ativos em nome do executado, providência que pode ser envidada por meios eletrônicos (CPC, art. 655-A).

A penhora de percentual de faturamento de empresa foi expressamente admitida pelo sistema. A Lei 11.382/2006 adotou a novidade no inciso VII do art. 655, sem, contudo, especificar o percentual que poderá ser penhorado. A análise deve ser feita caso a caso, verificada, como sugere a jurisprudência, a relação entre a penhora e a subsistência da empresa.

O art. 655-A parágrafo 3°, estabelece a forma de concretização dessa penhora. Será nomeado depositário, com a atribuição de submeter à aprovação judicial a forma de efetivação da constrição bem como de prestar contas mensalmente, entregando ao exeqüente as quantias recebidas, a serem imputadas no pagamento da dívida.

O usufruto de empresa, que se traduzia em forma de expropriar a penhora de empresa, foi eliminado pela reforma. Através dessa modalidade de expropriação se implementava uma espécie de gestão judicial da empresa, em que era indispensável a figura do administrador e do plano de administração, o que tornava tal espécie de satisfação bastante complexa. Como consubstanciava meio de expropriar, o usufruto de empresa somente se justificava em hipótese de penhora da própria empresa, que subsiste no ordenamento, mas deve obedecer ao regramento dos arts. 677 e 678 do CPC.

4. Substituição de bens penhorados

Modificações da penhora já eram admitidas pelo anterior ordenamento: a. para ampliação ou reforço da penhora, quando necessário; b. por vontade do executado, até a arrematação ou adjudicação, desde que oferecesse dinheiro em substituição (CPC, art. 668); c. quando a penhora fosse anulada por vício formal ou por incidir sobre patrimônio inexpropriável ou bem alheio (CPC, art. 667,I); e, e. após a nomeação de bens pelo executado, se fosse considerada ineficaz diante das situações contempladas pelo art. 656 do CPC.

A Lei 11.382/06 traz cenário diverso, merecendo enfoque o novo texto do art. 656 diante de outras disposições. A nomeação de bens é prioritária ao exeqüente, e o executado é citado para pagar, não mais para nomear bens (CPC, art. 652). Diante disso, como já se salientou, não há o regime de ineficácia, tendo a desobediência a ordem apenas a função de instaurar, se for o caso, o incidente de substituição para adequar a penhora aos fins da execução.

A norma do art. 656, a depender do fundamento, autoriza a substituição a ambas as partes.

De acordo com o contexto da reforma, que é garantir efetividade à execução, merece destaque a possibilidade de substituição quando a penhora "incidir sobre bens de baixa liquidez", mesmo que disso resulte desobediência à ordem legal, a qual, como se mencionou, já era relativizada pelos Tribunais.[3]

Novidade ainda é a possibilidade de substituição do bem penhorado por fiança bancária (CPC, § 2º, art. 656) em montante equivalente ao valor do débito, mais 30% (trinta por cento), acréscimo estipulado para garantir a satisfação do principal atualizado, dos juros, custas e honorários advocatícios (CPC, art. 659).

Observe-se que esse tipo de substituição, já admitido no sistema da execução fiscal (Lei 6.830/80, art. 15, I) não estava contemplada em disposição normativa, daí porque se opunham objeções ao seu cabimento. No entanto, dando ampla abrangência ao instituto da responsabilidade patrimonial, que permite o alcance de bens de terceiros que não possuam vínculo obrigacional com o executado, alguns julgados aceitavam essa modalidade.

De se mencionar ainda que haverá contraditório por ocasião do pedido de substituição de bens, prevendo o sistema um incidente processual para decidir o pedido. A parte que não requereu a substituição será ouvida e o juiz decidirá as questões suscitadas de plano, sem qualquer dilação probatória.

Em alguns casos a substituição é imperativa, como na hipótese da penhora recair sobre bem objeto de gravame, em havendo outros livres. Mas

---

[3] Conforme esclarece Mauricio Giannico, "se o objetivo primordial da penhora é afetar o bem, transformando-o ulteriormente em dinheiro, é mais do que natural que a ordem de preferência atenda ao critério da *liquidez* – aqui entendida como o interesse despertado pelo bem, em termos de mercado, para fins de alienação. Nesse ponto, ninguém discorda que a ordem constante do rol atual previsto no art. 655 do Código de Processo Civil está desatualizada. A nova ordem instituída pelo legislador, que leva em conta essa dinâmica, corretamente privilegia o apelo econômico dos bens sujeitos à constrição judicial. Andou bem, portanto, também nesse ponto, a lei nova" (Breves comentários sobre a lei 11.382/06, *Temas atuais da execução civil* – Estudos em homenagem ao Professor Donaldo Armelin.

se o pedido de substituição estiver fundado em desobediência à ordem legal, por exemplo, e a hipótese ensejar prejuízo à parte, o magistrado poderá rejeitar o pedido. A motivação, nesse caso, terá em conta os princípios da efetividade e menor onerosidade, que devem ser sopesados a todo instante no itinerário executivo.

5. Substituição de bens penhorados pelo executado

A substituição de bens pelo executado traz *modelo aberto*, de modo diverso da substituição autorizada pelo art. 656. O legislador ainda alargou o tratamento ao tema, uma vez que a substituição é admitida por qualquer bem – e não apenas por dinheiro –, condicionada à *inexistência de prejuízo ao exeqüente* e *menor onerosidade ao executado* (CPC, art. 668).

Assim a substituição deve ser admitida quando o bem oferecido seja idôneo à satisfação do débito e ao mesmo tempo não gere onerosidade, a revelar a incidência, no caso, do *critério da proporcionalidade*.

Gisele Santos Fernandes Góes, analisando o tema da proporcionalidade no campo da execução, afirma que "pela observância dos núcleos do meio mais idôneo e da menor restrição possível ou da adequação e do resultado, alcança-se a máxima efetividade do processo de execução, com a sua necessária dose de equilíbrio, constituindo-se o substrato ético do processo de execução."[4]

Nesse contexto, a substituição de bens pelo executado equilibra a indicação prioritária de bens pelo exeqüente (art. 652, § 2º, do CPC). É que através da substituição o executado pode demonstrar que os bens penhorados indicados pela parte contrária lhe causam maior onerosidade que outros, oferecidos nesta oportunidade.

Quanto à inexistência de prejuízo ao exeqüente, merece ser invocada a norma do art. 656, de modo que a substituição não será admitida, por exemplo, quando recair sobre bens de baixa liquidez, sobre bens que não estejam livres ou sobre bens situados em outra Comarca, por exemplo.

O prazo para promover a substituição, muito embora estabeleça a lei que será de 10 (dez) dias a contar da intimação da penhora, não é preclusivo. Pode ocorrer, por exemplo, que o executado não seja localizado para a intimação da penhora e assim seja o ato dispensado (CPC, art. 652, § 3º).

---

[4] A base ética da execução por sub-rogação no processo civil brasileiro: os princípios da idoneidade do meio e da menor onerosidade, *Execução do processo civil – novidades e tendências*. In: SHIMURA, Sergio; NEVES, Daniel A. Assumpção Amorin (coord.), p. 106.

Neste caso, o prazo para requerer a substituição será computado a partir do momento em que tenha o executado conhecimento da constrição.

Haverá contraditório à semelhança da fórmula adotada para o art. 656 do CPC. Por conta disso, o exeqüente será ouvido no prazo de três dias e o juiz decidirá de plano a respeito, motivando sua decisão à conta dos requisitos exigidos pela norma (ausência de prejuízo ao exeqüente e menor restrição ao executado).

Por ocasião do pedido de substituição, de se mencionar que o executado deve individualizar os bens que oferece, indicando inclusive o valor. Regra nesse sentido vem expressa no parágrafo único do art. 668 do CPC, a qual, nesse passo, mantém simetria com os requisitos antes exigidos para a nomeação de bens à penhora pelo executado.

6. Penhora *on line*

A penhora *on line* é meio para efetivar a penhora de ativos do devedor (meio preferencial, na nova sistemática) e é implementada mediante a requisição de informações por meio eletrônico à autoridade supervisora do sistema bancário, podendo no mesmo ato ser declarada a indisponibilidade do numerário.[5]

Releva abordar que antes da Lei 11.382/06, a prática já era admitida no ordenamento, mediante o cadastro de magistrados no sistema de penhora *Bacen jud,* implementado mediante convênios celebrados com o Banco Central.

A providência, antes excepcional, agora é consagrada expressamente na Lei 11.382/06, a qual prioriza o uso de meios eletrônicos em outras oportunidades, como para a averbação da penhora de bens com assento em registro (CPC, art. 659, § 4°) e para a fase de expropriação de bens, autorizando o art. 689-A a realização da hasta pública em ambiente virtual.

---

[5] Na verdade, o dispositivo traz para o bojo da execução orientação que vem se proliferando para a disciplina da prática em comunicação de atos processuais. Exemplo disso é a edição das Leis n°s. 9.800/99, 10.259/01 e 11.280/06, esta última trazendo o parágrafo único do art. 154 do Código de Processo Civil, o qual estabelece que os Tribunais, observada sua respectiva competência, estimulem e regulamentem o uso desses métodos como forma de agilizar e modernizar a realização de atos no processo. Neste contexto, recentemente foi editada a Lei 11.419, de 19 de dezembro de 2006, que estabelece a informatização de todos os processos judiciais, tanto na esfera civil como na penal e trabalhista, dispondo inclusive sobre a transmissão de peças processuais e a comunicação de atos como a citação e a intimação por meios eletrônicos.

A medida deve ser requerida pela parte – assim diz a lei –, e não deferida de ofício. E, quanto a isso, não há contradição com o § 1º do art. 652. O fato de o oficial de justiça ter liberdade para penhorar *tantos bens quantos bastem à satisfação da dívida* não modifica a exegese do dispositivo, posto que, para assim proceder, depende da ordem de penhora e, antes disso, de requerimento do credor.

O executado não deverá ser ouvido sobre as informações prestadas pela autoridade supervisora do sistema bancário senão depois de indisponibilizados os valores localizados em ativos financeiros, pena de a sua oitiva frustrar a medida. E nem se argumente com a violação ao direito de defesa, já que diante dos valores envolvidos, o legislador optou por priorizar a efetividade da execução, relegando o direito de defesa a momento posterior (contraditório diferido).

A indisponibilidade, ademais, é tutela de urgência com contornos de cautelaridade, tendo por finalidade conservar o dinheiro para a futura penhora, na qual será posteriormente convertida. E, nessa seara, o legislador admite a concessão de medidas liminares sem a oitiva da parte contrária, desde que presentes a verossimilhança do direito e o dano irreparável, este último presumido diante da força do título executivo.

Aqui um "parêntese": o princípio do contraditório, na execução, merece adaptação, devendo ser mitigado em face de outras garantias constitucionais. Muito embora se apresente de forma plena, terá a intensidade vinculada ao modelo constitucionalmente traçado para o processo de execução.[6]

Ao problematizar o direito de defesa, Marinoni demonstra que o que importa verificar é se o procedimento, em face de seu desenho legal, está de acordo com as necessidades do direito substancial e com os valores da Constituição, desde que a lei, ao limitar o direito de defesa, deve estar atenta às necessidades do direito material. Segundo o autor, é necessário saber se a situação de direito material privilegiada pelo legislador merece tratamento diferenciado em face das tutelas dos direitos e das normas constitucionais. Assim não há qualquer violação ao núcleo essencial do direito de defesa quando se postecipa, para momento posterior, o núcleo o direito de defesa.[7]

Como se disse, a medida é admitida para possibilitar a penhora, que deve ser em seqüência formalizada para trazer ao conhecimento do executado informações hábeis ao seu direito de defesa.

---

[6] Cf. Sandro Gilbert Martins, *A defesa do executado*, p. 177.
[7] *Teoria geral do processo*, pp. 307-394.

Nesse sentido é o entendimento de Humberto Theodoro Junior, ao afirmar que "no ato de requisitar a informação sobre a disponibilidade de saldo a penhorar, o juiz já requisitará a indisponibilidade do montante que, *em seguida, será objeto de penhora*. O Banco Central efetuará o bloqueio e comunicará ao juiz requisitante o valor indisponibilizado, especificando o banco onde o numerário ficou constrito".[8]

Assim, conquanto o numerário indisponibilizado fique desde logo afetado à execução, a penhora só se consubstancia em outra oportunidade, ainda que *incontinenti* a vinda das informações da autoridade bancária e a declaração de indisponibilidade que eventualmente acompanhe o pedido.

Convém destacar a propósito do tema o entendimento de André de Luizi Correia, para quem a designação penhora *on line* advém da forma utilizada para o seu alcance, que é o uso do meio eletrônico, o que não cria nova modalidade de penhora. Para o autor, a novidade diz respeito ao meio e não ao ato de penhora, que sempre foi feito por ordem do juiz e consubstanciado em termo. E conclui que "a penhora *on line,* portanto, cuida apenas de permitir ao juiz a realização, por meio eletrônico, de um ato executivo já previsto no sistema, revigorando a celeridade e eficácia do processo de execução antes adormecidos."[9]

Tocante ao tema, cumpre mencionar que a indisponibilidade possui limites **quantitativos**, uma vez que o art. 655-A dispõe que esta *não poderá ultrapassar ao montante indicado na execução*. Do mesmo modo, as informações da autoridade supervisora do sistema bancário limitar-se-ão à existência ou não de depósito ou aplicação *até o valor indicado na execução* (CPC, art. 655-A, § 1º).

A regra se concilia com o **princípio da adequação**, na medida em que o art. 659 do CPC dispõe que "a penhora deverá incidir em tantos bens bastem para a satisfação da execução(...)".

Como se disse, a defesa foi postecipada para momento posterior à concretização da indisponibilidade, momento oportuno ao executado demonstrar que o valor indisponibilizado *excede ao montante da dívida,* ou que os bens atingidos pelo ato são *impenhoráveis.*

---

[8] *A reforma da execução do título extrajudicial,* p. 77.
[9] Como destaca o Autor, remotamente a penhora de dinheiro era feita por oficiais de justiça, que compareciam às instituições bancárias munidos de mandado. Além de tormentoso, usufruíam os devedores, nesse interregno, de toda a sorte de possibilidades para evitar a constrição, o que ainda era dificultado pela localização de contas correntes do devedor (Em defesa da penhora on line, *Repro* v. 125, p. 192).

Como a indisponibilidade pode ser deferida antes da citação do executado ou após o ato (se não localizados bens ou mesmo que localizados, para a substituição, já que o dinheiro é preferencial), se ainda em curso o prazo, a defesa será veiculada através de embargos à execução. Se concretizada a medida após o transcurso do prazo dos embargos, o tratamento poderá ser similar ao sistema anterior, onde era possível novos embargos ou ainda exceção de pré-executividade.

7. Intimação da Penhora

O executado será citado para efetuar o pagamento em 3 (três) dias; e, diante do transcurso do prazo sem que ocorra o pagamento, o oficial de justiça procederá de imediato a penhora e a avaliação dos bens, lavrando o respectivo auto e de tais atos intimando, na mesma oportunidade, o executado (CPC, art. 652, § 1º).

Se o executado não for localizado para a intimação da penhora, o novo texto admite que o juiz dispense dessa intimação (CPC, art. 652, § 5º).

Como bem observam Daniel Assumpção Neves, Glauco Gumerato Ramos, Rodrigo da Cunha Lima Freire e Rodrigo Mazzei, essa dispensa só poderá ocorrer nas hipóteses em que além de não localizado o executado, não tenha este patrono constituído nos autos, porque havendo patrono constituído, a intimação ocorrerá normalmente pela imprensa.[10] Isso porque aqui também se aplica a disciplina do § 4º, que admite a intimação do executado na pessoa de seu advogado.

Atinente ao tema, importante destacar que a intimação do executado da penhora era essencial para delimitar o início do prazo para embargos, antes sua interposição condicionada à prévia constrição de bens. Agora não há mais essa vinculação, já que os embargos são oportunizados a contar da juntada aos autos do mandado de citação, perdendo assim relevo essa intimação.

A função da intimação da penhora é apenas delimitar o prazo para a substituição de bens penhorados pelo executado (CPC, art. 668 do CPC), mas, como mencionado, ainda que não intimado poderá fazer uso da faculdade a qualquer tempo, computando-se o prazo a partir do momento em que tenha conhecimento da constrição.

Essa dispensa não agride o direito de defesa, uma vez que o executado já foi citado, tendo na ocasião ciência formal de que a ausência de pagamento teria o condão de deflagrar os atos de sub-rogação.

---

[10] *Reforma do CPC,* v. 2, p. 239.

Nesse sentido é o entendimento de Cassio Scarpinella Bueno, que, no entanto, ressalva que a regra deve ser vista com temperamentos:

"Se, não obstante o malogro das diligências do oficial de justiça, o juiz perceber que o executado tem ciência da penhora e da avaliação – e que, por isto mesmo, seu intuito de frustrar as diligências é de apenas postergar a prática dos atos executivos –, a intimação pode ser dispensada."

(...)

"Caso, contudo, da frustração das diligências de intimação, não decorra a percepção da ciência do executado, ao juízo cabe, justamente por força do contraditório na espécie, determinar a realização de novas diligências com aquela finalidade, nem que seja a intimação do executado por editais (art. 231, II) ou, até mesmo, por hora certa (arts. 227 a 229)."[11]

Com efeito, ao prever a dispensa o legislador considerou a possibilidade de ciência inequívoca do executado a respeito da penhora e o seu intento de frustrar-se ao ato, dilatando o itinerário processual. Caso não seja esta a hipótese, o executado deverá ser intimado por qualquer forma de comunicação dos atos processuais – a menos que tenha advogado constituído, caso em que este deverá ser intimado pela imprensa (§ 4º, art. 652).

8. Intimação do terceiro garantidor e do cônjuge

A nova lei (CPC, art. 655, § 1º) prevê a necessidade de intimação do terceiro garantidor, ainda que não seja parte, desde que a coisa penhorada lhe pertença, para que possa exercer o direito de preferência no momento oportuno. Previsão similar já havia no art. 615, inciso II, não alterado pela reforma.

O Superior Tribunal de Justiça considera parte legítima aquele que deu garantia hipotecária em pagamento da dívida de terceiro, o mesmo ocorrendo em relação a outras garantias reais. Ao mesmo tempo em que admite o redirecionamento, ou seja, a inclusão do mero responsável com o objetivo de penhorar seus bens, invariavelmente também exige sua citação, de modo que lhe é facultado o manejo de embargos do devedor:

"Processual Civil. Recurso especial. Embargos do devedor à execução.Terceiro garantidor hipotecário da dívida. Legitimidade. Aquele que oferece

---
[11] *A nova etapa da reforma do Código de Processo Civil*, v. 3, p. 98.

bem imóvel de sua propriedade em garantia de dívida detém legitimidade ativa para oposição de embargos do devedor à execução, tenha havido sua citação para integrar o pólo passivo dessa demanda, ou apenas intimação da penhora realizada sobre o bem hipotecado."[12]

O mesmo ocorre no processo de conhecimento: quando a demanda ensejar futura condenação passível de cumprimento, o outorgante da garantia deverá ser incluído no feito como litisconsorte necessário, o que o convola em parte. Quanto a esse responsável, Medina considera que "não se pode dizer que se esteja diante de um mero terceiro, porquanto é indubitável que de executado se trata. Assim, o responsável, muito embora originariamente não faça parte da relação jurídico-processual, deve ser citado e ter à sua disposição os mesmos mecanismos processuais de oposição que podem ser manejados por aquele que é originariamente executado (*v.g.* os embargos do devedor referidos no artigo 736 do CPC)."[13]

Quanto ao cônjuge, já havia previsão de sua intimação quando a penhora recaísse sobre bens imóveis, uma vez que cada um dos consortes não é legitimado individualmente para dispor de bens dessa natureza e nem para defendê-los em juízo (CPC, art. 10, § 1º). Por isso, esta intimação (CPC, art. 655, § 2º) o convola em parte, uma vez que deveria ter sido incluído no pólo passivo da relação processual executiva desde o início, diante da necessariedade. E como parte poderá manejar embargos à execução, argumentando inclusive com a nulidade da penhora diante da ausência de sua intimação.

Se a penhora atingir bens de sua meação que não estejam sujeitos à responsabilidade patrimonial, o cônjuge terá dupla legitimidade: como parte poderá opor embargos a execução para desconstituir o título, e como terceiro poderá manejar embargos de terceiro para defender a sua meação. (CPC, art. 1046, § 2º).[14-15]

---

[12] REsp 326.201/SP, Rel. Ministra NANCY ANDRIGHI, TERCEIRA TURMA, julgado em 02.04.2002, DJ 06.05.2002 p. 287.

[13] O autor afirma que a execução, no plano subjetivo, pode alcançar bens de terceiros que não integrem a relação jurídico-processual. É que o Código de Processo Civil brasileiro adotou a distinção entre débito e responsabilidade, em razão da qual bens de terceiro podem vir a ser objeto de execução, sem que este integre o processo de execução como parte (*Execução civil*, p. 49).

[14] Súmula 134 do STJ.

[15] Trata-se da hipótese de parte equiparada a terceiro. Para explicar o fenômeno, Araken de Assis refere que "a mesma pessoa física ou jurídica pode ser simultaneamente parte e terceiro no mesmo processo, se são diferentes os títulos jurídicos que justificam esse duplo papel. A

9. Conclusão

As modificações trazidas ao regime da penhora pela Lei 11.382/2006 visam conferir efetividade à prestação jurisdicional na tela executiva, dando assim destaque ao que Marcelo Lima Guerra[16] considera como "direito fundamental à tutela executiva". Essas alterações guardam compatibilidade com a tendência que inspirou a reforma, de uma atuação jurisdicional mais célere, efetiva e engenhosa, como forma de cumprir o desígnio constitucional de outorga do "justo processo".

Mas ao mesmo tempo as novas regras preservam o devido processo legal, fator legitimante da atividade estatal neste campo, em que assume aquele maior importância e relevo, justamente em razão da sensibilidade que requer a situação jurídica.[17]

Assim, conquanto se possa imaginar que o direito do executado tenha sido mitigado, num aparente temperamento do devido processo legal, o equilíbrio processual se encontra preservado pelas disposições trazidas com o novo diploma normativo, conciliando, desse modo, os direitos fundamentais de ação e defesa.

10. Bibliografia

ALVIM, J.E. Carreira; CABRAL, Luciana G. Carreira Alvim. *Nova execução de título extrajudicial*. Curitiba: Juruá, 2007.

ARENHART, Sergio Cruz; MARINONI, Luiz Guilherme. *Execução*. São Paulo: RT, 2007.

ASSIS, Araken de. *Manual do processo de execução*. 7. ed. São Paulo: RT, 2001.

BEDAQUE, José Roberto dos Santos. *Efetividade do processo e técnica processual*. São Paulo: Malheiros, 2006.

---

palavra terceiro significa não só a pessoa física ou jurídica que não tenha participado do feito, como também a pessoa que participou do processo, mas que, aqui, nos embargos, é titular de um direito diferente, outro que não o que foi objeto da decisão judicial. Não só ao cônjuge, frente à situação apontada, é lícito propor os embargos. Lembra-se o caso do herdeiro que, amparado no princípio da limitação da responsabilidade às forças da herança vê-se na contingência de livrar outros bens da execução" (*Manual do processo de execução*, p. 744).

[16] Consiste esse direito na existência de meios "capazes de proporcionar a satisfação integral de qualquer direito consagrado em título executivo" (*Os direitos fundamentais e o credor na execução*, p. 102).

[17] Cf. Marcelo Abelha Rodrigues. *Manual de execução civil*, p. 8.

BONICIO, Marcelo José Magalhães; Yarshell, Flávio Luiz. *Execução civil. Novos Perfis*. São Paulo: RCS Editora, 2006.
BUENO, Cassio Scarpinella. *A nova etapa da reforma do código de processo civil*. São Paulo: Saraiva, 2007, v. 3.
CABRAL, Luciana G. Carreira Alvim; ALVIM, J.E. Carreira. *Nova execução de título extrajudicial*. Curitiba: Juruá, 2007.
CÂMARA, Alexandre Freitas. *A nova execução de sentença*. Rio de Janeiro: Lumen Juris Editora, 2006.
CAVALCANTE, Mantovani Colares. A Penhora de parcelamento de faturamento de empresa e suas restrições. In: CARNEIRO DA CUNHA, José; LOPES, João Batista (coord.). *Execução civil (aspectos polêmicos)*. São Paulo: Dialética, 2005.
CORREIA, André de Luigi. Em defesa da penhora *on line*. *Revista de Processo*. São Paulo: RT, v. 125, jul. 2005.
DINAMARCO, Cândido Rangel. *Instituições de direito processual civil*. São Paulo: Malheiros, 2004, v. IV.
FREIRE, Rodrigo da Cunha Lima; NEVES, Daniel Amorim Assumpção; MAZZEI, Rodrigo; RAMOS, Glauco Gumerato. *Reforma do CPC*. São Paulo: RT, 2007, v. 2.
GIANICO, Maurício. Breves comentários sobre a Lei 11.382/06. Processo de execução de título extrajudicial. In: CIANCI, Mirna; QUARTIERI, Rita (coord.) *Temas Atuais da Execução Civil – Estudos em homenagem ao Prof. Donaldo Armelin*. São Paulo: Saraiva, 2007.
GÓES. Gisele Santos Fernandes. A base ética da execução por sub-rogação no processo civil brasileiro: os princípios da idoneidade do meio e da menor onerosidade. In: NEVES, Daniel Amorim Assumpção; SHIMURA, Sérgio (coord.). *Execução do processo civil – novidades e tendências*. São Paulo: Método, 2005.
GUERRA, Marcelo Lima. *Execução forçada: controle de admissibilidade*. São Paulo: RT, 1995.
_____. *Direitos fundamentais e a proteção do credor na execução civil*. São Paulo: RT, 2003.
MARINONI, Luiz Guilherme. *Da ação abstrata e uniforme à ação adequada à tutela dos direitos*. In: MACHADO, Fábio Cardoso; AMARAL, Guilherme Rizzo (coords), *Polêmica sobre a ação*. Porto Alegre: Livraria do advogado editora, 2006.
_____. *Teoria geral do processo*. São Paulo: RT, 2006.
_____; ARENHART, Sérgio Cruz. *Execução*. São Paulo: RT, 2007.

MARTINS, Sandro Gilbert. *A defesa do executado por meio de ações autônomas*. 2. ed. São Paulo: RT, 2005.
MAZZEI, Rodrigo; NEVES, Daniel Amorim Assumpção; FREIRE, Rodrigo da Cunha Lima; RAMOS, Glauco Gumerato. *Reforma do CPC*. São Paulo: RT, 2007, v. 2.
MEDINA, José Miguel Garcia. *Execução civil*. São Paulo: RT, 2004.
_____; WAMBIER, Luiz Rodrigues; WAMBIER, Teresa Arruda Alvim. *Breves Comentários à nova sistemática processual civil*. São Paulo: RT, 2007, v. 3.
MONTEIRO, Vítor J. de Mello. Da indicação de bens à penhora no régime da lei 11.232/2005. In: COSTA, Suzana Henriques (coord.). *A nova execução civil*. São Paulo: Quartier Latin, 2006.
NEGRÃO, Theotonio. *Código de processo civil e legislação processual civil em vigor*. 32. ed. São Paulo: Saraiva, 2001.
NEVES, Daniel Amorim Assumpção; FREIRE, Rodrigo da Cunha Lima; MAZZEI, Rodrigo; RAMOS, Glauco Gumerato. *Reforma do CPC*. São Paulo: RT, 2007, v. 2
RAMOS, Glauco Gumerato; MAZZEI, Rodrigo; NEVES, Daniel Amorim Assumpção; FREIRE, Rodrigo da Cunha Lima. *Reforma do CPC*. São Paulo: RT, 2007, v. 2.
REZENDE DE ANDRADE JR., Marcos. *Execução extrajudicial. Alterações ao CPC pela Lei 11.382/06*. Disponível em: site www.migalhas.com.br.
RODRIGUES, Marcelo Abelha. *Manual de execução civil*. São Paulo: Forense Universitária, 2006.
THEODORO JR., Humberto. *Processo de execução*. 4. ed. São Paulo: LEUD, 1978.
_____. *A reforma da execução do titulo extrajudicial*. Rio de Janeiro: Forense, 2007.
WAMBIER, Luiz Rodrigues; MEDINA, José Miguel Garcia; WAMBIER, Teresa Arruda Alvim. *Breves Comentários à nova sistemática processual civil.*. São Paulo: RT, 2007, v. 3.
WAMBIER, Teresa Arruda Alvim; WAMBIER, Luiz Rodrigues; MEDINA, José Miguel Garcia. *Breves comentários à nova sistemática processual civil*. São Paulo: RT, 2007, v. 3.
ZAVASCKI, Teori Albino. *Processo de Execução*. São Paulo: RT, 1999.
_____. *Comentários ao código de processo Civil*. São Paulo: RT, 2000, v. 8.

Normas para encaminhamento de colaborações

A *Revista de Direito e Política* publica artigos e textos opinativos sobre as diversas áreas do Direito e da Política, desde que seu conteúdo não contrarie os princípios e objetivos estatutários do Instituto Brasileiro de Advocacia Pública.

Serão publicados preferencialmente artigos produzidos por associados regulares e colaboradores do IBAP. Todavia, a revista é aberta também a contribuições de juristas, professores e acadêmicos não associados.

As colaborações devem observar a seguinte política editorial:

Remessa de artigos e textos opinativos – A remessa dos textos a serem avaliados pelo Conselho Editorial deve ser realizada por meio eletrônico, via e-mail, para os seguintes endereços (simultaneamente): rdp@ibap.org e ibap@ibap.org. Também poderão ser enviados em arquivo *Word*, gravados em CD, para a Sede Nacional do IBAP. É imprescindível que o autor indique precisamente seu nome, qualificação e endereço postal, inclusive para futura remessa de exemplares da RDP.

Formatação – Os textos enviados à *Revista de Direito e Política* devem respeitar seguintes regras de publicação: mínimo de 6 e máximo de 35 laudas (A4, arial 12, espaço 1). Folha: A4; Editor de Texto: *Word for Windows* 6.0 ou superior; margens esquerda, direita: 3,0 cm; superior e inferior: 2,5 cm; fonte: arial; tamanho da fonte: 12; espaçamentos anterior e posterior do parágrafo: 0 cm; espaçamento entre linhas: 1,5; tabulação do parágrafo: 2,0 cm; estilo do parágrafo: justificado; numeração de páginas: a partir da página em que se inicia o texto do artigo.

A primeira página do artigo deve conter: a) título, com palavras maiúsculas, em negrito; b) nome(s) completo(s) do autor(es), cargo(s), instituição(ões) à(s) qual(is) pertence(m), e-mail de contato; c) resumo em português com, no mínimo, 100 e máximo de 150 palavras, alinhamento à esquerda, justificado, contendo campo de estudo, objetivo, método, resultado e conclusão; d) Resumo em outro vernáculo, inglês ou espanhol (opcional); e) cinco palavras-chave, alinhamento à esquerda, justificado. Havendo resumo em outro vernáculo, constar também palavras-chaves na mesma língua.

Texto do Artigo: a) introdução: parte inicial do texto, em que devem constar a delimitação do assunto objeto do trabalho, objetivos da pesquisa e outros elementos necessários para contextualização do tema do trabalho; b) desenvolvimento: parte principal do trabalho, em que se encontra a exposição ordenada e pormenorizada do assunto. Divide-se em seções e subseções, que variam em razão do método e abordagem do tema; c) considerações finais: parte final do texto, em que o autor apresenta as conclusões correspondentes aos objetivos ou hipóteses; d) as referências bibliográficas devem ser citadas em nota de rodapé no corpo do texto com indicação do sobrenome, nome, edição, cidade, editora, ano e página da publicação

Quadros, tabelas e diagramas – Devem conter título e fonte, colocados no final do texto, após as referências bibliográficas. Sua posição deve ser indicada no próprio texto, constando referência a eles no corpo do artigo.

Avaliação dos artigos – Os artigos são de exclusiva responsabilidade do autor(a). A avaliação dos artigos é de responsabilidade do Conselho Editorial da *Revista de Direito e Política*. Após a análise do texto enviado, o Conselho poderá propor modificações para a sua adaptação à política editorial da Revista. Os autores serão informados por e-mail sobre o andamento da avaliação e possibilidade de publicação, através de e-mail de contato informado.

Direitos Autorais – A remessa do texto pelo autor implica a concordância de que, sendo aprovado e publicado, os direitos autorais sobre o texto serão pagos simbolicamente na forma de 2 (dois) exemplares da *Revista de Direito e Política* que o tiver veiculado. Conforme a Lei de Direitos Autorais (Lei 9.610/98), a reprodução total e parcial dos artigos e das resenhas apresentadas nesta Revista em outras publicações, sem autorização expressa, é proibida. É permitido citar partes dos textos sem solicitação prévia, desde que identificada sua fonte.

LETRAS Jurídicas

QUEM SOMOS

Letras do Pensamento

Editora **LETRAS JURÍDICAS** e **LETRAS DO PENSAMENTO**, com dez anos no mercado **Editorial e Livreiro** do país, é especializada em publicações jurídicas e em literatura de interesse geral, destinadas aos acadêmicos, aos profissionais da área do Direito e ao público em geral. Nossas publicações são atualizadas e abordam temas atuais, polêmicos e do cotidiano, sobre as mais diversas áreas do conhecimento.

Editora **LETRAS JURÍDICAS** e **LETRAS DO PENSAMENTO** recebe e analisa, mediante supervisão de seu Conselho Editorial: **artigos, dissertações, monografias e teses jurídicas** de profissionais dos **Cursos de Graduação, de Pós-Graduação, de Mestrado e de Doutorado, na área do direito e na área técnica universitária, além de obras na área de literatura de interesse geral**.

Na qualidade de **Editora Jurídica e de Interesse Geral**, mantemos uma relação em nível nacional com os principais **Distribuidores e Livreiros do país**, para divulgarmos e para distribuirmos as nossas publicações em todo território nacional. Temos ainda relacionamento direto com as principais **Instituições de Ensino, Bibliotecas, Órgãos Públicos, Cursos Especializados de Direito** e todo segmento do mercado.

Na qualidade de **editora prestadora de serviços**, oferecemos os seguintes serviços editoriais:

✓ Análise e avaliação de originais para publicação;	✓ Fotografia: escaneamento de material fotográfico;
✓ Assessoria Técnica Editorial;	✓ Gráficas – Pré-Impressão, Projetos e Orçamentos;
✓ Banner, criação de arte e impressão;	✓ Ilustração: projeto e arte final;
✓ Cadastro do ISBN – Fundação Biblioteca Nacional;	✓ Multimídia;
✓ Capas: Criação e montagem de Arte de capa;	✓ Orçamento do projeto gráfico;
✓ CD-ROM, Áudio Books;	✓ Organização de eventos, palestras e workshop;
✓ Comunicação Visual;	✓ Papel: compra, venda e orientação do papel;
✓ Consultoria comercial e editorial;	✓ Pesquisa Editorial;
✓ Criação de capas e de peças publicitárias para divulgação;	✓ Programação Visual;
✓ Digitação e Diagramação de textos;	✓ Promoção e Propaganda - Peças Publicitárias - Cartazes, Convites de Lançamento, Folhetos e Marcadores de Página de livro e peças em geral de divulgação e de publicidade;
✓ Direitos Autorais: Consultoria e Contratos;	
✓ Prospecção Editorial;	
✓ Divulgação nacional da publicação;	
✓ Elaboração de sumários, de índices e de índice remissivo;	✓ Redação, Revisão, Edição e Preparação de Texto;
	✓ Vendas nacionais da publicação.
✓ Ficha catalográfica - Câmara Brasileira do Livro;	Confira!!!

Nesse período a **Editora** exerceu todas as atividades ligadas ao setor **Editorial/Livreiro** do país. É o marco inicial da profissionalização e de sua missão, visando exclusivamente ao cliente como fim maior de seus objetivos e resultados.

O Editor.

A Editora reproduz com exclusividade todas as publicações anunciadas para empresas, entidades e/ou órgãos públicos. Entre em contato para maiores informações.

Nossos sites: www.letrasjuridicas.com.br e www.letrasdopensamento.com.br
E-mails: comercial@letrasjuridicas.com.br e comercial@letrasdopensamento.com.br
Telefone/fax: (11) 3107-6501 – 9352-5354

Impressão e Acabamento
assahi
gráfica e editora ltda.